U0026663

明儒學案

四部備要

子部

中華書局據鄭氏補刻本

校刊

桐鄉 陸費逵 總勘

杭縣 高時顯 吳汝霖 輯校

杭縣 丁輔之 監造

版權所有不許翻印

鄭序

道並行而不相悖此天地之所以爲大也三教既興孰能存其一去其二並爲儒而不相容隘矣孔子大中如天地之無不持載無不覆幬是以能祖述堯舜憲章文武然嘗欲無言且曰攻乎異端斯害也已大賢而下概莫之及後儒質有純駁學有淺深異同錯出宋惟周子渾融罕露圭角朱陸門人各持師說入主出奴明儒沿襲而其間各有發揮開闢精確處不可掩没棃洲黃子臚爲學案而並錄之後之觀者毋師己意毋主先入虛心體察孰純孰駁孰淺孰深自呈自露惟以有裨於爲己之學而合乎天地之所以爲大其於道也斯得之矣康熙辛未鄞萬氏刻其原本三分之一而輟嗣後故城賈氏一刻雜以臆見失黃子著書本意今續完萬氏之未刻乾隆己未夏五

慈谿後學鄭性謹序

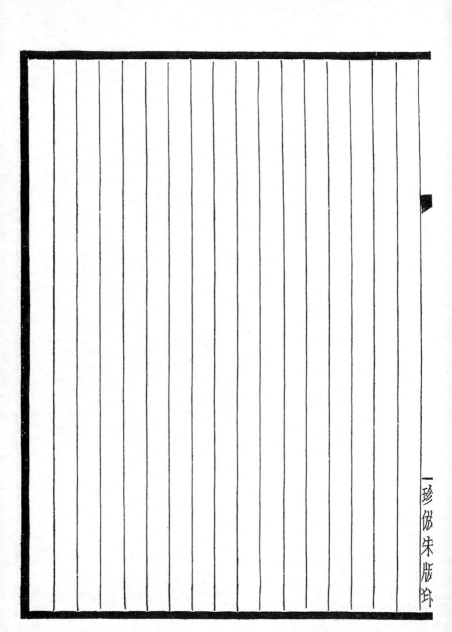

明儒學案原序

盈天地皆心也變化不測不能不萬殊心無本體工夫所至卽其本體故窮理者窮此心之萬殊非窮萬物之萬殊也是以古之君子寧鑿五丁之間道不假邯鄲之野馬故其途亦不得不殊奈何今之君子必欲出於一途使美厥靈根者化爲焦芽絶港夫先儒之語錄人人不同只是印我之心體變動不居若執定成局終是受用不得此無他修德而後可講學今講學而不修德又何怪其舉一而廢百乎時風愈下兔園稱儒實老生之變相坊人詭計借名母以行書誰立廟庭之中正九品參差大類釋氏之源流五宗水火遂使杏壇塊土爲一鬨之市可哀也夫羲幼遭家難先師蕺山先生視羲如子扶危定傾日聞緒言小子矍矍夢奠之後始從遺書得其宗旨而同門之友多歸忠節歲己酉毗陵鄆仲昇來越著劉子節要仲昇先師之高第弟子也書成羲送之江干仲昇執手丁寧曰今日知先師之學者惟吾與子兩人議論不容不歸一惟於先師言意所在宜稍爲通融羲曰先師所以異於諸儒者正在於意豈可不爲發明仲昇欲羲敘其節要羲終不敢是則仲昇於殊途百慮之學尚有成局之未化也羲爲明儒學案上下諸先生深淺各得醇疵互見要皆功力所至竭

其心之萬殊者而後成家未嘗以懞懂精神冒人糟粕於是爲之分源別派使其宗旨歷然由是而之焉固聖人之耳目也間有發明一本之所在非敢有所增損其間此猶中衢之罇後人但持瓦甌樿杓隨意取之無有不滿腹者矣書成於丙辰之後中州許酉山暨萬貞一各刻數卷而未竣其事然鈔本流傳頗爲好學者所識往時湯公潛菴有云學案宗旨雜越茍善讀之未始非一貫此陳介眉所傳述語也壬申七月一病幾革文字因緣一切屏除仇滄柱都下寓書言北地隱士賈若水者手錄是書而歎曰此明室數百年學脈也可聽之埋沒乎亡何賈君逝其子醇菴承遺命刻之嗟乎溫公通鑑成歎世人首尾畢讀者少此書何幸而累爲君子所不棄乎暫徹呻吟口授兒子百家書之康熙三十二年癸酉黃宗羲序

重刻明儒學案序

孔子稱善人不踐迹孟子謂君子欲其自得繫辭云天下同歸而殊塗一致而百慮此三言者千古道學之指南也夫道無定體學無定法見每岐於仁智克互用乎剛柔鈞是問仁而克復敬恕功分頓漸同此一貫而忠恕學識義別知行各得其性之所近而已宋儒濂溪明道之深純與顏子爲近伊川橫渠之篤實與曾思爲近象山之高明與孟子爲近立言垂教不必盡同後人泥於著述之迹僉謂朱子集羣儒之大成數百年來專主一家之學明初天台澠池椎輪伊始河東崇仁風教漸廣大抵恪守紫陽家法言規行矩不愧游夏之徒專尙修不尙悟專談下學不及上達也至白沙靜養端倪始自開門戶遠希曾點近類堯夫猶是孔門別派自陽明倡良知之說卽心是理卽知是行卽工夫是本體直探聖學本原前此諸儒學朱而才不逮朱終不出其範圍陽明似陸而才高於陸故可與紫陽並立當時若東廓主戒懼雙江主歸寂念菴主無欲最稱新建功臣卽甘泉體認見羅止修亦足互相表裏迨蕺山提清誠意約歸愼獨而良知之學益臻實地不落虛空矣黃棃洲先生明儒學案一書言行並載支派各分擇精語詳鉤元提要一代學術源流瞭如指掌要其微意實

以大宗屬姚江而以崇仁爲啓明蕺山爲後勁凡宗姚江與闢姚江者是非互見得失兩存所以闡良知之祕而防其流弊用意至深遠也是書清河賈氏刻本行世已久但原本首康齋賈本改而首敬軒原本王門學案賈本皆改爲相傳學案與萬五河原刻不同似非先生本旨予家舊有鈔本謹據萬氏原刻重加訂正以復其初幷校亥豕之訛壽諸梨棗竊謂學貴真修實悟不外虛實兩機病實者救之以虛病虛者救之以實古人因病立方原無成局通其變使人不倦故教法日新理雖一而言不得不殊入手雖殊而要歸未嘗不一讀是書者誠能不泥其迹務求自得之真向身心性命上作印證不向語言文字上生葛藤則東西相反而不可相無百川學海而皆可至於海由諸儒上溯濂洛關閩以尋源洙泗庶不負先生提唱之苦心也夫 時

道光元年辛巳仲冬朔日會稽後學莫晉頓首謹書於教忠堂

師說

方正學孝孺　黃宗羲述

神聖既遠禍亂相尋學士大夫有以生民爲慮王道爲心者絕少宋沒益不可問先生稟絕世之資慨焉以斯文自任會文明啓運千載一時深維上天所以生我之意與古聖賢之所講求直欲排洪荒而開二帝去雜霸而見三王又推其餘以淑來禩伊周孔孟合爲一人將旦暮遇之此非學而有以見性分之大全不能也既而時命不偶遂以九死成就一個是完天下萬世之責其扶持世教信乎不愧千秋正學者也考先生在當時已稱程朱復出後之人反以一死抹過先生一生苦心謂節義與理學是兩事出此者入彼至不得與揚雄吳草廬論次並稱於是成仁取義之訓爲世大禁而亂臣賊子將接踵於天下矣悲夫或言先生之忠至矣而十族與殉無乃傷於激乎余曰先生只自辦一死其激而及十族十族各辦其一死耳普天之下莫非王土十族衆乎而不當死乎惟先生平日學問斷斷乎臣盡忠子盡孝一本於良心之所固有者率天下而趨之至數十年之久幾於風移世變一日乃得透此一段精光不可掩遏蓋至誠形著動變之理宜然而非人力之所幾及也雖謂先生爲中庸之道可也

曹月川端

先生之學不由師傳特從古冊中翻出古人公案深有悟於造化之理而以月川體其傳反而求之吾心卽心是極卽心之動靜是陰陽卽心之日用酬酢是五行變合而一以事心爲入道之路故其見雖徹而不元學愈精而不雜雖謂先生爲今之濂溪可也乃先生自譜其於斯道至四十而猶不勝其渺茫浩瀚之苦又十年恍然一悟始知天下無性外之物而性無不在焉所謂太極之理卽此而是蓋見道之難如此學者愼毋輕言悟也哉○按先生門人彭大司馬澤嘗稱我朝一代文明之盛經濟之學莫盛於劉誠意宋學士至道統之傳則斷自澠池曹先生始上章請從祀孔子廟庭事在正德中愚謂方正學而後斯道之絕而復續者實賴有先生一人薛文清亦聞先生之風而起者

薛敬軒瑄

愚按前輩論一代理學之儒惟先生無間言非以實踐之儒歟然先生爲御史在宣正兩朝未嘗錚錚一論事景皇易儲先生時爲大理亦無言或云先生方轉餉貴州及于肅愍之獄係當朝第一案功罪是非而先生僅請從末減坐視忠良之死而不之救則將焉用彼相

矣就事相提前日之不諫是則今日之諫非兩者必居一於此而先生亦已愧不自得乞身去矣然先生於道於古人全體大用儘多缺陷特其始終進退之節有足稱者則亦成其爲文清而已閱先生讀書錄多兢兢檢點言行間所謂學貴踐履意蓋如此或曰七十六年無一事此心惟覺性天通先生晚年聞道未可量也

吳康齋與弼

愚按先生所不滿於當時者大抵在訟弟一事及爲石亨跋族譜稱門士而已張東白聞之有上告素王正名討罪無得久竊虛名之語一時名流盡譁恐未免爲羽毛起見者予則謂先生之過不特在訟弟之時而尤在不能喻弟於道之日特其不能喻弟於道而遂至於官且不難以囚服見有司絕無矯飾此則先生之過所謂揭日月而共見者也若族譜之跋自署門下士亦或宜然徐孺子於諸公推轂雖不應命及卒必千里赴弔先生之意其猶行古之道乎後人以成敗論人見亨他日以反誅便謂先生不當與作緣豈知先生之不與作緣已在應聘辭官之日矣不此之求而屑屑於稱謂語言文字之間甚矣責人之無已也○先生之學刻苦奮勵多從五更枕上汗流淚下得來及夫得之而有以自樂則又不知足之蹈之手之舞之蓋

七十年如一日憤樂相生可謂獨得聖賢之心精者至於學之之道大要在涵養性情而以克己安貧爲實地此正孔顏尋向上工夫故不事著述而契道真言動之間悉歸平澹晩年出處一節卓然世道羽儀而處之恬然圭角不露非有得於道其能如是記云澹如秋水貧中味和似春風靜後功可爲先生寫照充其所詣庶幾依乎中庸遯世不見知而不悔氣象余嘗僭評一時諸公薛文清多困於流俗陳白沙猶激於聲名惟先生醇乎醇云

陳剩夫真晟

先生學方胡敬齋而涵養不逮氣質用事晩年靜坐一機疑是進步惜未窺先生全書

周小泉蕙

愚按非聖勿學惟聖斯學二語可謂直指心源段容思先生堅訓小泉先生語而兩人亦獨超語言問答之外其學至乎聖人一日千里無疑也夫聖人之道反身而具足焉不假外求學之卽是故先生亦止言聖學段先生云何爲有大如天地須信無窮自古今意先生已信及此非阿所好者是時關中之學皆自河東派來而一變至道

陳白沙獻章

珍倣宋版印

愚按前輩之論先生備矣今請再訂之學術疑似之際先生學宗自然而要歸於自得自得故資深逢源與鳶魚同一活潑而還以握造化之樞機可謂獨開門戶超然不凡至問所謂得則曰靜中養出端倪向求之典冊累年無所得而一朝以靜坐得之似與古人之言自得異孟子曰君子深造之以道欲其自得之也不聞其以自然得也靜坐一機無乃淺嘗而捷取之乎自然而得者不思而得不勉而中從容中道聖人也不聞其以靜坐得也先生蓋亦得其所得而已矣道本自然人不可以智力與纔欲自然便不自然故曰會得的活潑潑地不會得的只是弄精魂靜中養出端倪不知果是何物端倪云者心可得而擬口不可得而言畢竟不離精魂者近是今考先生證學諸語大都說一段自然工夫高妙處不容湊泊終是精魂作弄處蓋先生識趣近濂溪而窮理不逮學術類康節而受用太早質之聖門難免欲速見小之病者也似禪非禪不必論矣

陳克菴選

愚按先生躬行粹潔卓然聖人之徒無疑其平生學力盡見於張聚一疏至誠而不動者未之有也通紀評理學未必盡當而推許老先生也至矣文肅好古信道真不愧先生友者文肅先生鄉友謝公鐸

羅一峯倫

愚按一峯嘗自言予性剛見剛者好之若饑渴之於飲食不能自喻於口也求之不可得則尚友其人於古相與論其世如侍几杖而聆謦欬也而欷噓企羨至爲泣下予之好剛蓋天性然也孔子曰吾未見剛者孟子曰我善養吾浩然之氣至大至剛以塞乎天地之閒富貴不能淫貧賤不能移威武不能屈此真至剛之大丈夫哉孔孟之所謂剛固予之所好者也此可爲先生實錄先生之學剛而正或擬之孔融非是又傳先生既謫官過崇仁求謁康齋康齋不見意待再三而後見之先生怒投一詩去康齋之不見所以進先生之意深矣惜先生不悟也又當時張廷祥獨不喜康齋故先生亦不喜之然康齋終不可及也

蔡虛齋清

先生闇修篤行不聚徒不講學不由師承崛起希曠之後一以六經爲入門四子爲標準而反身用力本之靜虛之地所謂真道德性命端向此中有得焉久之涵養深至日改而月以化庶幾慥慥君子前輩稱月湖過先生殊未然月湖之視先生猶子夏之於曾子玉夫清

修勁力差可伯仲惜未底於成又先生嘗友林見素考見素立朝卓然名德又累疏薦羅整菴王陽明呂涇野陳白沙則其聲氣所感通可知俟再考以入月湖楊廉號玉夫丁幾字

王陽明守仁

先生承絕學於詞章訓詁之後一反求諸心而得其所性之覺曰良知因示人以求端用力之要曰致良知良知爲知見知不囿於聞見致良知爲行見行不滯於方隅卽知卽行卽心卽物卽動卽靜卽體卽用卽工夫卽本體卽下卽上無之不一以救學者支離眩騖務華而絕根之病可謂震霆啓寐烈耀破迷自孔孟以來未有若此之深切著明者也特其與朱子之說不無牴牾而所極力表章者乃在陸象山遂疑其或出於禪禪則先生固嘗逃之後乃覺其非而去之矣夫一者誠也天之道也誠之者明也人之道也致良知是也因明至誠以人合天之謂聖禪有乎哉卽象山本心之說疑其爲良知之所自來而求本心於良知指點更爲親切合致知於格物工夫確有循持較之象山混人道一心卽本心而求悟者不猶有毫釐之辨乎先生之言曰良知卽是獨知時本非元妙後人強作元妙觀故近禪殊非先生本旨至其與朱子牴牾處總在大學一書朱子之解大學也

先格致而後授之以誠意先生之解大學也即格致爲誠意其於工夫似有分合之不同然詳二先生所最喫緊處皆不越慎獨一關則所謂因明至誠以進於聖人之道一也故先生又有朱子晚年定論之說夫大學之教一先一後階級較然而實無先後之可言故八目總是一事先生命世人豪龍場一悟得之天啓亦自謂從五經印證過來其爲廓然聖路無疑特其急於明道往往將向上一幾輕於指點啓後學躐等之弊有之天假之年盡融其高明卓絕之見而底於實地安知不更有晚年定論出於其間而先生且遂以優入聖域則範圍朱陸而進退之又不待言矣先生屬纊時嘗自言曰我平生學問纔做得數分惜不得與吾黨共成之此數分者當是善信以上人明道而後未見其比先生門人徧天下自東廓先生而外諸君子其最著與然而淵源分合之故亦略可覩云

鄒東廓守益

按鄒文潔公稱陽明必爲聖學無疑及門之士概多矛盾其說而獨有取於念菴然何獨近遺東廓耶東廓以獨知爲良知以戒懼謹獨爲致良知之功此是師門本旨而學焉者失之浸流入猖狂一路惟東廓斤斤以身體之便將此意做實落工夫卓然守聖矩無少畔援

一珍倣宋版印

諸所論著皆不落他人訓詁良知窠臼先生之教卒賴以不墜可謂有功師門矣後來念菴收攝保任之說實遡諸此

王龍溪畿

愚按四句教法考之陽明集中並不經見其說乃出於龍溪則陽明未定之見平日間嘗有是言而未敢筆之於書以滋學者之惑至龍溪先生始云四有之說猥犯支離勢必進之四無而後快既無善惡又何有心意知物終必進之無心無意無知無物而後元如此則致良知三字著在何處先生獨悟其所謂無者以爲教外之別傳而實亦併無是無有無不立善惡雙泯任一點虛靈知覺之氣從橫自在頭頭明顯不離著於一處幾何而不蹈佛氏之坑塹也哉夫佛氏遺世累專理會生死一事無惡可去幷無善可爲止餘真空性地以顯真覺從此悟入是爲宗門若吾儒日在世法中求性命五欲薰染頭出頭沒於是而言無善惡適爲濟惡之津渠耳先生孜孜學道八十年猶未討歸宿不免沿門持鉢習心習境密制其命此時是善是惡只口中勞勞行脚仍不脫在家窠臼孤負一生無處根基惜哉王門有心齋龍溪學皆尊悟世稱二王心齋言悟雖超曠不離師門宗旨至龍溪直把良知作佛性看懸空期個悟終成玩弄光景雖謂之操

戈入室可也

羅整菴欽順

愚按先生之學始由禪入從庭前栢樹子話頭得悟一夕披衣通身汗下自怪其所得之易反而求之儒不合也始知佛氏以覺爲性以心爲本非吾儒窮理盡性至命之旨乃本程朱格致之說而求之積二十年久始有見於所謂性與天道之端一日打併則曰性命之妙理一分殊而已矣又申言之曰此理在心目間由本而知末萬象紛紜而不亂自末而歸本一真湛寂而無餘因以自附於卓如之見如此亦可謂苦且難矣竊思先生所謂心目之間者不知實在處而其本之末末歸本者又孰從而之之歸之乎理一分殊卽孔子一貫之旨其要不離忠恕者是則道之不遠於人心亦從可決矣乃先生方斷斷以心性辨儒釋直以求心一路歸之禪門故寧舍置其心以言性而判然二之處理於不外不內之間另呈一心目之象終是泛觀物理如此而所云之之歸之者亦是聽其自之之而自歸之於我無與焉則亦不自覺其墮於恍惚之見矣考先生所最得力處乃在以道心爲性指未發而言人心爲情指已發而言自謂獨異於宋儒之見且云於此見得分明則無往而不合試以先生之言思之心與性

情原只是一人不應危是心而微者非心止緣先生認定佛氏以覺爲性謂覺屬已發是情不是性卽本之心亦只是惟危之心而無惟微之心遂以其微者拒之於心外而求之天地萬物之表謂天下無性外之物格物致知本末一貫而後授之誠正以立天下之大本若是則幾以性爲外矣我故曰先生未嘗見性以其外之也夫性果在外乎心果在內乎心性之名其不可混者猶之理與氣而其終不可得而分者亦猶之乎理與氣也先生既不與宋儒天命氣質之說而蔽以理一分殊之一言謂理卽是氣之理是矣獨不曰性卽是心之性乎心卽氣之聚於人者而性卽理之聚於人者理氣是一則心性不得是二心性是一性情又不得是二使三者於一分一合之間終有二焉則理氣是何物心與性情又是何物天地間既有箇合氣之理又有箇離氣之理既有箇離心之性又有箇離性之情又烏在其爲一本也乎吾儒本天釋氏本心自是古人鐵案先生娓娓言之可爲大有功於聖門要之善言天者正不妨其合於人善言心者自不至流而爲釋先生不免操因咽廢食之見截得界限分明雖足以洞彼家之弊而實不免抛自身之藏考先生於格物一節幾用却二三十年工夫迨其後卽說心說性說理氣一字不錯亦只是說得是形

容得著於坐下毫無受用若先生莊一靜正德行如渾金璞玉不愧聖人之徒自是生質之美非關學力先生嘗與陽明先生書云如必以學不資於外求但當反觀內省以爲務則誠意正心四字亦何不盡之有何必於入門之際便困以格物一段工夫嗚呼如先生者眞所謂困以格物一段工夫不特在入門且在終身者也不然以先生之質早尋向上而進之宜其優入聖域而惜也僅止於是雖其始之易悟者不免有毫釐之差而終之苦難一生擾擾到底者幾乎千里之謬蓋至是而程朱之學亦弊矣由其說將使學者終其身無入道之日困之以二三十年工夫而後得而得已無幾視聖學幾爲絕德此陽明氏所以作也

呂涇野柟

愚按關學世有淵源皆以躬行禮教爲本而涇野先生實集其大成觀其出處言動無一不規於道極之心術隱微無毫髮可疑卓然閔冉之徒無疑也當時陽明先生講良知之學本以重躬行而學者誤之反遺行而言知得先生尙行之旨以救之可謂一髮千鈞時先生講席幾與陽明氏中分其盛一時篤行自好之士多出先生之門

孟雲浦化鯉　孟我疆秋　張陽和元忭

愚按二孟先生如冰壺秋水兩相輝映以紹家傳於不墜可稱北地聯璧吾鄉文恭張先生則所謂附驥尾而名益彰者乎讀二孟行張文恭作可信也文恭又嘗有壯哉行贈鄒進士遺戍貴陽其私吾黨臭味如此君子哉若人於今吾不得而見之矣文恭與同鄉羅文懿爲筆硯交其後文懿爲會試舉主文恭自追友誼如昔亦不署門生文懿每憾之文恭不顧廷對係高中元讀卷後相見亦不署門生其矯矯自立如此文恭又與鄧文潔交莫逆及其没世文潔祭以文稱其好善若渴以天下爲己任云

羅念菴洪先　趙大洲貞吉　王塘南時槐　鄧定宇以讚

按王門惟心齋氏盛傳其說從不學不慮之旨轉而標之曰自然曰學樂末流衍蔓浸爲小人之無忌憚羅先生後起有憂之特拈收攝保聚四字爲致良知符訣故其學專求之未發一機以主靜無欲爲宗旨可爲衛道苦心矣或曰先生之主靜不疑禪歟曰古人立教皆權法王先生之後不可無先生吾取其足以扶持斯道於不墜而已況先生已洞其似是而出入之逃楊歸儒視無忌憚者不猶近乎趙王鄧三先生其猶先生之意歟鄧先生精密尤甚其人品可伯仲先生

羅近溪汝芳

鄧先生當士苴六經之後獨發好古精心考先聖人之遺經稍稍補綴之端委纚然挽學者師心誣古之弊其功可謂大矣乃其學實本之東廓獨聞戒懼謹獨之旨則雖謂先生爲王門嫡傳可也余嘗聞江西諸名宿言先生學本修羅先生本悟兩人斷斷爭可否及晚年先生竟大服羅先生不覺席之前也考其祭羅先生文略見一班則羅先生之所養蓋亦有大過人者余故擇其喫緊真切者載於篇令後之學莽蕩者無得藉口羅先生也

李見羅材

文成而後李先生又自出手眼諄諄以止修二字壓倒良知亦自謂考孔曾俟後聖抗顏師席率天下而從之與文成同昔人謂良知醒而蕩似不若止修二字有根據實地然亦只是尋將好題目做文章與坐下無與吾人若理會坐下更何良知止修分別之有先生氣魄大以經世爲學酷意學文成故所至以功名自喜微叩其歸宿往往落求可求成一路何敢望文成後塵大學一書程朱說誠正陽明說致知心齋說格物盱江說明明德劍江說修身至此其無餘蘊乎

許敬菴孚遠

余嘗親受業許師見師端凝敦大言動兢兢儼然儒矩其密繕身心纖悉不肯放過於天理人欲之辨三致意焉嘗深夜與門人子弟輩窅然靜坐輒追數平生酒色財氣分數消長以自證其所學篤實如此

珍做宋版邸

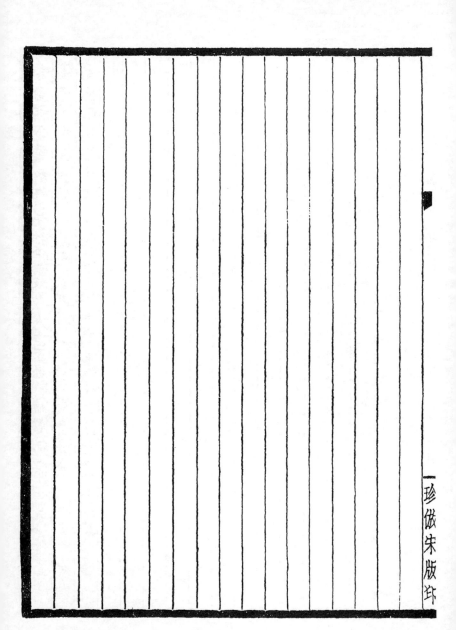

明儒學案發凡

從來理學之書前有周海門聖學宗傳近有孫鍾元理學宗傳諸儒之說頗備然陶石簣與焦弱侯書云海門意謂身居山澤見聞陿陋嘗願博求文獻廣所未備非敢便稱定本也且各家自有宗旨而海門主張禪學擾金銀銅鐵爲一器是海門一人之宗旨非各家之宗旨也鍾元雜收不復甄別其批註所及未必得其要領而其聞見亦猶之海門也學者觀羲是書而後知兩家之疎略

大凡學有宗旨是其人之得力處亦是學者之入門處天下之義理無窮苟非定以一二字如何約之使其在我故講學而無宗旨卽有嘉言是無頭緒之亂絲也學者而不能得其人之宗旨卽讀其書亦猶張騫初至大夏不能得月氏要領也是編分別宗旨如燈取影杜牧之曰丸之走盤橫斜圓直不可盡知其必可知者是知丸不能出於盤也夫宗旨亦若是而已矣

嘗謂有明文章事功皆不及前代獨於理學前代之所不及也牛毛繭絲無不辨晰眞能發先儒之所未發程朱之闢釋氏其說雖繁總是只在迹上其彌近理而亂眞者終是指他不出明儒於毫釐之際使無遁影陶石簣亦曰若以見解論當代諸公儘有高過者與羲言

不期而合

每見鈔先儒語錄者薈撮數條不知去取之意謂何其人一生之精神未嘗透露如何見其學術是編皆從全集纂要鈎玄未嘗襲前人之舊本也

儒者之學不同釋氏之五宗必要貫串到青源南嶽夫子既焉不學濂溪無待而興象山不聞所受然其間程朱之至何王金許數百年之後猶用高曾之規矩非如釋氏之附會源流而已故此編以有所授受者分爲各案其特起者後之學者不甚著名總列諸儒之案

學問之道以各人自用得著者爲真凡倚門傍戶依樣葫蘆者非流俗之士則經生之業也此編所列有一偏之見有相反之論學者於其不同處正宜著眼理會所謂一本而萬殊也以水濟水豈是學問

胡季隨從學晦翁晦翁使讀孟子他日問季隨至於心獨無所同然乎季隨以所見解晦翁以爲非且謂其讀書鹵莽不思季隨思之既苦因以致疾晦翁始言之古人之於學者其不輕授如此蓋欲其自得之也卽釋氏亦最忌道破人便作光景玩弄耳此書未免風光狼籍學者徒增見解不作切實工夫則義反以此書得罪於天下後世矣

珍倣宋版印

是書搜羅頗廣然一人之聞見有限尚容陸續訪求即羲所見而復失去者如朱布衣語錄韓苑洛南瑞泉穆玄菴范栗齋諸公集皆不曾採入海內有斯文之責者其不吝教我此非末學一人之事也

黃宗羲識

珍做宋版邱

明儒學案總目

姚江黃棃洲先生著

豫章後學 夏鼎 熊育鑫 熊繩祖 熊育鏞 徐兆瀾 周聯慶 熊榮祖 蕭兆柄 劉秉楨 李真實 重刊

珍倣宋版印

一　珍倣宋版印

明儒學案卷一

姚江黄棃洲先生著

豫章後學　夏鼎　熊育鑫　熊緇祖　熊育鏞　徐兆瀾　周聯慶　熊榮祖　蕭兆柄　劉秉楨　李真實　重刊

崇仁學案

康齋倡道小陂一稟宋人成說言心則以知覺而與理爲二言工夫則靜時存養動時省察故必敬義夾持明誠兩進而後爲學問之全功其相傳一派雖一齋莊渠稍爲轉手終不敢離此矩矱也白沙出其門然自敘所得不關聘君當爲別派於戲椎輪爲大輅之始增冰爲積水所成微康齋焉得有後時之盛哉

聘君吳康齋先生與弼

文敬胡敬齋先生居仁

教諭婁一齋先生諒

謝西山先生復

鄭敬齋先生伉

胡鳳儀先生九韶
恭簡魏莊渠先生校
侍郎余訒齋先生祐
大僕夏東巖先生尚朴
廣文潘玉齋先生潤

姚江黃梨洲先生著

會稽後學　夏鼎　熊育鑫　熊繩祖　熊育鏞　徐兆瀾　周聯慶　熊榮祖　蕭兆柄　劉秉楨　李真寶　重刊

聘君吳康齋先生與弼

吳與弼字子傅號康齋撫州之崇仁人也父國子司業溥先生生時祖夢有藤繞其先墓一老人指爲扳藤故初名夢祥八九歲已負氣岸十九歲（永樂己丑）覲親於京師（金陵）從洗馬楊文定（溥）學讀伊洛淵源錄慨然有志於道謂程伯子見獵心喜乃知聖賢猶夫人也孰云不可學而至哉遂棄舉子業謝人事獨處小樓玩四書五經諸儒語錄體貼於身心不下樓者二年氣質偏於剛忿至是覺之隨下克之之功辛卯父命還鄉授室長江遇風舟將覆先生正襟危坐事定問之曰守正以俟耳既婚不入室復命於京師而後歸先生往來粗衣敝履人不知其爲司成之子也居鄉躬耕食力弟子從遊者甚衆先生謂婁諒確實楊傑純雅周文勇邁雨中被蓑笠負耒耜與諸

生並耕談乾坤及坎離艮震兌巽於所耕之耒耜可見歸則解犂飯糲蔬豆共食陳白沙自廣來學晨光纔辨先生手自簸穀白沙未起先生大聲曰秀才若爲懶惰卽他日何從到伊川門下又何從到孟子門下一日刈禾鐮傷厥指先生負痛曰何可爲物所勝竟刈如初嘗歎箋註之繁無益有害故不輕著述省郡交薦之不赴太息曰宦官釋氏不除而欲天下之治難矣吾庸出爲天順初忠國公石亨汰甚知爲上所疑門客謝昭效張鷟之告蔡京徵先生以收人望亨謀之李文達文達爲草疏上之上問文達曰與弼何如人對曰與弼儒者高蹈古昔明王莫不好賢下士皇上聘與弼卽聖朝盛事遂遣行人曹隆至崇仁聘之先生應召將至上喜甚問文達曰當以何官官與弼文達曰今東宮講學需老成儒者司其輔導宜莫如與弼上可諭德召對文華殿上曰聞高義久矣特聘卿來煩輔東宮對曰臣少賤多病杜迹山林本無高行徒以聲聞過情誤塵薦牘聖明過聽束帛邱園臣實內愧力疾謝命不能供職上曰宮僚優閑不必固辭賜文幣酒牢命侍人牛玉送之館次上顧文達曰人言此老迂不迂也時文達首以賓師禮遇之公卿大夫士承其聲名坐門求見而流俗多怪謗議蠭起中官見先生操古禮屹屹則羣聚而笑之或以爲言

者文達爲之解曰凡爲此者所以勵風俗使奔競干求乞哀之徒觀之而有愧也先生三辭不得命稱病篤不起上諭文達曰與弼不受官者何故必欲歸需秋涼而遣之祿之終身顧不可乎文達傳諭先生辭益堅上曰果爾亦難留乃允之先生上十因事上復召對賜璽書銀幣遣行人王惟善送歸命有司月廩之蓋先生知石亨必敗故潔然高蹈其南還也人問其故第曰欲保性命而已己卯九月遣門生進謝表辛巳冬適楚拜楊文定之墓壬午春適閩問考亭以申願學之志己丑十月十七日卒年七十有九先生上無所傳而聞道最早身體力驗只在走趨語默之間出作入息刻刻不忘久之自成片段所謂敬義夾持誠明兩進者也一切玄遠之言絕口不道學者依之眞有途轍可循臨川章袞謂其日錄爲一人之史皆自言己事非若他人以己意附成說以成說附己意泛言廣論者比顧涇陽言先生一團元氣可追太古之樸而世之議先生者多端以爲先生之不受職因敕書以伊傅之禮聘之至而授以諭德失其所望故不受夫舜且歷試諸艱而後納於百揆則伊傅亦豈初命爲相卽世俗妄人無如此校量官爵之法而況於先生乎此陳建通記拾世俗無根之謗耳而薛方山憲章錄復仍其謬又謂與弟訟田褫冠蓬首短衣束

裾跪訟府庭張廷祥有上告素王正名討罪豈容久竊虛名之書劉先生言予於本朝極服康齋先生其弟不簡私鬻祭田先生訟之遂囚服以質絕無矯飾之意非名譽心淨盡曷克至此然考之楊端潔傳易考先生自辭宮諭歸絕不言官以民服力田撫守張瓚（番禺人）因先生拒而不見瓚知京貴有忌先生者（尹直之流）欲壞其節行令人訟之久之無應者瓚以嚴法令他人代弟訟之牒入即遣隸執牒拘之門人胡居仁等勸以官服往先生服民服從拘者至庭瓚加慢侮方以禮遣先生無愠色亦心諒非弟意相好如初瓚以此得內貴心張廷祥（元禎）始亦信之後乃釋然此爲實錄也又謂跋石亨族譜自稱門下士顧涇凡（允成）論之曰此好事者爲之也先生樂道安貧曠然自足真如鳳凰翔於千仞之上下視塵世曾不足過而覽焉區區總戎一薦何關重輕乃遂不勝私門桃李之感而事之以世俗所事座主舉主之禮乎且總戎之汰甚矣行路之人皆知其必敗而況於先生先生所爲堅辭諭德之命意蓋若將浼焉惟恐其去之不速也況肯褰裳而赴自附於匪人之黨乎此以知其必不然也

吳康齋先生語

人須整理心下使教瑩淨常惺惺地方好此敬以直內工夫也嗟夫

不敬則不直不直便昏昏倒了萬事從此隳可不懼哉○食後坐東牕四體舒泰神氣清朗讀書愈有進益數日趣同此必又透一關矣○聖賢所言無非存天理去人欲聖賢所行亦然學聖賢者舍是何以哉○日夜痛自點檢且不暇豈有工夫點檢他人邪責人密自治踈矣可不戒哉明德新民雖無二致然己德未明遽欲新民不惟失本末先後之序豈能有新民之效乎徒爾勞攘成私意也○貧困中事務紛至兼以病瘡不免時有憤躁徐整衣冠讀書便覺意思通暢古人云不遇盤根錯節無以別利器又云若要熟也須從這裏過然誠難能只得小心忍耐做將去朱子云終不成處不去便放下旨哉言也○文公先生謂延平先生終日無疾言遽色與弼常歎何修而至此又自分雖終身不能學也文公先生又云李先生初間也是豪邁底人後來也是琢磨之功觀此則李先生豈是生來便如此蓋學力所致也然下愚末學苦不能克去血氣之剛平居則慕心平氣和與物皆春小不如意躁急之態形焉因思延平先生所與處者豈皆聖賢而能無疾言遽色者豈非成湯與人不求備檢身若不及之功效歟而今而後吾知聖賢之必可學而學之必可至人性之本善而氣質之可化也的然矣下學之功此去何如哉○夜病臥思家務不

免有所計慮心緒便亂氣卽不清徐思可以力致者德而已此外非所知也吾何求哉求厚吾德耳心於是乎定氣於是乎清明日書以自勉○南軒讀孟子甚樂湛然虛明平旦之氣略無所撓綠陰清晝薰風徐來而山林闃寂天地自闊日月自長邵子所謂心靜方能知白日眼明始會識青天於斯可驗○與弼氣質偏於剛忿永樂庚寅年二十從洗馬楊先生學方始覺之春季歸自先生官舍紆道訪故人李原道於秦淮客館相與攜手淮畔共談日新與弼深以剛忿爲言始欲下克之之功原道尋以告吾父母二親爲之大喜原道吉安廬陵人吾母姨夫中允公從子也厥後克之之功雖時有之其如鹵莽滅裂何十五六年之間猖狂自恣良心一發憤恨無所容身去冬今春用功甚力而日用之間覺得愈加辛苦疑下愚終不可以希聖賢之萬一而小人之歸無由可免矣五六月來覺氣象漸好於是益加苦功遂日有進心氣稍稍和平雖時當逆境不免少動於中尋卽排遣而終無大害也二十日又一逆事排遣不下心愈不悅蓋平日但制而不行未有拔去病根之意反覆觀之而後知吾近日之病在於欲得心氣和平而惡夫外物之逆以害吾中此非也心本太虛七情不可有所於物之相接甘辛鹹苦萬有不齊而吾惡其逆我者可

乎但當於萬有不齊之中詳審其理以應之則善矣於是中心灑然此殆克己復禮之一端乎蓋制而不行者硬苦以理處之則順暢因思心氣和平非絕無於往日但未如此八九日之無間斷又往日家和平多無事之時今乃能於逆境擺脫懼學之不繼也故特書於冊冀日新又新讀書窮理從事於敬恕之間漸進於克己復禮之地此吾志也效之遲速非所敢知○澹如秋水貧中味和似春風靜後功○力除閑氣固守清貧○病體衰憊家務相纏不得專心致志於聖經賢傳中心益以鄙詐而無以致其知外貌益以怠慢而何以力於行乎歲月如流豈勝痛悼如何如何○數日家務相因憂親不置書程間斷胸次鄙吝甚可愧恥竊思聖賢吉凶禍福一聽於天必不少動於中吾之所以不能如聖賢而未免動搖於區區利害之間者察理不精躬行不熟故也吾之所爲者惠迪而已吉凶禍福吾安得與於其間哉大凡處順不可喜喜心之生驕侈之所由起也處逆不可厭厭心之生怨尤之所由起也一喜一厭皆爲動其中也其中不可動也聖賢之心如止水或順或逆處以理耳豈以自外至者爲憂樂哉嗟乎吾安得而臻茲也勉旃毋忽○屢有逆境皆順而處○枕上思在京時晝夜讀書不間而精神無恙後十餘年疾病相因少能如

昔精進不勝痛悼然無如之何兼貧乏無藥調護只得放寬懷抱毋
使剛氣得撓愛養精神以圖少長噫世之年壯氣盛者豈少不過悠
悠度日誠可惜哉○一事少含容則一事差當痛加克己復禮之功
務使此心湛然虛明則應事可以無失靜時涵養動時省察不可須
臾忽也苟本心爲事物所撓無澄清之功則心愈亂氣愈濁梏之反
覆失愈遠矣○觀近思錄覺得精神收斂身心檢束有歉然不敢少
恣之意有悚然奮拔向前之志○晁公武謂康節先生隱居博學尤
精於易世謂其能窮作易之本原前知來物其始學之時睡不施枕
者三十年嗟乎先哲苦心如此吾輩將何如哉○一日以事暴怒卽
止數日事不順未免胸臆時生磊塊然此氣稟之偏學問之疵頗無
亦難只得漸次消磨之終日無疾言遽色豈朝夕之力邪勉之無怠
○枕上思近來心中閑思甚少亦一進也○寢起讀書柳陰及東窗
皆有妙趣晚二次事逆雖動於中隨卽消釋怒意未形逐漸如此揩
磨則善矣○大抵學者踐履工夫從至難至危處試驗過方始無往
不利若舍至難至危其他踐履不足道也○枕上默誦中庸至大德
必受命惕然而思舜有大德旣受命矣夫子之德雖未受命卻爲萬
世帝王師是亦同矣嗟乎知有德者之應則宜知無德者之應矣何

修而可厚吾德哉○上不怨天下不尤人君子居易以俟命小人行險以僥倖燈下讀中庸書此不肖恆服有效之藥也○緩步途間省察四端身心自然約束此又靜時敬也○因暴怒徐思之以責人無恕故也欲責人須思吾能此事否苟能之又思曰吾學聖賢方能此安可遽責彼未嘗用功與用功未深者乎況責人此理吾未必皆能乎此也以此度之平生責人謬妄多矣信哉躬自厚而薄責於人則遠怨以責人之心責己則盡道也○因事知貧難處思之不得付之無奈孔子曰志士不忘在溝壑未易能也又曰貧而樂未易及也然古人恐未必如吾輩之貧夜讀子思子素位不願乎外及游呂之言微有得游氏居易未必不得窮通皆好行險未必常得窮通皆醜非實經歷不知此味誠吾百世之師也又曰要當篤信之而已從今安敢不篤信之也○以事難處夜與九韶論到極處須是力消閑氣純乎道德可也倘常情一動則去道遠矣○枕上熟思出處進退惟學聖賢爲無弊若夫窮通得喪付之天命可也然此心必半毫無愧自處必盡其分方可歸之於天欲大書何者謂聖賢何者謂小人以自警○自今須純然粹然卑以自牧和順道德方可庶幾嗟乎人生苟得至此雖寒饑死刑戮死何害爲大丈夫哉苟不能然雖極富貴極

壽考不免爲小人可不思以自處乎○凡事誠有所不堪君子處之無所不可以此知君子之難能也胡生談及人生立世難作好人僕深味之嗟夫見人之善惡無不反諸己可也○途間與九韶談及立身處世向時自分不敢希及中庸數日熟思須是以中庸自任方可無忝此生只是難能然不可畏難而苟安直下承當可也○讀罷思債負難還生理蹇澀未免起計較之心徐覺計較之心起則爲學之志不能專一矣平生經營今日不過如此況血氣日衰一日若再苟且因循則學何由向上此生將何堪於是大書隨分讀書於壁以自警窮通得喪死生憂樂一聽於天此心須澹然一毫無動於中可也○倦臥夢寐中時時警恐爲過時不能學也○近晚往鄰倉借穀因思舊債未還新債又重此生將何如也徐又思之須素位而行不必計較富貴不淫貧賤樂男兒到此是豪雄然此心極難不敢不勉貧賤能樂則富貴不淫矣貧賤富貴樂與不淫宜常加警束古今幾人臻斯境也○早枕思處世不活須以天地之量爲量聖人之德爲德方得恰好嗟夫安得同志共勉此事○早枕思當以天地聖人爲之準則因悟子思作中庸論其極致亦舉天地之道以聖人配之蓋如此也嗟夫未至於天道未至於聖人不可謂之成人此古昔英豪所

珍倣宋版印

以孜孜翼翼終身也○人生但能不負神明則窮通死生皆不足惜矣欲求如是其惟慎獨乎董子云人之所爲其美惡之極乃與天地流通往來相應噫天人相與之際可畏哉○凡事須斷以義計較利害便非○人須於貧賤患難上立得脚住克治麤暴使心性純然上不怨天下不尤人物我兩忘惟知有理而已○今日覺得貧困上稍有益看來人不於貧困上著力終不濟事終是脆愞○熟思平生歷試不堪回首間閱舊藁深恨學不向前身心荒怠可憂可愧今日所當爲者夙興盥櫛家廟禮畢正襟端坐讀聖賢書收斂此心不爲外物所汨夜倦而寢此外非所當計窮通壽夭自有命焉宜篤信之○心是活物涵養不熟不免搖動只常常安頓在書上庶不爲外物所勝○應事後卽須看書不使此心頃刻走作○數日養得精神差好須節節接續去莫令間斷○精白一心對越神明○苟一毫不盡其道卽是自絕於天○夜大雨屋漏無乾處吾意泰然○涵養本原工夫日用間大得○夜觀晦菴文集累夜乏油貧婦燒薪爲光誦讀甚好爲諸生授孟子卒章不勝感激臨寢猶諷詠明道先生行狀久之頑鈍之資爲之惕然興起○中堂讀倦遊後園歸絲桐三弄心地悠然日明風靜天壤之間不知復有何樂○早枕痛悔剛惡偶得二句

豈伊人之難化信吾德之不競遇逆境暴怒再三以理遣蓋平日自己無德難於專一責人況化人亦當以漸又一時過差人所不免嗚呼難矣哉中庸之道也○枕上思晦菴文集及中庸皆反諸身心性情頗有意味昨日欲書戒語云温厚和平之氣有以勝夫乖戾逼窄之心則吾學庶幾少有進耳今日續之云欲進乎此舍持敬窮理之功則吾不知其方矣蓋日來甚覺此二節工夫之切而於文集中玩此話頭益覺忘味也○七月初五日臨鍾帖明窗淨几意思甚佳平生但親筆硯及聖賢圖籍則不知貧賤患難之在身也○人之遇患難須平心易氣以處之厭心一生必至於怨天尤人此乃見學力不可不勉○貧困中事事纏人雖則如此然不可不勉一邊處困一邊進學○凡百皆當責己○昨晚以貧病交攻不得專一於書未免心中不寧熟思之須於此處做工夫教心中泰然一味隨分進學方是不然則有打不過處矣君子無入而不自得然是難事於此可以見聖愚之分可不勉哉凡怨天尤人皆是此關不透耳先哲云身心須有安頓處蓋身心無安頓處則日惟擾擾於利害之中而已此亦非言可盡默而識之可也○早起親筆硯心下清涼之甚忘却一身如是之窘也康節云雖貧無害日高眠○月下詠詩獨步綠陰時倚修

一珍倣宋版印

竹好風徐來人境寂然心甚平澹無康節所謂攻心之事○昨日於文集中又得處困之方夜枕細思不從這裏過真也做人不得增益其所不能豈虛語哉○日來甚悟中字之好只是工夫難也然不可不勉康節詩云拔山蓋世稱才力到此分毫強得乎○處困之時所得爲者言忠信行篤敬而已○寄身於從容無競之境遊心於平澹不撓之鄉日以聖賢嘉言善行沃潤之則庶幾其有進乎○人之病痛不知則已知而克治不勇使其勢日甚可乎哉志之不立古人之深戒也○男兒須挺然生世間○夜坐思一身一家苟得平安深以爲幸雖貧窶太甚亦得隨分耳夫子曰不知命無以爲君子也○先儒云道理平鋪在信乎斯言也急不得慢不得平鋪之云豈不是如此近來時時見得如此是以此心較之往年亦稍稍向定但眼痛廢書一年餘爲可歎耳○處大事者須深沈詳察○看言行錄龜山論東坡云君子之所養要令暴漫邪僻之氣不設於身體大有所省然志不能帥氣工夫間斷甚矣聖賢之難能也○累日看遺書甚好因思二程先生之言真得聖人之傳也何也以其說道理不高不低不急不緩溫乎其夫子之言也讀之自然令人心平氣和萬慮俱消○涵養此心不爲事物所勝甚切日用工夫○看朱子六十後長進不

多之語悅然自失嗚呼日月逝矣不可得而追矣○十一月單衾徹夜寒甚腹痛以夏布帳加覆略無厭貧之意○閑遊門外而歸程子云和樂只是心中無事誠哉是言也近來身心稍靜又似進一步○近日多四五更夢醒痛省身心精察物理○世間可喜可怒之事自家著一分陪奉他可謂勞矣誠哉是言也○先哲云大輅與柴車較逐鸞鳳與鴟梟爭食連城與瓦礫相觸君子與小人鬬力不惟不能勝兼亦不可勝也○學易稍有進但恨精力減而歲月無多矣卽得隨分用工以畢餘齡焉耳○讀奏議一篇令人悚然噫清議不可犯也○今日思得隨遇而安之理一息尚存此志不容少懈豈以老大之故而厭於事也○累日思平生架空過了時日○與學者話久大概勉以栽培自己根本一毫利心不可萌也○三綱五常天下元氣一家亦然一身亦然○動靜語默無非自己工夫○看漚田晚歸大雨中途雨止月白衣服皆濕貧賤之分當然也靜坐獨處不難居廣居應天下爲難○事往往急便壞了○胡文定公云世事當如行雲流水隨所遇而安可也○毋以妄想戕真心客氣傷元氣○請看風急天寒夜誰是當門定脚人○看史數日愈覺收斂爲至要○人生須自重○閑臥新齋西日明窗意思好道理平鋪在著此意不得○

珍倣宋版印

彼以慳吝狡僞之心待我吾以正大光明之體待之○詩云戰戰兢兢如臨深淵如履薄冰七十二歲方知此味信乎希賢之不易也○夜靜臥閣上深悟靜虛動直之旨但動時工夫尤不易云程子云五倫多少不盡分處至哉言也○學至於不尤人學之至也吾聞其語矣未見其人也○午後看陸宣公集及遺書易一親聖賢之言則心便一但得此身粗安頃刻不可離也○憩亭子看收菜臥久見靜中意思此涵養工夫也○夜臥閣思朱子云閑散不是眞樂因悟程子云人於天地間並無窒礙處大小咸快活乃眞樂也○無時無處不是工夫○年老厭煩非理也朱子云一日未死一日要是當○於事厭倦皆是無誠○雖萬變之紛紜而應之各有定理

明儒學案卷一

姚江黃棃洲先生著

豫章後學 夏鼎 熊育鑫
熊繩祖 熊育鏞
徐兆瀾 周聯慶 重刊
熊榮祖 蕭兆柄
劉秉楨 李真寶

文敬胡敬齋先生居仁

胡居仁字叔心饒之餘干人也學者稱爲敬齋先生弱冠時奮志聖賢之學往遊康齋吳先生之門遂絕意科舉築室於梅溪山中事親講學之外不干人事久之欲廣聞見適閩歷浙入金陵從彭蠡而返所至訪求問學之士歸而與鄉人婁一齋羅一峯張東白爲會於弋陽之龜峯餘干之應天寺提學李齡鍾城相繼請主白鹿書院諸生又請講學貴溪桐源書院淮王聞之請講易於其府王欲梓其詩文先生辭曰尚需稍進先生嚴毅清苦左繩右矩每日必立課程詳書得失以自考雖器物之微區別精審沒齒不亂父病嘗糞以驗其深淺兄出則迎候於門有疾則躬調藥飲執親之喪水漿不入口柴毀骨立非杖不能起三年不入寢室動依古禮不從流俗卜兆爲里人

所阨不得已訟之墨衰而入公門人咸笑之家世爲農至先生而窶甚鶉衣脫粟蕭然有自得之色曰以仁義潤身以牙籤潤屋足矣成化甲辰三月十二日卒年五十一萬歷乙丑從祀孔廟先生一生得力於敬故其持守可觀周翠渠曰君學之所至兮雖淺深予有未知觀君學之所向兮得正路抑又何疑倘歲月之少延兮必日躋乎遠大痛壽命之弗永兮若深造而未艾此定案也其以有主言靜中之涵養尤爲學者津梁然斯言也即白沙所謂靜中養出端倪日用應酬隨吾所欲如馬之御銜勒也宜其同門冥契而先生必欲議白沙爲禪一編之中三致意焉蓋先生近於狷白沙近於狂不必以此而疑彼也先生之辨釋氏尤力謂其想像道理所見非真又謂是空其心死其心制其心此皆不足以服釋氏之心釋氏固未嘗無真見其心死之而後活制之而後靈所謂真空即妙有也彌近理而大亂真者皆不在此蓋大化流行不舍晝夜無有止息此自其變者而觀之氣也消息盈虛春之後必夏秋之後必冬人不轉而爲物物不轉而爲人草不移而爲木木不移而爲草萬古如斯此自其不變者而觀之理也在人亦然其變者喜怒哀樂已發未發一動一靜循環無端者心也其不變者惻隱羞惡辭讓是非梏之反覆萌蘖發見者性也

珍倣宋版印

儒者之道從至變之中以得其不變者而後心與理一釋氏但見流行之體變化不測故以知覺運動爲性作用見性其所得不生不滅者卽其至變者也層層掃除不留一法天地萬物之變化卽吾之變化而至變中之不變者無所事之矣是故理無不善氣則交感錯綜參差不齊而清濁偏正生焉性無不善心則動靜感應不一其端而真妄雜焉釋氏既以至變爲體自不得不隨流鼓盪其猖狂妄行亦自然之理也當其靜坐枯槁一切降伏原非爲存心養性也不過欲求見此流行之體耳見既真見儒者謂其所見非真只得形似所以遏之而愈張其焰也先生言治法寓兵未復且先行屯田賓興不行且先薦舉井田之法當以田爲母區畫有定數以人爲子增減以受之設官之法正官命於朝廷僚屬大者薦闢小者自辟皆非迂儒所言後有王者所當取法者也

居業錄

靜中有物只是常有箇操持主宰無空寂昏塞之患○覺得心放亦是好事便提撕收斂更不令走便是主敬存心工夫若心不知下落茫茫蕩蕩是何工夫○窮理非一端所得非一處或在讀書上得之或在講論上得之或在思慮上得之或在應事上得之讀書得之雖

多講論得之尤速思慮得之最深行事得之最實◯孔子只教人去忠信篤敬上做放心自能收德性自能養孟子說出求放心以示人人反無捉摸下工夫處故程子說主敬◯周子有主靜之說學者遂專意靜坐多流於禪蓋靜者體動者用靜者主動者客故曰主靜體立而用行也亦是整理其心不使紛亂躁妄然後能制天下之動但靜之意重於動非偏於靜也愚謂靜坐中有箇戒慎恐懼則本體已立自不流於空寂雖靜何害◯人心一放道理便失一收道理便在◯正其義不謀其利明其道不計其功學者以此立心便廣大高明克之則是純儒推而行之即純王之政◯程朱開聖學門庭只主敬窮理便教學者有入處◯氣之發用處即是神陳公甫說無動非神他只窺測至此不識裏面本體故認氣爲理◯事事存其當然之理而已無與焉便是王者若著些計較便是私吝心即流於霸矣◯道理到貫通處處處事自有要有要不遺力矣凡事必有理初則一事一理窮理多則會於一一則所操愈約制事之時必能挈其總領而理其條目中其機會而無悔吝◯儒者養得一個道理釋老只養得一個精神儒者養得一身之正氣故與天地無間釋老養得一身之私氣故逆天背理◯釋氏見道只如漢武帝見李夫人非真見也只想

珍倣宋版印

像這道理故勞而無功儒者便卽事物上窮究○人雖持敬亦要義理來浸灌方得此心悅懌不然只是硬持守也○今人說靜時不可操才操便是動學之不講乃至於此甚可懼也靜時不操待何時去操其意以爲不要惹動此心待他自存若操便要著意著意便不得靜是欲以空寂杳冥爲靜不知所謂靜者只是以思慮未萌事物未至而言其中操持之意常在也若不操持待其自存決無此理程子曰人心自由便放去又以思慮紛擾爲不靜遂遏絕思慮以爲靜殊不知君子九思亦是存養法但要專一若專一時自無雜慮有事時專一無事時亦專一此敬之所以貫乎動靜爲操存之要法也○敬爲存養之道貫徹始終所謂涵養須用敬進學則在致知是未知之前先須存養此心方能致知又謂識得此理以誠敬存之而已則致知之後又要存養方能不失蓋致知之功有時存養之功不息○程子曰事有善惡皆天理也天理中物須有美惡蓋物之不齊物之情也愚謂陰陽動靜之理交感錯綜而萬殊出焉此則理之自然物之不能違者故云然在人而言則善者是天理惡者是氣稟物欲豈可不省察與氣稟中惡物同乎○心精明是敬之效才主一則精明二三則昏亂矣○心無主宰靜也不是工夫動也不是工夫靜而無主

不是空了天性便是昏了天性此大本所以不立也動而無主若不猖狂妄動便是逐物徇私此達道所以不行也已立後自能了當得萬事是有主也○人之學易差羅仲素李延平教學者靜坐中看喜怒哀樂未發以前氣象此便差却既是未發如何看得只存養便是呂與叔蘇季明求中於喜怒哀樂未發之前程子非之朱子以為卽已發之際默識其未發之前者則可愚謂若求未發之中看未發氣象則動靜乖違反致理勢危急無從容涵泳意味故古人於靜時只下個操存涵養字便是靜中工夫思索省察是動上工夫然動靜二端時節界限甚明工夫所施各有所當不可乖亂混雜所謂動靜不失其時其道光明今世又有一等學問言靜中不可著個操字若操時又不是靜以何思何慮為主悉屏思慮以為靜中工夫只是如此所以流於老佛不知操字是持守之意卽靜時敬也若無個操字是中無主悠悠茫茫無所歸著若不外馳定入空無此學所以易差也○容貌辭氣上做工夫便是實學謹獨是要○遺書言釋氏有敬以直內無義以方外又言釋氏內外之道不備此記者之誤程子固曰惟患不能直內內直則外必方蓋體用無二理內外非二致豈有能直內而不能方外體立而用不行者乎敬則中有主釋氏中無主謂

珍倣宋版印

之敬可乎○視鼻端白以之調息去疾則可以之存心則全不是蓋取在身至近一物以繫其心如反觀內視亦是此法佛家用數珠亦是此法羈制其心不使妄動嗚呼心之神靈足以具衆理應萬事不能敬以存之乃羈於一物之小置之無用之所哀哉○當然處卽是天理○禪家存心雖與孟子求放心操則存相似而實不同孟子只是不敢放縱其心所謂操者只約束收斂使內有主而已豈如釋氏常看管一個心光光明明如一物在此夫既收斂有主則心體昭然遇事時鑒察必精若守著一個光明底心則只了與此心打攪內自相持既熟割舍不去人倫世事都不管又以爲道無不在隨其所之只要不失此光明之心不拘中節不中節皆是道也○眞能主敬自無雜慮欲屏思慮者皆是敬不至也○有此理則有此氣氣乃理之所爲宜旁說了有此氣則有此理理乃氣之所爲○陳公甫云靜中養出端倪又云藏而後發是將此道理來安排作弄都不是順其自然○婁克貞說他非陸子之比陸子不窮理他卻肯窮理公甫不讀書他勤讀書以愚觀之他亦不是窮理他讀書只是將聖賢言語來護己見未嘗虛心求聖賢指意舍己以從之也○敬便是操非敬之外別有個操存工夫格物便是致知非格物之外別有個致知工夫

○陳公甫亦窺見些道理本原因下面無循序工夫故遂成空見○釋氏心亦不放只內裏無主○所以爲是心者理也所以具是理者心也故理是處心卽安心存處理卽在非但在己如此在人亦然所行合理人亦感化歸服非但在人如此在物亦然苟所行合理庶物亦各得其所○禪家不知以理義養心只捉住一個死法○釋氏說心只說著一個意思非是眞識此心也釋氏說性只說著一個人心形氣之私未識性命之正○滿腔子是惻隱之心則滿身都是心也如刺著便痛非心而何然須知痛是人心惻隱是道心○滿腔子是惻隱之心腔子外是何心腔子外雖不可言心其理具於心因其理具於心故感著便應若心馳於外亦物耳何能具衆理應萬事乎○異教所謂存心有二也一是照管此心如有一物常在這裏一是屛除思慮絶滅事物使其心空豁無所外交其所謂道亦有二也一是想像摸索此道如一個物事在前一是以知覺運動爲性謂凡所動作無不是道常不能離故猖狂妄行○只致其恭敬則心肅然自存非是捉住一個心來存放這裏讀書論事皆推究到底卽是窮理非是懸空尋得一個理來看○人以朱子調息箴爲可以存心此特調氣耳只恭敬安詳便是存心法豈假調息以存心以此存心害道甚

矣○心只是一個心所謂操存乃自操而自存耳敬是心自敬耳○主敬是有意以心言也行其所無事以理言也心有所存主故有意循其理之當然故無事此有中未嘗有無中未嘗無心與理一也○學一差便入異教其誤認聖賢之意者甚多此言無爲是無私意造作彼遂以爲眞虛淨無爲矣此言心虛者是心有主而外邪不入故無昏塞彼遂以爲眞空無物矣此言無思是寂然不動之中萬理咸備彼遂以爲眞無思矣此言無適而非道是道理無處無之所當操存省察不可造次顛沛之離彼遂以爲凡其所適無非是道故任其猖狂自恣而不顧也○釋氏誤認情識爲理故以作用是性殊不知神識是氣之英靈所以妙是理者就以神識爲理則不可性是吾身之理作用是吾身之氣認氣爲理以形而下者作形而上○心常有主乃靜中之動事得其所乃動中之靜○今人爲學多在聲價上做如此則學時已與道離了費盡一生工夫終不可得道○孔門之教惟博文約禮二事博文是讀書窮理事不如此則無以明諸心約禮是操持力行事不如此無以有諸己○張子以太和爲道體太和是氣萬物所由生故曰保合太和乃利貞所以爲是太和者道也就以太和爲道體誤矣○上蔡記明道語言既得後須放開朱子疑之以

爲既得後心胸自然開泰若有意放開反成病痛愚以爲得後放開雖似涉安排然病痛尚小今人未得前先放開故流於莊佛又有未能克己求仁先要求顏子之樂所以卒至狂妄殊不知周子令二程尋顏子之樂處是要見得孔顏因甚有此樂所樂何事便要做顏子工夫求至乎其地豈有便來自己身上尋樂乎故放開太早求樂太早皆流於異端○人清高固好然清高太過則入於黃老人固難得廣大者然廣大太過則入於莊佛惟窮理之至一循乎理則不見其清高廣大乃爲正學○智計處事人不心服私則殊也○太極者理也陰陽者氣也動靜者理氣之妙運也○天下縱有難處之事若順理處之不計較利害則本心亦自泰然若不以義理爲主則遇難處之事越難處矣○有理而後有氣有氣則有象有數故理氣象數皆可以知吉凶四者本一也○立天之道曰陰與陽陰陽氣也理在其中立地之道曰柔與剛剛柔質也因氣以成理立人之道曰仁與義仁義理也具於氣質之內三者分殊而理一○天地間無處不是氣硯水瓶須要兩孔一孔出氣一孔入水若止有一孔則氣不能出而塞乎內水不能入矣以此知虛器內皆有氣故張子以爲虛無中即氣也○朱子所謂靜中知覺此知覺不是事來感我而我覺之只是

心存則醒有知覺在內未接乎外也○今人不去學自守先要學隨時所以苟且不立○處事不用智計只循天理便是儒者氣象○王道之外無坦途仁義之外無功利○人收斂警醒則氣便清心自明才惰慢便昏聵也○意者心有專主之謂大學解以爲心之所發恐未然蓋心之發情也惟朱子訓蒙詩言意乃情專所主時爲近○一本而萬殊萬殊而一本學者須從萬殊上一一窮究然後會於一本若不於萬殊上體察而欲直探一本未有不入異端者○端莊整肅嚴威儼恪是敬之入頭處提撕喚醒是敬之接續處主一無適湛然純一是敬之無閒斷處惺惺不昧精明不亂是敬之効驗處○敬該動靜靜坐端嚴敬也隨事檢點致謹亦敬也敬兼內外容貌莊正敬也心地湛然純一敬也○古人老而德愈進者是持守得定不與血氣同衰也今日才氣之人到老年便衰是無持養之功也○陳公甫說物有盡而我無盡卽釋氏見性之說他妄想出一個不生不滅底物事在天地間是我之真性謂他人不能見不能覺我能獨覺故曰我大物小物有盡而我無盡殊不知物我一理但有偏正清濁之異以形氣論之生必有死始必有終安得我獨無盡哉以理論之則生生不窮人與物皆然○老氏既說無又說杳杳冥冥其中有精混混

沌沌其中有物則是所謂無者不能無矣釋氏既曰空又說有個真性在天地間不生不滅超脫輪迴則是所謂空者不能空矣此老釋之學所以顛倒錯謬說空說虛說無說有皆不可信若吾儒說有則真有說無則真無說實則真實說虛則真虛蓋其見道明白精切無許多邪遁之辭老氏指氣之虛者爲道釋氏指氣之靈者爲性故言多邪遁以理論之此理流行不息此性稟賦有定豈可說空說無以氣論之則有聚散虛實之不同聚則爲有散則爲無若理則聚有聚之理散有散之理亦不可言無也氣之有形體者爲實無形體者爲虛若理則無不實也問老氏言有生於無佛氏言死而歸真何也曰此正以其不識理只將氣之近理者言也老氏不識此身如何生言自無中而生佛氏不識此身如何死言死而歸真殊不知生有生之理不可謂無以死而歸真是以生爲不真矣問佛氏說真性不生不滅其意如何曰釋氏以知覺運動爲性是氣之靈處故又要把住此物以免輪迴愚故曰老氏不識道妄指氣之虛者爲道釋氏不識性妄指氣之靈者爲性○橫渠言氣之聚散於太虛猶冰之凝釋於水某未敢以爲然蓋氣聚則成形散則盡矣豈若冰未凝之時是此水既釋又只是此元初水也○未有致知而不在敬者敬其本歟○今

人言心便要求見本體察見寂然不動處此皆過也古人只言涵養言操存曷嘗言求見察見若欲求察而見其心之體則內裏自相攪亂反無主矣然則古人言提撕喚醒非歟曰才提撕喚醒則心惕然而在非察見之謂也○天地氣化無一息之停人物之生無一時少欠今天下人才儘有只因聖學不講故瞢倒在這裏○不愧屋漏雖無一事然萬理森然已具於其中此是體也但未發耳老佛以爲空無則本體已絕矣今人只言老佛有體無用吾謂正是其體先絕於內故無用於外也○其心肅然則天理卽在故程子曰敬可以對越上帝○若窮理到融會貫通之後雖無思可也未至此當精思熟慮以窮其理故上蔡何思何慮程子以爲太早今人未至此欲屏去思慮使心不亂則必流於禪學空虛反引何思何慮而欲強合之誤矣○心麤最害事心麤者敬未至也○今人屏絕思慮以求靜聖賢無此法聖賢只戒謹恐懼自無許多邪思妄念不求靜未嘗不靜也○禪家存心有兩三樣一是要無心空其心一是羈制其心一是照觀其心儒家則內存誠敬外盡義理而心存故儒者心存萬理森然具備禪家心存而寂滅無理儒者心存而有主禪家心存而無主儒家心存而活異教心存而死然則禪家非是能存其心乃是空其心死

其心制其心作弄其心也○一是誠主一是敬○存養雖非行之事亦屬乎行此乃未行之行用力於未形也○天理有善而無惡惡是過與不及上生來人性有善而無惡惡是氣稟物欲上生來○才昏惰義理自喪○太極之虛中者無昏塞之患而萬理咸具也惟其虛所以能涵具萬理人心亦然老佛不知以爲眞虛空無物而萬理皆滅也太極之虛是無形氣之昏塞也人心之虛是無物欲之蔽塞也若以爲眞空無物此理具在何處○人莊敬體卽立大本卽在不然則昏亂無本○學老釋者多詐是他在實理上剗斷了不得不詐向日李鑑深不認他是譎吾曰君非要譎是不奈譎何○學知爲己亦不愁你不戰戰兢兢○釋氏是認精魂爲性專一守此以此爲超脫輪迴陳公甫說物有盡而我無盡亦是此意程子言至忙者無如禪客又言其如蝜蝂之蟲如抱石投河朱子謂其只是作弄精神此眞見他所造只是如此模樣緣他當初只是去習靜坐屏思慮靜久了精神光彩其中了無一物遂以爲眞空言道理只有這個極元極妙天地萬物都是這個做出來得此則天地萬物雖壞這物事不壞幻身雖亡此不亡所以其妄愈甚○今人學不曾到貫通處却言天地萬物本吾一體略窺見本原就將橫竪放胸中再不去下格物工夫

此皆是助長反與理二不若只居敬窮理盡得吾之當爲則天地萬物之理卽在此蓋此理本無二若將天地萬物之理懷放胸中則是安排想像愈不能與道爲一如釋氏行住坐臥無不在道愈與道離也

程子體道最切如說鳶飛魚躍是見得天地之間無非此理發見充塞若只將此意思想像收放胸中以爲無適而非道則流於狂妄反與道二矣故引必有事焉而勿正心勿忘勿助長則吾心常存不容想像安排而道理流行無間矣故同以活潑潑地言之以見天地人物之理本相流通但吾不可以私意撓之也

廣文婁一齋先生諒

婁諒字克貞別號一齋廣信上饒人少有志於聖學嘗求師於四方夷然不屑曰率舉子學非身心學也聞康齋在臨川乃往從之康齋一見喜之云老夫聰明性緊賢也聰明性緊一日康齋治地召先生往視云學者須親細務先生素豪邁由此折節雖掃除之事必躬自爲之不責僮僕遂爲康齋入室凡康齋不以語門人者於先生無所不盡康齋學規來學者始見其餘則否羅一峯未第時往訪康齋不出先生謂康齋曰此一有志知名之士也如何不見康齋曰我那得

工夫見此小後生耶一峯不悅移書四方謂是名教中作怪張東白從而和之康齋若不聞先生語兩人曰君子小人不容並立使後世以康齋爲小人二兄爲君子無疑倘後世以君子處康齋不知二兄安頓何地兩人之議遂息景泰癸酉舉於鄉退而讀書十餘年始上春官至杭復返明年天順甲申再上登乙榜分教成都尋告歸以著書造就後學爲事所著日錄四十卷詞朴理純不苟悅人三禮訂訛四十卷以周禮皆天子之禮爲國禮儀禮皆公卿大夫士庶人之禮爲家禮以禮記爲二經之傳分附各篇如冠禮附冠義之類不可附各篇各附一經之後不可附一經總附二經之後取繫辭傳附易後之意諸儒附會十三篇以程朱論黜之春秋本意十二篇惟用經文訓釋而意自見不用三傳事實曰春秋必待三傳而後明是春秋爲無用書矣先生以收放心爲居敬之門以何思何慮勿助勿忘爲居敬要旨康齋之門最著者陳石齋胡敬齋與先生三人而已敬齋之所訾者亦唯石齋與先生爲最謂兩人皆是儒者陷入異教去謂先生陸子不窮理他却肯窮理石齋不讀書他却勤讀書但其窮理讀書只是將聖賢言語來護己見耳先生之書散逸不可見觀此數言則非僅蹈襲師門者也又言克貞見搬木之人得法便說他是道此

與運水搬柴相似指知覺運動爲性故如此說道固無所不在必其合乎義理而無私乃可爲道豈搬木者所能盡搬木之人固不可謂之知道搬木得法便是合乎義理不可謂之非道但行不著習不察耳先生之言未嘗非也先生靜久而明杭州之返人問云何先生曰此行非惟不第且有危禍春闈果災舉子多焚死者靈山崩曰其應在我矣急召子弟永訣命門人蔡登查周程子卒之月日曰元公純公皆暑月卒予何憾時宏治辛亥五月二十七日也年七十明人私謚文肅先生子兵部郎中性其女嫁爲甯庶人妃庶人反先生子姓皆逮繫遺文散失而宗先生者絀於石齋敬齋矣文成年十七親迎過信從先生問學深相契也則姚江之學先生爲發端也子忱字誠善號冰溪不下樓者十年從遊甚衆僧舍不能容其弟子有架木爲巢而讀書者

謝西山先生復

謝復字一陽別號西山祁門人也謁康齋於小陂師事之閱三歲而復返從事於踐履葉畏齋問知曰行陳寒谷問行曰知未達曰知至至之知終終之非行乎未之能行惟恐有聞非知乎知行合一學之要也邑令問政曰辨義利則知所以愛民勵己宏治乙丑卒

鄭孔明先生伉

鄭伉字孔明常山之象湖人不屑志於科舉往見康齋康齋曰此間工夫非朝夕可得恐誤子遠來對曰此心放逸已久求先生復之耳敢欲速乎因受小學日驗於身心久之若有見焉始歸而讀書一切折衷於朱子痛惡佛老曰其在外者已非又何待讀其書而後辨其謬哉楓山東白皆與之上下其議論亦一時之人傑也

胡鳳儀先生九韶

胡九韶字鳳儀金溪人自少從學康齋家甚貧課兒力耕僅給衣食每日晡焚香謝天一日清福其妻笑之曰虀粥三廚何名清福先生曰幸生太平之世無兵禍又幸一家樂業無饑寒又幸榻無病人獄無囚人非清福而何康齋奔喪金陵先生同往凡康齋學有進益無不相告故康齋贈之詩云頑鈍淬磨還有益新功頻欲故人聞康齋語學者曰吾平生每得力於患難先生曰惟先生遇患難能進學在他人則隳志矣成化初卒

姚江黃梨洲先生著

豫章後學 夏鼎 熊育鑫 熊繩祖 熊育鏞 徐兆瀾 周聯慶 熊榮祖 蕭兆柄 劉秉楨 李真寶 重刊

恭簡魏莊渠先生校

魏校字子才別號莊渠崑山人宏治乙丑進士授南京刑部主事歷員外郎郎中不爲守備奄人劉瑯所屈召爲兵部郎移疾歸嘉靖初起廣東提學副使丁憂補江西兵備改河南提學七年陞太常寺少卿轉大理明年以太常寺卿掌祭酒事尋致仕先生私淑於胡敬齋其宗旨爲天根之學從人生而靜培養根基若是孩提知識後起則未免夾雜矣所謂天根卽是主宰貫動靜而一之者也敬齋言心無主宰靜也不是工夫動也不是工夫此師門敬字口訣也第敬齋工夫分乎動靜先生貫串總是一個不離本末作兩段事則加密矣聶雙江歸寂之旨當是發端於先生者也先生言理自然無爲豈有靈也氣形而下莫能自主宰心則虛靈而能主宰理也氣也心也歧而

爲三不知天地間祇有一氣其升降往來卽理也人得之以爲心亦氣也氣若不能自主宰何以春而必夏必秋必冬哉草木之榮枯寒暑之運行地理之剛柔象緯之順逆人物之生化夫孰使之哉皆氣之自爲主宰也以其能主宰故名之曰理其間氣之有過不及亦是理之當然無過不及便不成氣矣氣旣能主宰而靈則理亦有靈矣若先生之言氣之善惡無與於理理從而善之惡之理不特死物且閒物矣其在於人此虛靈者氣也虛靈中之主宰卽理也善固理矣卽過不及而爲惡亦是欲動情勝此理未嘗不在其間故曰不爲堯存不爲桀亡以明氣之不能離於理也先生疑象山爲禪其後始知爲坦然大道則於師門之教又一轉矣先生提學廣東時過曹溪焚大鑒之衣椎碎其鉢曰無使惑後人也諡恭簡

體仁說

天地太和元氣氤氤氳氳盈滿宇內四時流行春意融融藹藹尤易體驗盎然吾人仁底氣象也人能體此意思則胸中和氣駸駸發生天地萬物血脈相貫充鬱之久及其應物渾乎一團和氣發見所謂麗日祥雲也○冬氣閉藏極於嚴密故春生溫厚之氣充鬱薰蒸陰崖寒谷亦透學而弗主靜何以成吾仁○涵養可以熟仁若天資和

順不足於剛毅可更於義上用功否曰陽之收斂處便是仁陰之斷制處便是義靜中一念萌動纔涉自私自利便覺戾氣發生自與和氣相反不能遏之於微戾氣一盛和氣便都消鑠盡了須重接續起來但覺纔是物欲便與截斷斬其根芽此便是精義工夫也○天之主宰曰帝人之主宰曰心敬只是吾心自做主宰處今之持敬者不免添一個心來治此心卻是別尋主宰春氣融融萬物發生急迫何緣生物把捉太緊血氣亦自不得舒暢天理其能流行乎○整齊嚴肅莫是先制於外否曰此正是由中而出吾心纔欲檢束四體便自竦然矣外既不敢妄動內亦不敢妄思交養之道也○木必有根然後千枝萬葉可從而立水必有源然後千流萬派其出無窮人須存得此心有個主宰則萬事可以次第而治○古人蘊蓄深厚故發越盛大今人容易漏泄於外何由厚積而遠施學者當深玩默成氣象渾厚則開文明澆薄則開巧僞學須涵養本原○天地渾渾一大氣萬物分形其間實無二體譬若百果纍纍總是大樹生氣貫徹又如魚在水中內外皆水也人乃自以私意間隔豈復能與天地萬物合一乎○持敬易間斷常如有上帝臨之可乎曰上帝何時而不鑒臨奚待想像也日月照臨有目斯覩風霆流行如息相呴今吾一呼一

吸未嘗不與大化通也是故一念善上帝必知之一念不善上帝必知之天命有善無惡故善則順天惡則逆天畏天之至者當防未萌之惡小人無忌憚是弗以上帝爲有靈也○天地氣化初極渾厚開盛則文明久之漸以澆薄盛極則有衰也聖人生衰世常欲返樸還純以回造化故大林放問禮之本質是從裏面漸發出來文是外面發得極盛聖人欲人常存得這些好意思在裏面令深厚懇惻有餘若只務外面好看却是作僞也道體浩浩無窮人被氣質限住罕能覩其純全若只據己見持養將去終是狹隘孤單難得展拓須大著心胸廣求義理盡合天下聰明爲我聰明庶幾規模闊大氣質不得而限量之○理者氣之主宰理非別有一物在氣爲主只就氣上該得如此處便是理之發用其所以該得如此則理之本體然也通宇宙全體渾是一理充塞流行隨氣發用在這裏便該得如此在那裏又該得如彼千變萬化不同人見用有許多遂疑體亦有許多不知只是一理所爲隨在而異名耳本體更無餘二也○純粹至善者理也氣有弗善理亦未如之何斯乃氣強而理弱乎曰否理該得如此而不能自如此其能如此皆氣爲之也氣能如此而不能盡如此滯於有迹運復不齊故也○夫理沖漠無朕無者不可分裂所以一也

珍倣宋版印

渾淪惟一一者不可二雜所以純也氣有形不可分愈分而愈雜矣惡分若有萬不齊矣○理氣合則一違則二春氣氤氳盎乎其和此天地之仁也秋氣晶明肅乎其清此天地之義也何處分別是理是氣春宜溫厚而弗溫厚秋宜嚴凝而弗嚴凝此非理該如此乃是氣過不及弗能如此孟子曰配義與道此是理該如此而氣能如此所謂合則一也孔子曰回也其心三月不違仁心而違仁判爲兩物弗復合一所謂違則二也○或問孝之根原莫是一體而分該得孝否曰此只是當然不容已處曰豈天命自然乎曰怎得便會自然如此天地生生只是一團好氣聚處便生人具此生理各有一團好意思在心父母吾身所由以生也故惻怛慈愛於此發得尤懇切其本在是也○禮主敬讓其心聳然如有畏退然如弗勝然後儀文斯稱今之矜嚴好禮者但知自尊自重直行己意而已此乃客氣所使非復禮之本然矣○思慮萬起萬滅如之何曰此是本體不純故發用多雜工夫只在主一但覺思慮不齊便截之使齊立得個主宰却於雜思慮中先除邪思慮以次除閒思慮推勘到底直與斬絶不得放過久之本體純然是善便自一念不生生處皆善念矣○聖賢沖然無欲學者當自不見可欲始一念動以人欲根勘何從而來照見衆欲

性中元無俱從軀殼上起纔我靈臺衆欲不行天理自見○天命有元亨利貞故人性有仁義禮智人性有仁義禮智故人情有惻隱羞惡辭讓是非純粹至善本來如是其有不善又從何來曰此只是出於氣質性本善然不能自善其發爲善皆氣質之良知良能也氣質能爲善而不能盡善性卽太極氣質是陰陽五行所爲氣運純駁不齊故氣禀合下便有清濁厚薄濁則遮蔽不通薄則承載不起便生出不善來性惟本善故除却氣質不善便純是善性惟不能自善故變化氣質以歸於善然後能充其良知良能也○人性元善當其惡時善在何處曰善自常在不滅只因氣質反了這善便生出惡善之本體不得自如若能翻轉那惡依舊是善○或曰人生而靜氣未用事其性渾然至善感於物而動氣得用事故其情有善有不善曰如是則體用二原矣性善情亦善靜時性被氣禀夾雜先藏了不善之根故動時情被物欲污染不善之萌芽纔發存養於靜默消其不善之根省察於動纔覺不善之萌芽便與鋤治積習久之本體渾然是善發用處亦粹然無惡矣○一理散爲萬事常存此心則全體渾然在此而又隨事精察力行之則其用燦然各有著落○虛靈主宰是之謂心其理氣之妙合與氣形而下莫能自主宰理自然無爲豈有

一 珍倣宋版印

靈也氣之渣滓滯而爲形其精英爲神虛通靈爽能妙是理爲主氣得其統攝理亦因是光明不蔽變化無方矣○或窮孝之節目曰俱從根源處來只如昏定晨省人子晝常侍親而夜各就寢父母弗安置豈能自安既寢而興便思問候父母安否皆出於吾心至愛自不容已曰如是只須就根本上用功曰這却是分本末作兩段事天理合如此而吾不能如此正爲私意蔽隔當培根原又就節目上窮究到根源處去其不如此者而求其當如此者則私意不得蔽隔天理常流通矣○人各私其私天地間結成一大塊私意人君完養厥德盎然天地生物之心又求天下愷悌相與擧先王仁政行之悉破羣私合爲天下大公○天子當常以上帝之心爲心興一善念上帝用休而吉祥集焉興一惡念上帝震怒而災沴生焉感應昭昭也昔人謂人君至尊故稱天以畏之却是擧一大者來壓人君蓋未迪知帝命也人君當明乾坤易簡之理天下之賢才豈能人人而知之邪君惟論一相相簡大寮俾各自置其屬人得擧其所知而效之於上則無遺賢所謂乾以易知也天下之政豈能事事而親之邪君恭己於上委任於相相分任於百司而責其成功上好要而百事詳所謂坤以簡能也

復余子積論性書

竊觀尊兄前後論性不啻數十萬言然其大意不過謂性合理與氣而成固不可指氣爲性亦不可專指理爲性氣雖分散萬殊理常渾全同是一個人物之性不同正由理氣合和爲一做成許多般來在人在物固有偏全而在性亦自有善有惡若理則在物亦本無偏在人又豈有惡邪愚意謂尊兄論性之誤正坐理氣處見猶未真耳理在天地間本非別有一物只就氣中該得如此便是理人物之性又從何來卽天地所賦之理亦非別有一物各就他身上合當恁地便是尊兄謂理常渾淪氣纔有許多分別出來若如愚見則理氣元不相離理渾淪只是一個氣亦渾淪本只一個氣分出許多則理亦分出許多混沌之時理氣同是一個及至開闢一氣大分之則爲陰陽小分之則爲五行理隨氣具各各不同是故在陽則爲健在陰則爲順以至爲四德爲五常亦復如是二五錯綜又分而爲萬物則此理有萬其殊矣理雖分別有許多究竟言之只是分上該得如此故曰理一而分殊嘗自其分殊者而觀之健不可以爲順順亦不可以爲健四德五常以至萬物之理各不能相通此理疑若滯於方所矣不知各在他分上都是該得如此大固無餘小亦無欠故能隨在具足

珍倣宋版印

隨處充滿更無空闕之處若合而不可分同而不復異則是渾淪的死局必也常混沌而後可耳天地者陰陽五行之統體也故許多道理靜則沖漠渾淪體悉完具動則流行發見用各不同人物之性皆出於天地何故人得其全物得其偏蓋天地之氣其渣滓爲物偏而不備塞而不通健順五常之德不復能全但隨形氣所及而自爲一理飛者於空潛者泳川蠢動自蠕草木何知亦各自爲榮瘁不相假借陵奪而能若蜂蟻之君臣虎狼之父子騶虞之仁神羊之義乃其塞處有這一路子開故只具得這些子卽此一些子亦便是理鳥之有鳳獸之有麟鱗之有龍介之有龜皆天地閒氣所出畢竟是渣滓中精英故終與人不相似也人稟二五精英之氣故能具得許多道理與天地同然惟聖人陰陽合德純粹至善其性無不全可以位天地育萬物自大賢以下精英中不能無渣滓這個性便被他蔽隔了各隨其所得渣滓之多寡以爲等差而有智愚賢不肖之別畢竟性無不同但精英中帶了些渣滓故學以變化其氣質則渣滓渾化可以復性之本體矣古聖賢論性正是直指當人氣質內各具此理而言故伊川曰性卽理也告子而下荀楊韓諸人皆錯認氣質爲性翻騰出許多議論來轉加鶻突今謂性合理與氣而成則恐昧於形而

上下之別夫子曰一陰一陽之謂道又曰易有太極皆在氣上直指
此理而言正以理氣雖不相離然亦不曾相雜故又曰形而上者謂
之道形而下者謂之器若性合理氣而成則是形而上下者可以相
雜理在天地間元不曾與氣雜何獨在人上便與氣相雜更願於此
加察然此亦非出於尊兄先儒謂有天地之性有氣質之性分作兩
截說了故尊兄謂既是天地之性只當以理言不可遽謂之性氣質
之理正是性之所以得名可見理與氣質合而成性也竊嘗考諸古
聖賢論性有二其一以性與情對言此是性之本義直指此理而言
或以性與命對言性與天道對言性與道對言其義一也古性情字
皆從心從生言人生而具此理於心名之曰性其動則爲情也此於
六書屬會意正是性之所以得名其一以性與習對言者但取生字
爲義蓋曰天所生爲性人所爲曰習耳性從生故借生字爲義程子
所謂生之謂性止訓所稟受者也此於六書自屬假借六書之法假
借一類甚多後儒不明訓釋六經多爲所梗費了多少分疏六經言
性始於成湯伊尹湯誥惟皇上帝降衷於下民若有恆性此正直指
此理而言夫子易大傳曰乾道變化各正性命又曰繼之者善也成
之者性也子貢謂夫子之言性與天道不可得而聞子思述之於中

庸曰天命之謂性孟子道性善實出於此其曰乃若其情則可以爲善矣乃所謂善也又發明出四端又謂君子所性仁義禮智根於心可謂擴前聖所未發忒煞分明矣伊尹習與性成論語曰性相近也習相遠也家語謂少成若天性習慣如自然可見這性字但取天生之義中庸論天命之謂性又曰自成明謂之性自明誠謂之教孟子道性善又曰堯舜性之湯武反之皆與前性字不同雖不與習對說然皆以天道人道對言可見二性字元自不同也先儒只因性相近也一句費了多少言語分疏謂此性字是兼理與氣質來說不知人性上不可添一物纔帶著氣質便不得謂之性矣荀子論性惡楊子論性善惡混韓子論性有三品衆言淆亂必折諸聖若謂夫子性相近一言正是論性之所以得名處則前數說皆不謬於聖人而孟子道性善却反爲一偏之論矣孟子道性善只爲見得分明故說得來直截但不曾說破性是何物故荀楊韓諸儒又有許多議論伊川一言以斷之曰性卽理也則諸說皆不攻自破矣孟子道性善是擴前聖所未發明道何以又謂論性不論氣不備論氣不論性不明二之則不是蓋孟子只說人性之善却不曾說人有不善是被氣稟蔽了他其論下手處亦只是說存心養性擴充其四端不曾說變化氣質

與克治底功夫故明道謂論性必須說破氣質蓋與孟子之言相發明也但明道又謂善固性也惡亦不可不謂之性人生而靜以上不容說纔說性時便已不是性也此則未免失之太快矣噫人性本善何得有惡當其惡時善在何處此須著些精彩看上天之載無聲無臭其在吾人性之本體亦復如是性上添不得一物只爲他是純粹至善底聖人氣稟純厚清明略無些渣滓但渾是一團理莊生所謂人貌而天曾子所謂江漢以濯之秋陽以暴之皜皜乎不可尙已自大賢以下纔被些氣稟與物慾夾雜便生出惡來惡乃氣稟物慾所爲自與吾性無與故雖蔽固之深依然有時發見但不能當下識取又被氣稟物慾汨沒了他不能使之光明不蔽耳人性惟善是真實一切諸惡盡成虛妄非吾性之固有若當惡念起時與他照勘窮來窮去便都成空矣天生吾人合下付這道理散見於日用事物而總具於吾心必先常常提省此心就逐事上一一窮究其理而力行之根本既立則中間節目雖多皆可次第而舉若不於心地上用功而徒欲泛然以觀萬物之理正恐茫無下手處此心不存一身已無箇主宰更探討甚道理縱使探討得來亦自無處可安頓故有童而習之皓首而無成者古人知行只是一事方其求知之始正欲以爲力

行之資及其既知則遂行之而不敢緩今讀聖賢書正宜反求諸身體貼道理去做孟子曰學問之道無他求其放心而已矣

論學書

存養省察工夫固學問根本亦須發大勇猛心方做得成就若全不曾發憤只欲平做將去可知是做不成也○孔門唯顏子可當中行自曾子以至子思孟子氣質皆偏於剛然其所以傳聖人之道則皆得剛毅之力也文公謂世衰道微人欲横流不是剛毅的人亦立脚不住○今之士大夫得一階半級則以爲喜失一階半級則以爲憂譬如鳥在籠中縱令底下直飛至頂上許大世界終無出日○伊川言中心斯須不和不樂則鄙詐之心入之矣此與敬以直內同理謂敬爲和樂固不可然敬須和樂只是心中無事也○人一日間喜怒哀樂不知發了多少其中節也常少不中節也常多雖無所喜怒哀樂時而喜怒哀樂之根已自先伏於其間歲莫一友過我見某凝塵滿室泊然處之歎曰吾所居必洒掃涓潔虛室以居塵囂不雜則與乾坤清氣相通齋前雜樹花木時觀萬物生意深夜獨坐或啓扉以漏月光至昧爽恆覺天地萬物清氣自遠而居此心與相流通更無窒礙今室中蕪穢不治弗以累心賢於玩物遠矣但恐於神爽未必

有助也○某居家簡重不以事物經心友人曰人心須完密一事不可放過學而不事事則踈漏處必多應事時必缺陷了道理吾見清高虛靜之士久之未有不墮落者一陰一陽之謂道喜靜厭動正如有陰無陽不成化矣某聞言聳然○人心通竅於舌是以能言多言之人此心奔迸外出未言舌常有動意故其蓄聚恆淺應用易踈但與其箝制於外不若收斂於中驗之放去收轉之間而心之存亡攸繫當自有著力處○天下之事若從憤世嫉邪起端未免偏於肅殺必也從太和中發出則四時之氣咸備而春生常爲之主乃可合德造化也○心乃我身主宰從天下至此已是盡頭處而心卻發出兩路善惡岐焉誠意是管歸一路也善惡各有來路善是從心體明處發來惡便是從暗處發來致知是要推明破暗也心與物交若心做得主以我度物則暗者可通若舍己逐物物反做主明者可塞故工夫起頭只在先立乎其大者○李獻吉晚而與某論學自悔見道不明曰昔吾汨於詞章今而厭矣靜中恍有見意味迥然不同則從而錄之某曰錄後意味何如獻吉默然良久驚而問曰吾實不自知纔劄記後意味漸散不能如初何也某因與之極言天根之學須培養深沈切忌漏洩因問平生大病安在曰公才甚高但虛志與驕氣此

珍倣宋版印

害道之甚者也獻吉曰天使吾早見二十年詎若是哉○人之一心貫串千事百事若不立箇主宰則終日營營凡事都無統攝不知從何處用功又有兀坐以收放心事至不管是自隔絶道理如何貫串得來如愚見日用間不問有事無事常存此心有個主宰在此事來就此事上用功直截依著道理行莫要被私欲遮障纏繞如此纔能貫串得過○喜怒哀樂未發性本空也發而皆中節其應亦未嘗不空聖人體用一原也世人不無潛伏故有前塵妄動故有緣影是故不可無戒懼之心釋氏厭人欲之幻并與天性不可解於心者而欲滅之將乍見孺子入井怵惕真心與內交要譽惡其聲之妄心同謂塵影則與聖賢之學霄壤矣○大丈夫凍死則凍死餓死則餓死方能堂堂立天地間若開口告人貧要人憐我以小惠呴沫我得無爲賤丈夫乎○人心元神昭昭靈靈收斂停畜因其真機引而伸之觸類而長之自有無窮之妙若專內遺外日用間分本末作兩段事如此仍是支離也○近體大學頗窺聖學之樞機至易至簡說者自生煩難陽明蓋有激者也故翻禪學公案推佛而附於儒被他說得太快易聳動人今爲其學者大抵高擡此心不在本位而於義利大界限反多依違○吾輩欲學聖人不求諸人生而靜但就孩提有知識

後說起又不察性之欲與物欲則是以念念流轉者爲主○陳元誠疑吾近日學問見得佛老與聖人同大爲吾懼○元誠論靜云一念不生既不執持又不蒙昧三件犯著一件便不是○知道無中邊而不知內爲主則茫無下手處知內爲主而不知道無中邊則隘故曰此心學之全功也○天文左右前皆動也惟北辰不動人身背亦如之故曰天根之學本易艮背之旨○五峯之學不務涵養本原只要執發見一端便張皇作用故有急迫助長之病○心之神明無乎在而無乎不在也無乎不在而有在也靜而氣母歸根動則神機發見故疑其在彼而不知實在於心雖有在也而無迹也○人心立極雖有間斷處亦好接頭否則終日向學不免散而無統也○近與一人論理氣因問之曰人當哀痛時滿體如割涕淚交流此惻隱之心也當羞愧時面爲發赤汗流被體此羞惡之心也今且分別誰是理耶誰是氣耶其人唯唯曰未也哀痛羞愧固有發不中節時亦復涕汗流出豈亦理之爲耶其人不能自解某曰理非別有一物只就氣該得如此便是理理本該得如此然卻無爲其能如此處皆氣爲之也然氣運不齊有不能盡如此處理氣合一則理卽是氣氣卽是理胎乎不分孟子所謂配也氣與理違則判而二矣夫子所謂回也其心

珍倣宋版印

三月不違仁又謂人能宏道非道宏人皆此意也今試就吾心日用間體驗有時分明見得理該如此而吾不能如此打成兩片若謂氣即是理只好說善底一邊那惡一邊便說不去矣○大成樂譜但以一聲協一字今譜古詩須有散聲方合天然之妙向見陳元誠歌古詩散聲多少皆出天然安排不得必須譜出來然後人可學耳○象山天資甚高論學甚正凡所指示坦然如由大道而行但氣質尚粗鍛鍊未粹不免好剛使氣過爲抑揚之詞反使人疑昔議其近於禪學此某之陋也○大抵人自未應事及乎應事以至事過總是此心又進一步自未起念時及乎起念以至念息亦猶是也善用功則貫串做一個否則間隔矣吾所謂立本是貫串動靜工夫研幾云者只就應事起念時更著精彩也○道體浩浩無窮吾輩既爲氣質拘住若欲止據己見持守固亦自好終恐規模窄狹枯燥孤單豈能展拓得去古人所以親師取友汲汲於講學者非故汎濫於外也正欲廣求天下義理而反之於身合天下之長以爲一己之長集天下之善以爲一己之善庶幾規模闊大氣質不得而限之

侍郎余訒齋先生祐

余祐字子積別號訒齋鄱陽人年十九往師胡敬齋敬齋以女妻之

登宏治己未進士第授南京刑部主事忤逆瑾落職瑾誅起知福州晉山東副使兵備徐州以沒入中官貨逮詔獄謫南寧府同知稍遷韶州知府投劾去嘉靖改元起河南按察使調廣西兩遷至雲南左布政以太僕卿召轉吏部右侍郎未離滇而卒戊子歲也年六十四先生之學墨守敬齋在獄中著性書三卷其言程朱教人拳拳以誠敬爲入門學者豈必多言惟去其念慮之不誠不敬者使心地光明篤實邪僻詭譎之意勿留其間不患不至於古人矣時文成朱子晚年定論初出以朱子到底歸於存養先生謂文公論心學凡三變如存齋記所言心之爲物不可以形體求不可以聞見求惟存之之久則日用之間若有見焉此則少年學禪見得昭昭靈靈意思及見延平盡悟其失後會南軒始聞五峯之學以察識端倪爲最初下手處未免闕却平時涵養一節工夫別南軒詩惟應酬酢處特達見本根答叔京書尾謂南軒入處精切皆謂此也後來自悟其失改定已發未發之論然後體用不偏動靜交致其力工夫方得渾全此其終身定見也安得以其入門工夫謂之晚年哉愚按此辨正先生之得統於師門處居業錄云古人只言涵養言操存曷嘗言求見本體是即文公少年之見也又云操存涵養是靜中工夫思索省察是動上工

夫動靜二端時節界限甚明工夫所施各有所當不可混雜是卽文公動靜交致其力方得渾全而以單提涵養者爲不全也雖然動靜者時也吾心之體不著於時者也分工夫爲兩節則靜不能該動動不能攝靜豈得爲無弊哉其性書之作兼理氣論性深闢性卽理也之言蓋分理是理氣是氣截然爲二幷朱子之意而失之有云氣嘗能輔理之美矣理豈不救氣之衰乎整菴非之曰不謂理氣交相爲賜如此

明儒學案卷三

姚江黃梨洲先生著

豫章後學 夏鼎 熊育鑫 熊繩祖 熊育鏞 徐兆瀾 周聯慶 熊榮祖 蕭兆柄 劉秉楨 李真實 重刊

太僕夏東岩先生尚朴

夏尚朴字敦夫別號東岩永豐人從學於婁一齋諒登正德辛未進士第歷部屬守惠州山東提學道至南京太僕少卿逆瑾擅政遂歸王文成贈詩有舍瑟春風之句先生答曰孔門沂水春風景不出虞廷敬畏情先生傳主敬之學謂纔提起便是天理纔放下便是人欲魏莊渠歎爲至言然而訾象山之學以收斂精神爲主吾儒收斂精神要照管許多道理不是徒收斂也信如茲言則總然提起亦未必便是天理無乃自背其說乎蓋先生認心與理爲二謂心所以窮理不足以盡理陽明點出心卽理也一言何怪不視爲河漢乎

夏東岩文集

卓然竪起此心便有天旋地轉氣象○學者涵養此心須如魚之游

泳於水始得○纔提起便是天理纔放下便是人欲○君子之心纖惡不容如人眼中著不得一些塵埃○學者須收斂精神譬如一爐火聚則光燄四出纔撥開便昏黑了○尋常讀與點一章只說胸次脫灑是堯舜氣象近讀二典三謨方知兢兢業業是堯舜氣象嘗以此語雙門詹困夫困夫云此言甚善先兄復齋有詩便如曾點象堯舜怡有餘風入老莊乃知先輩聰明亦嘗看到此○朱子云顏子之樂平淡曾點之樂勞攘近觀擊壤集堯夫之樂比之曾點尤勞攘程子云敬則自然和樂和樂只是心中無事方是孔顏樂處○道理是個甜的物事朱子訓蒙詩云行處心安思處得餘甘嘗溢齒牙中非譬喻也○不問此心靜與不靜只問此心敬與不敬敬則心自靜矣譬如桶箍纔放下便分散了○白沙云斯理也宋儒言之備矣吾嘗惡其太嚴也此與東坡要與伊川打破敬字意思一般蓋東坡學佛而白沙之學近禪故云爾然嘗觀之程子云會得底活潑潑地不會得底只是弄精神又曰與其是內而非外不若內外之兩忘兩忘則澄然無事矣又曰必有事焉而勿正心勿忘未嘗致纖毫之力此其存之之道也朱子云纔覺得間斷便已接續了曷嘗過於嚴乎至於發用處天理人欲間不容髮省察克治不容少緩看二典三謨君臣

珍倣宋版印

互相戒勅視三代爲尤嚴其亦可惡乎○李延平云人於旦晝之間
不至梏亡則夜氣愈清夜氣清則平旦未與物接之時湛然虛明氣
象自可見矣此是喜怒哀樂未發氣象○吾儒之學靜中須有物譬
如果核雖未萌芽然其中自有一點生意釋老所謂靜特虛無寂滅
而已如枯木死灰安有物乎○敬則不是裝點外事乃是吾心之當
然有不容不然者尋常驗之敬則心便安纔放下則此心便不安矣
所謂敬者只如俗說常打起精采是也○理與氣合是浩然之氣纔
與理違是客氣○義由中出猶快刀利斧劈將去使事事合宜是集
義若務矯飾徇外卽是義襲襲猶襲裘之襲○聖人定之以中正仁
義而主靜立人極焉自註云無欲故靜蓋中正仁義是理主靜是心
惟其心無欲而靜則此理自然動靜周流不息矣主靜之靜不與動
時對乃大學定靜之靜集註云靜謂心不妄動是也○爲學固要靜
存動察使此心未能無欲雖欲存養省察無下手處眞須使此心澹
然無欲則靜自然虛動自然直何煩人力之爲耶程子云識得此理
以誠敬存之不須防檢不須窮索心懈則有防心苟不懈何防之有
理有未明故須窮索存久自明安待窮索與通書之言相表裏○天
地以生物爲心人能以濟人利物爲心則與天地之心相契宜其受

福於天也故曰永言配命自求多福○朱子語類解敦厚以崇禮云
人有敦厚而不崇禮者亦有禮文周密而不敦厚者故敦厚又要崇
禮此解勝集註由是推之此一節當各自爲一義不必分屬存心致
知蓋有尊德性而不道問學者亦有道問學而不尊德性者故尊德
性又要道問學如柳下惠可謂致廣大矣而精微或未盡伯夷可謂
極高明矣稽之中庸或未合又集註以尊德性爲存心以極道體之
大道問學爲致知以極道體之細恐亦未然竊謂二者皆有大小如
涵養本原是大謹於一言一行處是小窮究道理大本大原處是大
一草一木亦必窮究是小嘗以此質之魏子才子才以爲然○仁是
心之德如桃仁杏仁一般若有分毫私裏面便壞了如何得生意發
達於外巧言令色不必十分裝飾但有一毫取悅於人意思卽是巧
令知此而謹之卽是爲仁之方故曰知巧言令色之非仁則知仁矣
○人不知而有一毫不平之意卽是渣滓未渾化如何爲成德一齋
嘗有詩云爲學要人知做甚養之須厚積須多君子一心如止水不
教些子動微波○學者須先識此理譬之五穀不知其種得不誤認
稊稗爲五穀耶雖極力培壅止成稊稗耳近世儒者有用盡平生之
力卒流入異學而不自知者正坐未識其理耳○象山之學以收斂

一珍倣宋版印

精神爲主曰精神一霍便散了楊慈湖論學只是心之精神謂之聖一句此其所以近禪朱子云收斂得精神在此方看得道理盡看道理不盡只是不專一如此說方無病○吾儒曰喚醒釋氏亦曰喚醒吾儒喚醒此心要照管許多道理釋氏則空喚醒在○精一執中就事上說尋常遇事有不恰處羣疑並興旣欲如此又欲如彼當是時也盡把私意閣著了不知那個是人心那個是道心故必精以察之使二者界限分明又須一以守之使不爲私欲所奪如此便是允執厥中蓋過與不及皆是人心惟道心方是中○堯之學以欽爲主以執中爲用此萬古心學之源也舜告禹曰惟精惟一允執厥中又曰欽哉愼乃有位敬修其可願曰欽曰中曰敬皆本於堯而發之且精一執中之外又欲考古稽衆視堯加詳焉蓋必如此然後道理浹洽庶幾中可得以執矣近世論學直欲取足吾心之良知而謂誦習講說爲支離率意徑行指凡發於粗心浮氣者皆爲良知之本然其說蔓延已爲天下害揆厥所由蓋由白沙之說倡之耳執中從事上說故以爲用謬甚○夫道若大路然豈難知哉數語令人有下手處蓋日用間事親如此事長如此言如此行如此待人接物如此各各有個路數眞如大路然只是人遇事時胡亂打過了若每事肯入思慮

則心中自有一個當然之則何事外求故曰子歸而求之有餘師假使曹交在門教之不過如此集註乃謂教之孝弟不容受業於門未然（此段又與取足於吾心之良知者同何其言之出入耶）○所謂求放心者非是以心捉心之謂蓋此心發於義理者卽是真心便當推行若發不以正與雖正發不以時及泛泛思慮方是放心要就那放時卽提轉來便無事伊川曰心本善流而爲惡乃放也此語視諸儒爲最精（纔流便是惡）○人之思慮多是觸類而生無有甯息時節所謂朋從爾思也朋類也試就思處思量如何思到此逆推上去便自見得禪家謂之葛藤所以要長存長覺纔覺得便斷了○近來諸公議論太高稽其所就多不滿人意如楓山先生爲人只一味純誠比之他人省了多少氣力已是風動海內乃知忠信驕泰得失之言爲有味○若貪富貴厭貧賤未論得與不得卽此貪之厭之之心已自與仁離了如何做得下面存養細密工夫所以以無欲爲要○心要有所用日用間都安在義理上卽是心存豈俟終日瞑目趺坐漠然無所用心然後爲存耶○嘗疑腔子不是神明之舍猶世俗所謂眶當之眶指理而言謂此心要常在理中稍與理違則出眶當外矣然如此說則滿腔子是惻隱之心便說不去不若照舊說爲善蓋心猶

珍倣宋版印

戶樞戶樞稍出臼外便推移不動此心若出軀殼之外不在神明之舍則凡應事接物無所主矣○耳之聽止於數百步外目之明止於數十里外惟心之思則入於無間雖千萬里之外與數千萬年之上一舉念卽在於此卽此是神○象山之學雖主於尊德性然亦未嘗不道問學但其所以尊德性道問學與聖賢不同程子論仁謂識得此理以誠敬存之而已又謂識得仁體實有諸己只要義理栽培蓋言識在所行之先必先識其理然後有下手處象山謂能收斂精神在此當惻隱自惻隱當羞惡自羞惡更無待於擴充仁義禮智本體自廣大原不待於擴充所謂擴充者蓋言接續之使不息耳此與告子不知性之爲理而以所謂氣者當之雖能堅持力制至於不動心之速適足爲心害也朱子曰以天下之理處天下之事以聖賢之心觀聖賢之書象山所引諸書多是驅率聖賢之言以就己意多非聖賢立言之意如謂顏子爲人最有精神用力最難仲弓精神不及顏子然用力却易其與程子所謂質美者明得盡渣滓便渾化其次惟莊敬以持養之及其至則一也不同豈直文義之差而已哉○予昔有志於學而不知操心之要未免過於把捉常覺有一物梗在胸臆雖欲忘之而不可得在南監時一日過東華門牆下有賣古書者予

偶檢得四家語內有黃蘗對裴休云當下卽是動念則非站立之頃遂覺胸中如有石頭磕然而下無復累墜乃知禪學誠有動人處於後看程子書說得下手十分明白痛快但在人能領略耳故曰吾道自足何事旁求○聖賢之訓明白懇切無不欲人通曉白沙之詩好爲隱奧之語至其論學處藏形匿影不可致詰而甘泉之註曲爲回互類若商度隱語然又多非白沙之意詩自漢魏以來至唐宋諸大家皆有典則至白沙自出機軸好爲跌宕新奇之語使人不可追逐蓋本之莊定山定山本之劉靜修規模意氣絕相類詩學爲之大變獨古選和陶諸作近之○周子云一爲要一者無欲也無欲則靜虛動直又云寡之又寡寡之而至於無則誠立明通與克己復禮意同今不提起此心做主就視聽言動上下工夫漸漸求造寡欲虛靜之地直欲瞑目趺坐置此心於無物之處則私根何由以去本體何由以虛乎程子云坐忘卻是坐馳朱子云要閑越不閑要靜越不靜又云如讀書以求義理應事接物以求當理卽所求者便是吾心何事塊然獨坐而後爲存耶非洞見心體之妙安能及此○先師一齋家居以正風俗爲己任凡鄰里搬戲迎神及划船之類必加曉諭禁戒每每以此得罪於人有所不恤○世人只知有利語及仁義必將譏

笑以爲迂闊殊不和利中卽有害惟仁義則不求利自無不利譬之甜的物事喫過則酸苦的物事喫過方甜如人家長尙利惹得一家莫不尙利由是父子兄弟交相攘奪相靡相刃必至傾覆而後已若家長尙義惹得一家莫不尙義由是父慈其子子孝其父兄友其弟弟恭其兄莫說到門祚如何只據眼前家庭之間已自有一段春和景象何利如之○湛然虛明者心之本體本無存亡出入之可言其有存亡出入者特在操持敬肆之閒耳○好問好察而必用其中誦詩讀書而必論其世則合天下古今之聰明以爲聰明其知大矣近時諸公論學乃欲取足吾心之良知而議程朱格物博文之論爲支離其何以開學人之知見擴吾心良知良能之本然此乃入門竅於此旣差是猶欲其入而閉之門也

讀白沙與東白論學詩

古人棄糟粕糟粕非眞傳

愚謂六經載道之文聖賢傳授心法在焉而謂糟粕非眞傳何耶

渺哉一勺水積累成大川亦有非積累源泉自涓涓

天下之事未有不由積累而成者孔子志學以至從心孟子善信以至聖神朱子曰予學蓋由銖累寸積得之又云予六十一歲方

理會得若去年死也枉了今謂不由積累而成得非釋氏所謂一超直入如來地耶

至無有至動至近至神焉發用茲不窮緘藏極淵泉

中庸云喜怒哀樂之未發至天下之達道也道之體用不過如此可謂明白今乃說元說妙反滋學者之疑從何處下手耶

我能握其機何必窺陳編學患不用心用心滋牽纏本虛形乃實立本貴自然戒慎與恐懼斯語未云偏後儒不省事差失毫釐間

司馬温公呂與叔張天祺輩患思慮紛擾皆無如之何誠如公論至於程朱甯有此病程子云與其是內而非外不若內外之兩忘兩忘則澄然無事矣又云必有事焉而勿正心勿忘勿助長未嘗致纖毫之力此其存之之道也朱子云纔覺得間斷便已接續了此皆任其天然了無一毫將迎安排之病心學之妙至此無餘蘊矣戒慎恐懼敬也敬有甚形影只是此心存主處纔提起心便安纔放下心便無安頓處是乃人心之當然有不容不然者若不知此而以裝點外事矜持太過爲敬則爲此心之病矣故曰以爲無益而舍之者不芸苗者也助之長者揠苗者也非徒無益而又害之

珍倣宋版印

寄語了心人素琴本無絃

此是無聲無臭處中庸從天命說起都說盡了方說到此所以程子云下學而上達乃學之要今論學不說下學之功遽及上達之妙宜其流入異學而不自知也此詩清新華妙見者爭誦之而不知其有悖於道予不得以不辨

章楓山謂予曰白沙應聘來京師予在大理往候而問學焉白沙云我無以教人但令學者看與點一章予云以此教人善矣但朱子謂專理會與點意思恐入於禪白沙云彼一時也此一時也朱子時人多流於異學故以此救之今人溺於利祿之學深矣必知此意然後有進步處耳予聞其言恍若有悟 浴沂亭記

性書之作兼理氣論性深闢性卽理也之言重恐得罪於程朱得罪於敬齋不敢不以復也人得天地之氣以成形氣之精爽以爲心心之爲物虛靈洞徹有理存焉是之謂性性字從心從生乃心之生理也故朱子謂靈底是心實底是性性是理心是盛藏該載敷施發用底渾然在中雖是一理然各有界分不是儱侗之物故隨感而應各有條理程子謂冲漠無朕萬象森然已具未應不是先已應不是後者此也孟子言人性本善而所以不善者由人心陷溺於物欲而然

缺却氣質一邊也故啓荀楊韓子紛紛之論至程張朱子方發明一個氣質出來此理無餘藴矣蓋言人性是理本無不善而所以有善不善者氣質之偏耳非專由陷溺而然也其曰天地之性者直就氣稟中指出本然之理而言孟子之言是也氣稟之性乃是合理與氣而言荀楊韓子之言是也程朱之言明白洞達既不足服執事之心則子才純甫之言宜其不見取於執事也又況區區之言哉然嘗思之天下無性外之物而性無不在日用之間種種發見莫非此性之用今且莫問性是理是氣是理與氣兼但就發處認得是理即行不是理處即止務求克去氣質之偏物欲之蔽俟他日功深力到豁然有見處然後看是理耶是氣耶是理與氣兼耶當不待辯而自明矣

答余子積書

此道廣大精微不可以急迫之心求之須是認得路頭端的而從容涵泳於其間漸有湊泊處耳

復魏子才

人心本虛靈靜處難思議及其有思時却屬動邊事賢如司馬公徹夜若不寐殷勤念一中與念佛何異不知此上頭著不得一字勿忘勿助閑妙在心獨契澄徹似波停融液如春至莫作禪樣看即此是夜氣諦觀日用間道理平鋪是坦如大路然各各有界至不必費安

珍倣宋版印

排只要去私意泛泛思慮萌覺得無根蒂將心去覓心便覺添累墜討論要精詳淘汰極純粹如此用工夫庶幾體用備君歸在旦夕不得長相聚試誦口頭禪君宜體會去○劉士鳳夜苦不寐予恐其把捉太過賦此贈之

近世論學者徒見先正如温公及呂與叔張天祺皆無奈此心何偶於禪門得些話頭悟得此心有不待操而自存的道理遂謂至元至妙千了萬當以此爲道則禪家所謂當下即是動念則非所謂放四大莫把捉寂寞性中隨飲啄所謂汝暫息心善惡都莫思量皆足以爲道殊不知不難於一本而難於萬殊日用之間千頭萬緒用各不同苟非涵養此心而剔刮道理出來使之洞然無疑則擬議之間忽已墮於過與不及而不自知矣其何以得大中至正之矩哉學者於此正須痛下工夫主敬窮理交修並進而積之以歲月之久庶幾漸有湊泊處耳不然決入異教無疑也與趙元默論學元默白沙門人

花者華也氣之精華也天地之氣日循根幹而升到枝頭去不得了氣之精華遂結爲蓓蕾久則包畜不住忽然迸開光明燦爛如此人能涵泳義理澆灌此心優柔厭飫而有得焉則其發之言論措之行事自有不容已者所謂和順積中英華發外是也中庸云誠則形形

則著著則明又云故至誠無息不息則久久則徵如此者不見而章不動而變無爲而成觀此尤信程子云物我一理纔明彼卽曉此此合內外之道也或謂一草一木不必窮究恐未之深思耳

要識靜中須有物却從動處反而觀湛然一氣虛明地安得工夫入語言

廣文潘玉齋先生潤

潘潤字德夫號玉齋信之永豐人師事婁一齋一齋嚴毅英邁慨然以師道自任嘗謂先生曰致禮以治躬外貌斯須不莊不敬而慢易之心入之矣致樂以治心中心斯須不和不樂而鄙詐之心入之矣此禮樂之本身心之學也先生謹佩其教終日終身出入準繩規矩李空同督學江右以人才爲問諸生僉舉先生空同致禮欲見之時先生居憂以衰服拜於門外終不肯見空同歎其知禮焚香靜坐時以所得者發爲吟咏終成都教諭

珍做宋版印

明儒學案卷五

姚江黃梨洲先生著

豫章後學 夏鼎 熊育鑫 熊緄祖 熊育鏞 徐兆瀾 周聯慶 熊榮祖 蕭兆柄 劉秉楨 李真寶 重刊

白沙學案

有明之學至白沙始入精微其喫緊工夫全在涵養喜怒未發而非空萬感交集而不動至陽明而後大兩先生之學最爲相近不知陽明後來從不說起其故何也薛中離陽明之高第弟子也於正德十四年上疏請白沙從祀孔廟是必有以知師門之學同矣羅一峯曰白沙觀天人之微究聖賢之蘊充道以富崇德以貴天下之物可愛可求漠然無動於其中信斯言也故出其門者多清苦自立不以富貴爲意其高風之激遠矣

文恭陳白沙先生獻章

尚書湛甘泉先生若水 別見

舉人李大崖先生承箕

通政張東所先生詡
諫議賀醫閭先生欽
吏目鄒立齋先生智
御史陳時周先生茂烈
長史林緝熙先生光
州同陳秉常先生庸
布衣李抱真先生孔修
處士謝天錫先生祐
文學何時振先生廷矩
運使史惺堂先生桂芳

姚江黃梨洲先生著

豫章後學 夏鼎 熊育鑫 熊繩祖 熊育鏞 徐兆瀾 周聯慶 熊榮祖 蕭兆柄 劉秉楨 李真實 重刊

文恭陳白沙先生獻章

陳獻章字公甫新會之白沙里人身長八尺目光如星右臉有七黑子如北斗狀自幼警悟絕人讀書一覽輒記嘗讀孟子所謂天民者慨然曰爲人必當如此夢拊石琴其音泠泠然一人謂之曰八音中惟石難諧子能諧此異日其得道乎因別號石齋正統十二年舉廣東鄉試明年會試中乙榜入國子監讀書已至崇仁受學於康齋先生歸卽絕意科舉築陽春臺靜坐其中不出閾外者數年尋遭家難成化二年復遊太學祭酒邢讓試和楊龜山此日不再得詩見先生之作驚曰卽龜山不如也颺言於朝以爲眞儒復出由是名動京師羅一峯章佩山莊定山賀醫閭皆恨相見之晚醫閭且稟學焉歸而門人益進十八年布政使彭韶都御史朱英交薦言國以仁賢爲寶

臣自度才德不及獻章萬萬臣冒高位而令獻章老林壑恐坐失社稷之寶召至京閣大臣尼之令就試吏部辭疾不赴疏乞終養授翰林院檢討而歸有言其出處與康齋異者先生曰先師爲石亨所薦所以不受職某以聽選監生始終願仕故不敢僞辭以釣虛譽或受或不受各有攸宜自後屢薦不起宏治十三年二月十日卒年七十有三先生疾革知縣左某以醫來門人進曰疾不可爲也先生曰須盡朋友之情飮一匙而遣之先生之學以虛爲基本以靜爲門戶以四方上下往古來今穿紐湊合爲匡郭以日用常行分殊爲功用以勿忘助之間爲體認之則以未嘗致力而應用不遺爲實得遠之則爲曾點近之則爲堯夫此可無疑者也故有明儒者不失其矩矱者亦多有之而作聖之功至先生而始明至文成而始大向使先生與文成不作則濂洛之精蘊同之者固推見其至隱異之者亦疏通其流別未能如今日也或者謂其近禪蓋亦有二聖學久湮共趨事爲之末有動察而無靜存一及人生而靜以上便鄰於外氏此庸人之論不足辨也羅文莊言近世道學之昌白沙不爲無力而學術之誤亦恐自白沙始至無而動至近而神此白沙自得之妙也彼徒見夫至神者遂以爲道在是矣而深之不能極幾之不能研其病在此緣

文莊終身認心性爲二遂謂先生明心而不見性此文莊之失不關先生也先生自序爲學云僕年二十七始發憤從吳聘君學其於古聖賢垂訓之書蓋無所不講然未知入處比歸白沙杜門不出專求所以用力之方既無師友指引日靠書册尋之忘寐忘食如是者累年而卒未有得所謂未得謂吾此心與此理未有凑泊脗合處也於是舍彼之繁求吾之約惟在靜坐久之然後見吾此心之體隱然呈露常若有物日用間種種應酬隨吾所欲如馬之御銜勒也體認物理稽諸聖訓各有頭緒來歷如水之有源委也於是渙然自信曰作聖之功其在茲乎張東所敘先生爲學云自見聘君歸後靜坐一室雖家人罕見其面數年未之有得於是迅掃夙習或浩歌長林或孤嘯絕島或弄艇投竿於溪涯海曲捐耳目去心智久之然後有得焉蓋主靜而見大矣由斯致力遲遲至二十餘年之久乃大悟廣大高明不離乎日用一真萬事本自圓成不假人力無動靜無內外大小精粗一以貫之先生之學自博而約由粗入細其於禪學不同如此尹直瑣綴錄謂先生初至京潛作十詩頌太監梁方方言於上乃得授職及請歸出城輒乘轎張蓋列槊開道無復故態邱文莊採入憲廟實錄可謂遺穢青史憲章錄則謂採之實錄者張東白也按東白

問學之書以義理須到融液操存須到灑落爲言又令其門人餽遺先生深相敬慕寄詩疑其逃禪則有之以烏有之事闌入史編理之所無也文莊深刻喜進而惡退一見之於定山再見之於先生與尹直相去不遠矣萬歷十三年詔從祀孔廟稱先儒陳子謚文恭

論學書

復趙提學　執事謂浙人以胡先生不教人習四禮爲疑僕因謂禮文雖不可不講然非所急正指四禮言耳非統體禮也禮無所不統有不可須臾離者克己復禮是也若橫渠以禮教人蓋亦由事推之教事事入途轍去使有所據守耳若四禮則行之有時故其說可講而知之學者進德修業以造於聖人緊要却不在此也程子曰且省外事但明乎善惟進誠心外事與誠心對言正指文爲度數若以其至論之文爲度數亦道之形見非可少者但求道者有先後緩急之序故以且省爲辭省之言略也謂姑略去不爲害耳此蓋爲初學未知立心者言之若以外事爲外物累己而非此之謂則當絶去豈直省之云乎○僕年二十七始發憤從吳聘君學其於古聖賢垂訓之書蓋無所不講然未知入處比歸白沙杜門不出專求所以用力之方既無師友指引惟日靠書冊尋之忘寐忘食如是者亦累年而卒

珍倣宋版印

未得焉所謂未得謂吾此心與此理未有湊泊脗合處也於是舍彼之繁求吾之約惟在靜坐久之然後見吾此心之體隱然呈露常若有物日用間種種應酬隨吾所欲如馬之御銜勒也體認物理稽諸聖訓各有頭緒來歷如水之有源委也於是渙然自信曰作聖之功其在茲乎有學於僕者輒教之靜坐蓋以吾所經歷粗有實效者告之非務爲高虛以誤人也○承諭有爲毀僕者有曰自立門戶者是流於禪學者甚者則曰妄人率人於僞者僕安敢與之強辯姑以迹之近似者言之孔子教人文行忠信後之學孔氏者則曰一爲要一者無欲也無欲則靜虛而動直然後聖可學而至矣所謂自立門戶者非此類歟佛氏教人曰靜坐吾亦曰靜坐曰惺惺吾亦曰惺惺調息近於數息定力有似禪定所謂流於禪學者非此類歟僕在京師適當應魁養病之初前此克恭亦以病去二公皆能審於進退者也其行止初無與於僕亦非僕所能與也不幸其迹偶與之同出京之時又同是以天下之責不仕者輒涉於僕其責取證於二公而僕自己丑得病五六年間自汗時發母氏年老是以不能出門耳凡責僕以不仕者遂不可解所謂妄人率人於僞者又非此類歟

復林太守　僕於送行之文間嘗一二爲之而不以施於當道者一

則嫌於上交一則恐其難繼守此戒來三十餘年苟不自量勇於承命後有求者將何辭以拒之

與順德吳明府　出處語默咸率乎自然不受變於俗斯可矣

復張東白　夫學有由積累而至者有不由積累而至者有可以言傳者有不可以言傳者夫道至無而動至近而神故藏而後發形而斯存大抵由積累而至者可以言傳也不由積累而至者不可以言傳也知者能知至無於至近則無動而非神藏而後發明其幾矣形而斯存道在我矣是故善求道者求之易不善求道者求之難義理之融液未易言也操存之灑落未易言也夫動已形者也形斯實矣其未形者虛而已虛其本也致虛之所以立本也戒慎恐懼所以閑之而非以爲害也然而世之學者不得其說而以用心失之者多矣斯理也宋儒言之備矣吾嘗惡其大嚴也使著於見聞者不睹其真而徒與我嘵嘵也是故道也者自我得之自我言之可也不然辭愈多而道愈窒徒以亂人也君子奚取焉

與羅一峯　聖賢處事毫無偏主惟視義如何隨而應之無往不中吾人學不到古人處每有一事來斟酌不安便多差却隨其氣質剛者偏於剛柔者偏於柔每事要高人一著做來畢竟未是蓋緣不是

一珍倣宋版印

義理發源來只要高去故差自常俗觀之故相雲泥若律以道均爲未盡○君子未嘗不欲人入於善苟有求於我者吾以告之可也強而語之必不能入則棄吾言於無用又安取之且衆人之情旣不受人之言又必別生枝節以相矛盾吾猶不舍而責之益深取怨之道也○伊川先生每見人靜坐便歎其善學此一靜字自濂溪先生主靜發源後來程門諸公遞相傳授至於豫章延平尤專提此教人學者亦以此得力晦翁恐人差入禪去故少說靜只說敬如伊川晚年之訓此是防微慮遠之道然在學者須自量度如何若不至爲禪所誘仍多著靜方有入處若平生忙者此尤爲對症之藥○學者先須理會氣象氣象好時百事自當此言最可玩味言語動靜便是理會氣象地頭變急爲緩變激烈爲和平則有大功亦遠禍之道也非但氣象好而已

答張汝弼　康齋以布衣爲石亨所薦所以不受職而求觀祕書者冀得間悟主也惜乎宰相不悟以爲實然言之上令就職然後觀書殊戾康齋意遂決去某以聽選監生薦又疏陳始終願仕故不敢僞辭以釣虛名或受或不受各有攸宜爾

與林君　學勞擾則無由見道故觀書博識不如靜坐

與林緝熙　終日乾乾只是收拾此理而已此理干涉至大無內外
無終始無一處不到無一息不運會此則天地我立萬化我出而宇
宙在我矣得此欛柄入手更有何事往古來今四方上下都一齊穿
紐一齊收拾隨時隨處無不是這個充塞色色信他本來何用爾脚
勞手攘舞雩三三兩兩正在勿忘勿助之間曾點些兒活計被孟子
打併出來便都是鳶飛魚躍若無孟子工夫驟而語之以曾點見趣
一似說夢會得雖堯舜事業只如一點浮雲過目安事推乎此理包
羅上下貫徹終始滾作一片都無分別無盡藏故也自玆已往更有
分殊處合要理會毫分縷析義理儘無窮工夫儘無窮書中所云乃
其統體該括耳夫以無所著之心行於天下亦焉往而不得哉
與賀克恭　人要學聖賢畢竟要去學他若道只是個希慕之心却
恐末梢未易湊泊卒至廢弛若道不希慕聖賢我還肯如此學否思
量到此見得個不容已處雖使古無聖賢爲之依歸我亦住不得如
此方是自得之學○心地要寬平識見要超卓規模要闊遠踐履要
篤實能此四者可以言學矣○接人接物不可揀擇殊甚賢愚善惡
一切要包他到得物我兩忘渾然天地氣象方始是成就處○爲學
須從靜坐中養出個端倪來方有商量處

珍倣宋版印

與謝元吉　人心上容留一物不得才著一物則有礙且如功業要做固是美事若心心念念只在功業上此心便不廣大便是有累之心是以聖賢之心廓然若無感而後應不感則不應又不特聖賢如此人心本體皆一般只要養之以靜便自開大

與何時矩　宇宙內更有何事天自信天地自信地吾自信吾自動自靜自闔自闢自舒自卷甲不問乙供乙不待甲賜牛自爲牛馬自爲馬感於此應於彼發乎邇見乎遠故得之者天地與順日月與明鬼神與福萬民與誠百世與名而無一物奸於其間嗚呼大哉前輩云銖視軒冕塵視金玉此蓋略言之以諷始學者耳人爭一個覺纔覺便我大而物小物盡而我無盡夫無盡者微塵六合瞬息千古生不知愛死不知惡尚奚暇銖軒冕而塵金玉耶○禪家語初看亦甚可喜然實自儱侗與吾儒似同而異毫釐間便分霄壤此古人所以貴擇之精也如此辭所見大體處了了如此闢者安能不爲之動但起脚一差立到前面無歸宿無準的便日用間種種各别不可不勘破也

與張廷實　時矩語道而遺事秉常論事而不及道時矩如師也過秉常如商也不及胥失之矣道無往而不在仁無時而或息天下何

思何慮如此乃至當之論也聖人立大中以教萬世吾儕主張世道不可偏高壞了人也

詩直是難作其間起伏往來脈絡緩急浮沈當理會處一一要到非但直說出本意而已文字亦然古文字好者都不見安排之跡一似信口說出自然妙也其間體制非一然本於自然不安排者便覺好柳子厚比韓退之不及只爲大安排也 論詩文

前輩謂學貴知疑小疑則小進大疑則大進疑者覺悟之機也一番覺悟一番長進更無別法也卽此便是科級學者須循次而進漸到至處耳

古之作者意鄭重而文不煩語曲折而理自到

先子長寄定山先生詩可是率爾定山豈可輒寄以詩耶

復李世卿　君子以道交者也同明相照同類相求雲從龍風從虎聖人作而萬物覩己不遵道而好與人交惡在其能交也

與崔楫　棄禮從俗壞名教事賢者不爲願更推廣此心於一切事不令放倒名節道之藩籬藩籬不守其中未有能獨存者也

與李德孚　大抵吾人所學正欲事事點簡今處一家之中尊卑老少咸在才點簡著便有不由己者抑之以義則咈和好之情於此處

珍倣宋版印

之必欲事理至當而又無所忤逆亦甚難矣如此積漸日久恐別生乖戾非細事也將求其病根所在而去之祇是無以供給其日用諸兒女婚嫁在眼不能不相責望在己既無可增益又一切裁之以義俾不得妄求此常情有所不堪亦乖戾所宜有也昔者羅先生勸僕賣文以自活當時甚卑其說據今時勢如此亦且不免食言但恐欲紓目前之急而此貨此時則未有可售者不知何如可耳

與湛民澤　承示近作頗見意思然不欲多作恐其滯也人與天地同體四時以行百物以生若滯在一處安能爲造化之主耶古之善學者常令此心在無物處便運用得轉耳學者以自然爲宗不可不著意理會○自然之樂乃眞樂也宇宙間復有何事○飛雲之高幾千仞未若立木於空中與此山平置足其巔若履平地四顧脫然尤爲奇絕此其人內忘其心外忘其形其氣浩然物莫能干神遊八極未足言也○某久處危地以老母在堂不自由耳近遣人往衡山問彼田里風俗尋胡致堂住處古人託居必有所見倘今日之圖可遂老脚一登祝融峯不復下矣是將託以畢吾生非事事遊觀也○三年之喪在人之情豈由外哉今之人大抵無識見便卑闒得甚愛人道好怕人道惡做出世事不得正坐此耳吾輩心事質諸鬼神焉往而

不得泰然也耶○學無難易在人自覺耳才覺退便是進也才覺病便是藥也○日用間隨處體認天理著此一鞭何患不到古人佳處也

示學者帖　諸君或聞外人執異論非毀之言請勿相聞若事不得已言之亦須隱其姓名可也人氣稟習尚不同好惡亦隨而異是其是非其非使其見得是處決不至以是爲非而毀他人此得失恆在毀人者之身而不在所毀之人言之何益且安知己之所執以爲是者非出於氣稟習尚之偏亦如彼之所執以議我者乎苟未能如顏子之無我未免是己而非人則其失均矣況自古不能無毀盛德者猶不免焉今區區以不完之行而冒過情之譽毀者固其所也此宜篤於自修以求無毀之實不必以爲異而欲聞之也

語錄

三代以降聖賢乏人邪說並興道始爲之不明七情交熾人欲橫流道始爲之不行道不明雖日誦萬言博極羣書不害爲未學道不行雖普濟羣生一匡天下不害爲私意爲學莫先於爲己爲人之辨此是舉足第一步○疑而後問問而後知知之眞則信矣故疑者進道之萌芽也信則有諸己矣論語曰古之學者爲己○夫道無動靜也

得之者動亦定靜亦定無將迎無內外苟欲靜卽非靜矣故當隨動靜以施其功也○善學者主於靜以觀動之所本察於用以觀體之所存○治心之學不可把捉太緊失了元初體段愈認道理不出又不可太漫漫則流於汎濫而無所歸○但得心存斯是敬莫於存外更加功大抵學者之病助長爲多晦翁此詩其求藥者歟

題跋

書漫筆後　文章功業氣節果皆自吾涵養中來三者皆實學也惟大本不立徒以三者自名所務者小所喪者大雖有聞於世亦其才之過人耳其志不足稱也學者能辨乎此使心常在內到見理明後自然成就得大

次王半山韻跋　作詩須將道理就自己性情上發出來不可作議論說去離了詩之本體便是宋頭巾也

贈彭惠安別言　忘我而我大不求勝物而物莫能撓孟子云我善養吾浩然之氣山林朝市一也死生常變一也富貴貧賤夷狄患難一也而無以動其心是名曰自得自得者不累於外物不累於耳目不累於造次顛沛鳶飛魚躍其機在我知此者謂之善學不知此者雖學無益也

珍倣宋版印

題采芳園記後　天下未有不本於自然而徒以其智收顯名於當年精光射來世者也易曰天地變化草木蕃時也隨時絀信與道翺翔固吾儒事也

著撰

仁術論　天道至無心比其著於兩間者千怪萬狀不復有可及至巧矣然皆一元之所爲聖道至無意比其形於功業者神妙莫測不復有可加亦至巧矣然皆一心之所致心乎其此一元之所舍乎昔周公扶王室者也桓文亦扶王室者也然周公身致太平延被後世桓文戰爭不息禍藏於身者桓文用意周公用心也是則至拙莫如意而至巧者莫踰於心矣

安土敦乎仁論　寓於此樂於此身於此聚精會神於此而不容或忽是謂之曰君子安土敦乎仁也比觀泰之序卦曰履而泰然後安又曰履得其所則舒泰泰則安矣夫泰通也泰然後安者通於此然後安於此也然九二曰包荒用馮河是何方泰而憂念卽興也九三曰艱貞无咎則君子於是時愈益恐恐然如禍之至矣是則君子之安於其所豈直泰然而無所事哉蓋將兢兢業業惟恐一息之或間一念之或差而不敢以自暇矣

無後論　君子一心足以開萬世小人百慝足以喪邦家何者心存與不存也夫此心存則一一則誠不存則慝慝則僞所以開萬世喪邦家者不在多誠僞之閒而足矣夫天地之大萬物之富何以爲之也一誠所爲也蓋有此誠斯有此物既有此物必有此誠誠在人何所具於一心耳心之所有者此誠而爲天地者此誠也天地之大此誠且可爲而君子存之則何萬世之不足開哉作俑之人既慝而喪其誠矣夫既無其誠而何以有後耶

或曰道可狀乎曰不可此理之妙不容言道至於可言則已涉乎粗迹矣何以知之曰以吾知之吾或有得焉心得而存之口不可得而言之比試言之則已非吾所存矣故凡有得而可言皆不足以言得曰道不可以言狀亦可以物乎曰不可物囿於形道通於物有目者不得見也何以言之曰天得之爲天地得之爲地人得之爲人狀之以天則遺地狀之以地則遺人物不足狀也

禽獸說　人具七尺之軀除了此心此理便無可貴渾是一包膿血裹一大塊骨頭饑能食渴能飲能著衣服能行淫欲貧賤而思富貴富貴而貪權勢忿而爭憂而悲窮則濫樂則淫凡百所爲一信氣血老死而後已則命之曰禽獸可也

道學傳序　學者不但求之書而求之吾心察於動靜有無之機致養其在我者而勿以聞見亂之去耳目支離之用全虛圓不測之神一開卷盡得之矣非得之書也得自我者也

贈容一之序　恐游心太高著蹟太奇將來成就結果處既非尋常意料所及而予素蹇鈍胡能追攀逸駕仰視九霄之上何其茫茫生方銳意以求自得亦將不屑就予又安知足履平地結果爲何如也

贈張廷實序　廷實之學以自然爲宗以忘己爲大以無欲爲至卽心觀妙以揆聖人之用其觀於天地日月晦明山川流峙四時所以運行萬物所以化生無非在我之極而思握其樞機端其銜綏行乎日用事物之中以與之無窮

城隍廟記　神之在天下其間以至顯稱者非以其權與夫聰明正直之謂神威福予奪之謂權人亦神也權之在人猶其在神也此二者有相消長盛衰之理焉人能致一郡之和下無干紀之民無所用權如或水旱相仍疫癘閒作民日洶洶以干鬼神之譴怒權之用始不窮矣夫天下未有不須權以治者也神有禍福人有賞罰失於此得於彼神其無以禍福代賞罰哉鬼道顯人道晦古今有識所憂也

雲潭記　天地間一氣而已詘信相感其變無窮人自少而壯自壯

而老其歡悲得喪出處語默之變亦若是而已孰能久而不變哉變之未形也以為不變既形也而謂之變非知變者也夫氣也者日夜相代乎前雖一息變也況於冬夏乎生於一息成於冬夏者也夫氣上蒸為雲下注為潭氣水之未變者也一為雲一為潭變之不一而成形也其必有將然而未形者乎默而識之可與論易矣

孝廉李大厓先生承箕

李承箕字世卿號大厓楚之嘉魚人成化丙午舉人其文出入經史跌宕縱橫聞白沙之學而慕之宏治戊申入南海而師焉白沙與之登臨弔古賦詩染翰投壺飲酒凡天地間耳目所聞見古今上下載籍所存無所不語所未語者此心通塞往來之機生生化化之妙欲先生深思而自得之不可以見聞承當也久之而先生有所悟入歸築釣臺於黃公山讀書靜坐其中不復仕進自嘉魚至新會涉江浮海水陸萬里先生往見者四而白沙相憶之詩去歲逢君笑一回經年笑口不曾開山中莫謂無人笑不是真情懶放懷又衡岳千尋雲萬尋丹青難寫夢中心人間鐵笛無吹處又向秋風寄此音真有相視而莫逆者蓋先生胸懷灑落白沙之門更無過之乙丑二月卒年五十四唐伯元謂其晚節大敗不知何指當俟細考

文集

詩雅頌各得其所而樂之本正可以興可以羣可以怨而詩之教明孔子之志其見於是乎先生詩曰從前欲洗安排障萬古斯文看日星其本乎一笑功名卑管晏六經仁義沛江河其用乎時當可出寧須我道不虛行只在人其出處乎所謂吟咏性情而不累於性情者乎

先生不著書嘗曰六經而外散之諸子百家皆剩語也故其詩曰他年得遂投閒計只對青山不著書又曰莫笑老慵無著述真儒不是鄭康成

明儒學案卷五

珍倣宋版印

明儒學案卷六白沙二

姚江黃梨洲先生著

豫章後學　夏鼎　熊育鑫　熊維祖　熊育鏞　徐兆灝　周聯慶　熊榮祖　蕭兆柄　劉秉楨　李真實　重刊

通政張東所先生詡

張詡字廷實號東所南海人白沙弟子登成化甲辰進士第養病歸六年不出部檄起之授戶部主事尋丁憂累薦不起正德甲戌拜南京通政司左參議又辭一謁孝陵而歸卒年六十白沙以廷實之學以自然爲宗以忘己爲大以無欲爲至卽心觀妙以揆聖人之用其觀於天地日月晦明山川流峙四時所以運行萬物所以化生無非在我之極而思握其樞機端其銜綏行乎日用事物之中以與之無窮觀此則先生之所得深矣白沙論道至精微處極似禪其所以異者在握其樞機端其銜綏而已禪則并此而無之也奈何論者不察同類並觀之乎

文集

儒有真僞故言有純駁六經四書以真聖賢而演至道所謂言之純莫有尚焉者矣繼此若濂洛諸書有純者有近純者亦皆足以羽翼乎經書而啓萬世之蒙世誠不可一日而缺也至於聖絶言湮著述家起類多春秋吳楚之君僭稱王者耳齊桓晉文假名義以濟其私者耳匪徒言之駁乎無足取也其蓁蕪大道晦蝕性天莫甚焉非蕩之以江海驅之以長風不可以入道也故我白沙先生起於東南倡道四十餘年多示人以無言之教所以救僭僞之弊而長養夫真風也其恆言曰孔子大聖人也而欲無言後儒弗及聖人遠矣而汲汲乎著述亦獨何哉雖然無言二字亦著述也有能超悟自得則於斯道思過半矣然則六經四書亦剩語耳矧其他乎而世方往往勸先生以著述爲事而以缺著述爲先生少之者蓋未之思耳今則詩集出焉而人輒以詩求之文集出焉而人輒以文求之自非具九方皐之目而能得神駿於驪黃牝牡之外者或寡矣詡誠懼夫後修者復溺於無言以爲道也因摭先生文集中語倣南軒先生傳道粹言例分爲十類而散入之其間性命天道之微文章功業之著修爲持治之方經綸斡運之機靡不燦然畢具輯成名曰白沙先生遺言纂要凡十卷庶觀者知先生雖尋常應酬文字中無非至道之所寓至於

珍倣宋版印

一動一靜一語一默無非至教蓋可觸類而長焉由是觀之先生雖以無言示教而卒未嘗無言是以言焉而言無不中有純而無駁其本真故也是可以佐聖經而補賢傳矣 白沙遺言纂要序

昔呂原明嘗稱正叔取人專取有行不論知見又說世人喜說某人只是說得又云說得亦大難而以為二程學遠過衆人在此夫知之真則守之固不真而固冥行而已矣夢說而已矣吾恐其所謂介者非安排則執滯抑何以得乎無思無為之體執乎日往月來之機通乎陽舒陰慘之變化神之心而妙之手以圓成夫精微廣大之道也哉 介石記

予少從先君宦遊臨川沿塘植柳偃仰披拂於朝烟暮雨之間千態萬狀可數十本塘之水微波巨浪隨風力強弱而變化可數十丈鸎燕之歌吟魚蝦之潛躍雲霞之出沒不可具狀則境與心得旣塊然莫知其樂之所以稍長讀昔人柳塘春水漫及楊柳風來面上吹之句則心與句得又茫然不知其妙之所寓近歲養疴之餘專靜久之理與心會不必境之在目情與神融不必詩之出口所謂至樂與至妙者皆不假外求而得矣 柳塘記

子思所謂至誠無息卽逝者如斯夫不舍晝夜之意全體呈露妙用

顯行惟孔子可以當之在學者則當終日乾乾也至於心無所住亦指其本體譬如大江東下沛然莫之能禦小小溪流便有停止纔停止便是死水便生臭腐矣今以其本體人人皆具不以聖豐而愚嗇此孟子所以道性善而程子以爲聖人可學而至也學者不可以不勉也范書格物直陰陽不住之說正孔子博文之意欲其博求不一之善以爲守約之地也其意旨各有攸在 復乾亭

士之所守義利毫末之辨以至生死趨舍之大實在志定而守確堅之一字不可少也至於出處無常惟義所在若堅守不出之心以爲恆斯孔子所謂果哉也其可乎 復曹梧舟

天旋地轉今浙閩爲天地之中然則我百粵其鄒魯與是故星臨雪應天道章矣哲人降生人事應矣於焉繼孔子絕學以開萬世道統之傳此豈人力也哉若吾師白沙先生蓋其人也先生以道德顯天下天下人向慕之不敢名字焉共稱之曰白沙先生先生生而資稟絕人幼覽經書慨然有志於思齊間讀秦漢以來忠烈諸傳輒感激齎咨繼之以涕洟其向善蓋天性也壯從江右吳聘君康齋遊激勵奮起之功多矣未之有得也暨歸杜門獨掃一室日靜坐其中雖家人罕見其面如是者數年未之有得也於是迅掃夙習或浩歌長林

或孤嘯絕島或弄艇投竿於溪涯海曲忘形骸捐耳目去心智久之然後有得焉於是自信自樂其爲道也主靜而見大蓋濂洛之學也由斯致力遲遲至於二十餘年之久乃大悟廣大高明不離乎日用一真萬事本自圓成不假人力其爲道也無動靜內外大小精粗蓋孔子之學也濂洛之學非與孔子異也中庸曰誠者天之道也誠之者人之道也誠者誠之其理無二而天人相去則遠矣由是以無思無爲之心舒而爲無意必固我之用有弗行行無弗獲有弗感感無弗應不言而信不怒而威故病亟垂絕不以目而能書不以心而能詩天章雲漢而諧金石胡爲其然也蓋其學聖學也其功効絕倫也固宜或者以其不大用於世爲可恨者是未知天也天生賢聖固命之以救人心也救人心非聖功莫能也聖功叵測其可以窮達限耶且治所以安生也生生而心死焉若弗生也吾於是乎知救人心之功大矣哉孟子曰禹稷顏回同道韓子曰孟子之功不在禹下此之謂也先生雖窮爲匹夫道德之風嚮天下天下人心潛移默轉者衆矣譬如草木一雨而萌芽者皆是草木蓋不知也其有功於世豈下於抑洪水驅猛獸哉若此者天也非人力也白沙先生墓表

諫議賀醫閭先生欽

珍倣宋版印

賀欽字克恭別號醫閭世爲定海人以戎籍隸遼之義州衛少習舉子業輒鄙之曰爲學止於是耶登成化丙戌進士第授戶科給事中因亢旱上章極諫謂此時遊樂是爲樂憂復以言官曠職召災自劾尋即告病歸白沙在太學先生聞其爲己端默之旨篤信不疑從而稟學遂澹然於富貴故天下議白沙率人於僞牽連而不仕則以先生爲證搆小齋讀書其中隨事體驗未得其要潛心玩味杜門不出者十餘年乃見實理充塞無間化機顯行莫非道體事事物物各具本然實理吾人之學不必求之高遠在主敬以收放心勿忘勿助循其所謂本然者而已故推之家庭里閈間冠婚喪祭服食起居必求本然之理而力行之久久純熟心跡相應不期信於人而人自信有邊將詐誘殺爲陣獲者見先生即吐實曰不忍欺也城中亂卒焚劫不入其坊先生往諭之衆即羅拜而泣曰吾父也遂解散其至誠感人如此正德庚午十二月卒年七十四先生之事白沙懸其像於書室出告返面而白沙謂先生篤信謹守人也別三十年其守如昨似猶未以凍解冰釋許之蓋先生之於白沙其如魯男子之學柳下惠

與

門人於衢路失儀先生曰為學須躬行躬行須謹隱微小小禮儀尙守不得更說甚躬行於顯處尙如此則隱微可知矣○門人有居喪而外父死或曰禮三年之喪不弔先生曰惡是何可已服其服而往哭之禮也言不易三年之服○善惡雖小須辨別如睹黑白○教諸女十二條曰安詳恭謹曰承祭祀以嚴曰奉舅姑以孝曰事丈夫以禮曰待娣姒以和曰教子女以正曰撫婢僕以恩曰接親戚以敬曰聽善言以喜曰戒邪妄以誠曰務紡織以勤曰用財物以儉○有來學者言學些人事也好先生曰此言便不是矣人之所學唯在人事舍人事更何所學○問靜極而動者聖人之復豈常人之心無有動靜乎曰常人雖當靜時亦不能靜○此理無處不有無時不然人惟無私意間隔之則流行矣為學先要正趨向趨向正然後可以言學若趨向專在得失卽是小人而已矣○古之政事學問一貫事耳今人學自學政自政判而為二故所學徒誦說而已未嘗施之政事政事則私意小智而已未嘗本之學問也故欲政事之善須本之學問○白沙後有書來謂其前時講學之言可盡焚之意有自不滿者聖人之法細密而不粗率如人賢否一見之便不言我已知其為人必須仔細試驗考察之今人一見便謂已得其實眞俗語所謂假老郎

也○爲學之要在乎主靜以爲應事建功之本○讀書須求大義不必纏繞於瑣碎傳註之間○驕惰之心一生卽自壞矣○有一世之俗有一方之俗有一州一邑之俗有一鄉之俗有一家之俗爲士者欲移易之固當自一家始○今人見人有勉強把捉者便笑曰某人造作不誠實我嘗曰且得肯如此亦好了如本好色把持不好色如本好酒把持不飲酒此正矯揉之功如何不好若任情胡行只管好色飲酒乃曰吾性如此此等之人以爲誠實不造作可乎○世教不明言天理者不知用之人事言人事者不知本乎天理所以一則流於粗淺一則入於虛無○有以私囑者先生正理喻之因謂門人曰渠以私意干我我卻以正道勸之渠是拖人下水我卻是救人上岸○世風不善豪傑之士挺然特立與俗違拗方能去惡爲善○靜無資於動動有資於靜凡理皆如此如草木土石是靜物便皆自足不資於動物如鳥獸之類便須食草棲木矣故凡靜者多自給而動者多求取故人之寡欲者多本於安靜而躁動營營者必多貪求也○人於富貴之關過不得者說甚道理○今之讀書者只是不信故一無所得○事之無害義者從俗可也今人以此壞了多少事○天地間本一大中至正之道惟太過不及遂流於惡如喪葬之禮自有中

一珍倣宋版印

制若墨氏之薄後世之後皆流於惡者也故程子曰凡言善惡皆先善而後惡

吏目鄒立齋先生智

鄒智字汝愚號立齋四川合州人弱冠領解首成化丁未舉進士館庶吉士孝宗登極王恕爲吏部尚書先生與麻城李文祥壽州湯鼐以風期相許是冬值星變先生上言皆是大臣不職奄宦弄權所致請上修德用賢以消天變不報又明年鼐劾閣臣萬安劉吉尹直中官語以疏且留中鼐大言疏不出將併劾中官中官避匿尋有旨安直皆免先生與文祥鼐日夜歌呼以爲君子進小人退劉吉雖在不足忌也吉陰使門客私人魏璋伺之會壽州知州劉槩寓書於鼐言夢一叟牽牛入水公引之而上牛近國姓此國勢瀕危賴公復安之兆也鼐大喜出書示客璋遂劾鼐槩及先生俱下詔獄先生供詞某等來往相會或論經筵不宜以寒暑輟講或論午朝不宜以一事兩事塞責或論紀綱廢弛或論風俗淳薄或論生民憔悴無賑濟之策或論邊境空虛無儲畜之具議者欲處以死刑部侍郎彭韶不判案獲免謫廣東石城吏目至官卽從白沙問學順德令吳廷舉於古樓村建亭居之扁曰謫仙其父來視責以不能祿養箠之泣受辛亥十

月卒年二十六廷舉治其喪方伯劉大夏至邑不迎大夏賢之初王三原至京先生迎謂曰三代而下人臣不獲見君所以事事苟且公宜請對面陳時政之失上許更張然後受職又謂湯鼐曰祖宗盛時御史糾儀得面陳得失言下取旨近年遇事惟退而具本此君臣情分所由間隔也請修復故事今日第一著也二公善其言而不能用識者憾之

奉白沙書

克修書來問東溟幾萬里江門未盈尺妄以道沖而用之不盈之意答之未知先生之意果然耶不然則作者爲郢書解者爲燕說矣京師事智自知之但先生所處是陳太邱柳士師以上規模晚生小子脚根未定不敢援以爲例耳然亦當善處之計不至露圭角也朱子答陳同父書云顏魯子以納甲推其命正得震之九四先生所推與之合耶果若此又其於朱子何所當耶幸教

讀石翁詩

乾坤誰執仲尼權硬敢刪從己酉年大笠蔽天牛背穩不妨相過戊申前 某錄石翁詩止得己酉年所作

御史陳時周先生茂烈

珍倣宋版印

陳茂烈字時周福之莆田人年十八即有志聖賢之學謂顏之克己曾之日省學之法也作省克錄以自考登宏治丙辰進士第奉使廣東受業白沙之門白沙語以爲學主靜退而與張東所論難作靜思錄授吉安推官考績過淮寒無絮幕受凍幾殆入爲監察御史袍服朴陋蹩躄一牝馬而自係風紀之重所過無不目而畏之以母老終養供母之外匡床敝席不辦一帷身自操作治畦汲水太守閔其勞遣二力助之閱三日往白守曰是使野人添事而溢口食也送之還日坐斗室體驗身心隨得隨錄曰儒者有向上工夫詩文其土苴耳吏部以其清苦祿以晉江教諭不受又奏給月米上言臣家素貧寒食本儉薄故臣母自安於臣之貧而臣亦得以自遣其貧非誠有及人之廉盡己之孝也古人行傭負米皆以爲親臣之貧尚未至是而臣母鞠臣艱苦獨至臣雖勉心力未酬涓滴且八十有六來日無多臣欲自盡尚恐不及上煩官帑心竊未安奏上不允母卒亦卒年五十八白沙謂時周平生履歷之難與己同而又過之求之古人如徐節孝者真百鍊金孝子也先生爲諸生時韓洪洞問莆人物於林俊俊曰從吾從吾者彭韶字也又問曰時周洪洞曰以莆再指一書生耶俊曰與時周語沈疴頓去其爲時所信如此

長史林緝熙先生光

林光字緝熙東莞人成化乙酉舉人己丑會試入京見白沙於神樂觀語大契從歸江門築室深山往來問學者二十年白沙稱其所見甚是超脫甚是完全蓋自李大厓而外無有過之者嘗言所謂聞道者在自得耳讀盡天下書說盡天下理無自得入頭處終是閒也甲辰復出會試中乙榜授平湖教諭歷兗州嚴州府學教授國子博士襄府左長史致仕年八十一卒初先生依白沙不欲仕晚以貧就平湖踰十年官滿來歸母氏無恙再如京師將求近地養親未及陳情遂轉兗州於是奏請改地冢宰不許未及一年而母氏卒白沙責其因升斗之祿以求便養無難處者特於語默進退斟酌早晚之宜不能自決遂貽此悔胸中不皎潔磊落也又言定山爲窘所逼無如之何走去平湖商量幾日求活一齊誤了也然則平湖之出亦白沙之所不許況兗州乎其許之也太過故其責之也甚切耳

記白沙語

先生初築陽春臺日坐其中用功或過幾致心病後悟其非且曰戒愼與恐懼斯言未云偏後儒不省事差失毫釐間蓋驗其弊而發也

○曾論明道論學數語精要前儒謂其太廣難入嘆曰誰家繡出鴛

鶩譜不把金針度與人○先生教人始初必令靜坐以養其善端嘗曰人所以學者欲聞道也求之書籍而弗得則求之吾心可也惡累於外哉此事定要覷破若覷不破雖日從事於學亦爲人耳斯理識得爲己者信之詩文末習著述等路頭一齊塞斷一齊掃去毋令半點芥蒂於胸中然後善端可養靜可能也始終一境勿助勿忘氣象將日佳造詣將日深所謂至近而神百姓日用而不知者自此迸出面目來也

州同陳秉常先生庸

陳庸字秉常南海人舉成化甲午科遊白沙之門白沙示以自得之學謂我否子亦否我然子亦然然否苟由我於子何有焉先生深契之張東所因先生以見白沙有問東所何如白沙曰余知庸庸知詡年五十以荊門州同入仕蒞任五日不能屈曲即解官杜門不入城郭督學王宏欲見之不可得同門謝祐卒而貧先生葬之病革設白沙像焚香再拜而逝年八十六

布衣李抱真先生孔修

李孔修字子長號抱真子居廣州之高第街混迹闤闠張東所識之引入白沙門下先生常輸糧於縣縣令異其容止問姓名不答第拱

手令叱之曰何物小民乃與上官爲禮仍拱手如前令怒笞五下竟無言而出白沙詩驢背推敲去君知我是誰如何又兩手竟受縣官笞所由作也父沒庶母出嫁誣先生奪其產縣令鞫之先生操筆置對曰母言是也令疑焉徐察其誣乃大禮敬詩字不蹈前人自爲戶牖白沙與之倡和謂其具眼嘗有詩曰月明海上開樽酒花影江邊落釣蓑白沙曰後廿年恐子長無此句性愛山水悉見之圖畫人爭酬之平居管寧帽朱子深衣入山讀書二十年不入城兒童婦女皆稱曰子長先生偶出山則遠近圜視以爲奇物卒無子葬於西樵山側鄉人祭社以先生配先生性不鑿相傳不慧之事亦容或有之或問子長廢人有諸陳庸曰子長誠廢人然實非愚霍韜曰白沙抗節振世之志惟子長張詡守而不失

謝天錫先生祐

謝祐字天錫南海人白沙弟子築室葵山之下幷日而食襪不掩脛名利之事纖毫不能入也嘗寄甘泉詩云生從何處來化從何處去化化與生生便是眞元處卒後附祀於白沙按先生之詩未免竟是禪學與白沙有毫釐之差

何時振先生廷矩

何廷矩字時振番禺人爲郡諸生及師白沙卽棄舉子業學使胡榮挽之秋試必不可白沙詩云良友惠我書書中竟何如上言我所憂下述君所趨開緘讀三四亦足破煩污丈夫立萬仞肯受尋尺拘不見柴桑人丐食能歡娛孟軻走四方從者數十車出處固有間誰能別賢愚鄙夫患得失較計於其初高天與深淵懸絕徒嗟吁

運使史惺堂先生桂芳

史桂芳字景實號惺堂豫之番陽人嘉靖癸丑進士起家歙縣令徵爲南京刑部主事晉郎中出知延平府以憂歸再補汝寧遷兩浙鹽運使以歸先是嶺表鄧德昌白沙弟子也以其學授傅明應先生讀書鹿洞傅一見奇之曰子無第豪舉爲聖門有正學可勉也手書古格言以勗先生矍然嚮學之意自此始其後交於近溪天臺在歙又與錢同文爲寮講於學者日力留都六載時譚者以解悟相高先生取行其所知而止不輕信也其學以知恥爲端以改過遷善爲實以親師取友爲依助若夫抉隱造微則俟人之自得不數數然也天臺曰史惺堂苦行修持人也天臺以御史督學南畿先生過之卒然面質曰子將何先天臺曰方今爲此官者優等多與賢書便稱良矣先生厲聲曰不圖子亦爲此陋語也子不思如何正人心挽士習以稱

此官耶拂衣而起天臺有年家子宜黜而留之先生曰此便是脚根站不定朝廷名器是爾作面皮物耶天臺行部值母諱曰供帳過華先生過見之勃然辭去謂天臺曰富貴果能移人兒家風素朴舍中所見居然改觀矣其直諒如此天臺又曰平生得三益友皆良藥也胡廬山爲正氣散羅近溪爲越鞠丸史惺堂爲排毒散先生在汝寧與諸生論學諸生或謁歸請益卽輟案牘對之刺刺不休談畢珍重曰愼無弁髦吾言也激發屬吏言辭慷慨遂平令故有貪名聞之流涕翻然改行郡有孝女不嫁養父先生躬拜其廬民俗爲之一變其守延平七日憂去而盡革從前無名之費若先生者不徒講之口耳矣

明儒學案卷六

明儒學案卷七

姚江黃黎洲先生著

豫章後學 夏鼎 熊育鑫 熊繩祖 熊育鏞 徐兆瀾 周聯慶 熊榮祖 蕭兆柄 劉秉楨 李真實 重刊

河東學案

河東之學悃愊無華恪守宋人矩矱故數傳之後其議論設施不問而可知其出於河東也若陽明門下親炙弟子已往往背其師說亦以其言之過高也然河東有未見性之譏所謂此心始覺性天通者爲非欺人語可見無事乎張皇耳

文清薛敬軒先生瑄

御史閻子與先生禹錫

侍郎張自在先生鼎

郡守段容思先生堅

廣文張默齋先生傑

文莊王凝齋先生鴻儒

布衣周小泉先生蕙同知薛思菴先生敬之
郡丞李介菴先生錦
文簡呂涇野先生柟
司務呂愧軒先生潛
張石谷先生節
李正立先生挺
郡守郭蒙泉先生郛
舉人楊天游先生應詔

姚江黃梨洲先生著

豫章後學 夏鼎 熊育鑫 熊繩祖 熊育鏞 徐兆瀾 周聯慶 熊榮祖 蕭兆柄 劉秉楨 李真寶 重刊

文清薛敬軒先生瑄

薛瑄字德溫號敬軒山西河津人母夢紫衣人入謁而生膚理如水晶五臟皆見家人怪之祖聞其啼聲曰非常兒也自幼書史過目成誦父貞爲滎陽教諭聞魏范二先生深於理學（魏純字希文山東高密人范俟考）俾先生與之游處講習濂洛諸書歎曰此問學正路也因盡棄其舊學父移教鄢陵先生補鄢陵諸生中河南永樂庚子鄉試第一明年登進士第宣德初授監察御史三楊欲識其面令人要之先生辭曰職司彈事豈敢私謁公卿三楊嗟歎焉差監湖廣銀場手錄性理大全通宵不寐遇有所得即便劄記正統改元出爲山東提學僉事先力行而後文藝人稱爲薛夫子時中官王振用事問三楊吾鄉誰可大用者皆以先生對召爲大理寺正卿三楊欲先生詣

振謝不可又令李文達傳語先生曰德遠亦爲是言乎拜爵公朝謝恩私室某所不能爲也已遇振於東閣百官皆跪先生長揖不拜振大恨之會有獄夫病死妾欲出嫁妻弗聽妾遂謂夫之死妻有力焉先生發其誣都御史王文承振意劾爲故出先生廷折文文言囚不服訊繫獄論死先生讀易不輟覆奏將決振有老僕者山西人也泣於竈下振怪問之曰聞薛夫子將刑故泣耳振問若何以知有薛夫子曰鄉人也具言其平生狀振憫然立傳旨戍邊尋放還家景泰初起南京大理寺卿蘇松饑民貸粟不得火有粟者之廬王文坐以謀叛先生抗疏辯之文謂人曰此老崛強猶昔中官金英奉使道出南京公卿餞於江上先生獨不往英至京言於衆曰南京好官唯薛卿耳壬申秋以原官召入英廟復辟遷禮部右侍郎兼翰林學士入內閣于忠肅王宮保就刑先生謂同列曰此事人所共知各有子孫石亨奮然曰事已定不必多言上召閣臣入議先生言陛下復登寶位天也今三陽發生不可用重刑同列皆無言詔減一等先生退而歎曰殺人以爲功仁者不爲也一日召對便殿上衣冠未肅先生凝立不入上知之即改衣冠先生乃入上惡石亨專徐天全李文達許道中退朝謂耿都御史令御史劾之先生謂諸公曰易戒不密春秋譏

珍倣宋版印

漏言禍從此始矣未幾諸公皆下詔獄上以先生學行老成甚重之一日奏對誤稱學生眷注遂衰先生亦知曹石用事非行道之時遂乞致仕臨行岳季方請教先生曰英氣太露最害事後季方敗憶先生之言曰正乃先生之罪人也居家八年從學者甚衆天順八年甲申六月十五日卒年七十有六留詩有七十六年無一事此心始覺性天通先生以復性爲宗濂洛爲鵠所著讀書錄大概爲太極圖說西銘正蒙之義疏然多重複雜出未經刪削蓋惟體驗身心非欲成書也其謂理氣無先後無無氣之理亦無無理之氣不可易矣又言氣有聚散理無聚散以日光飛鳥喻之理如日光氣如飛鳥理乘氣機而動如日光載鳥背而飛鳥飛而日光雖不離其背實未嘗與之俱往而有間斷之處亦猶氣動而理雖未嘗與之暫離實未嘗與之俱盡而有滅息之時羲竊謂理爲氣之理無氣則無理若無飛鳥而有日光亦可無日光而有飛鳥不可爲喻蓋以大德敦化者言之氣無窮盡理無窮盡不特理無聚散氣亦無聚散也以小德川流者言之日新不已不以已往之氣爲方來之氣亦不以已往之理爲方來之理不特氣有聚散理亦有聚散也先生謂水清則見毫毛心清則見天理喻理如物心如鏡鏡明則物無遁形心明則理無蔽迹羲竊

謂仁人心也心之所以不得爲理者由於昏也若反其清明之體即是理矣心清而見則猶二之也此是先生所言本領安得起而質之乎崔後渠言先生之佐大理王振引之也當時若辭而不往豈不愈於抗而得禍與于忠肅有社稷之功其受害也先生固爭之矣爭不得即以此事而去尤爲光明俊偉正統四年南安知府林竿言比者提學薛瑄以生員有疾罷斥者追所給廩米臣以爲不幸有疾罷之可也至於廩給糜費於累歲而追索於一朝固已難矣父兄不能保子弟之無疾今徵償納之苦孰肯令其就學上是之先生出處大節豈後學所敢輕議而盡美不能盡善所云連得間矣成化初諡文清隆慶五年詔從祀孔子廟庭稱先儒薛子

讀書錄

統體一太極即萬殊之一本各具一太極即一本之萬殊統體者即大德之敦化各具者即小德之川流○太極不可以動靜言然舍動靜亦無太極○人心有一息之怠便與天地之化不相似○爲學之要莫切於動靜動靜合宜者便是天理不合宜者便是人欲○人心一息之頃不在天理便在人欲未有不在天理人欲而中立者也○易傳曰易變易也變易以從道也如人之一動一靜皆變易也而動

珍倣宋版印

靜之合乎理者卽道也○所以陰陽變易者固理之所爲而理則一定而不易所謂恆也○少欲覺身輕○心中無一物其大浩然無涯○先儒曰在物爲理處物爲義如君之仁臣之敬父之慈子之孝之類皆在物之理也於此處各得其宜乃處物之義也○每日所行之事必體認某事爲仁某事爲義某事爲禮某事爲智庶幾久則見道分明○爲政以法律爲師亦名言也旣知律己又可治人○二十年治一怒字尙未消磨得盡以是知克己最難○性非特具於心者爲是凡耳目口鼻手足動靜之理皆是也非特耳目口鼻手足動靜之理爲是凡天地萬物之理皆是也故曰天下無性外之物而性無不在○凡聖賢之書所載者皆道理之名也至於天地萬物所具者皆道理之實也書之所謂某道某理猶人之某名某姓也有是人之姓名則必實有是人有是道理之名則必有是道理之實學者當會於言意之表○湖南靖州讀論語坐久假寐旣覺神氣淸甚心體浩然若天地之廣大蓋欲少則氣定心淸理明其妙難以語人○無形而有理所謂無極而太極有理而無形所謂太極本無極形雖無而理則有理雖有而形則無此純以理言故曰有無爲一老氏謂無能生有則無以理言有以氣言以無形之理生有形之氣截有無爲兩段

故曰有無爲二○天下無性外之物而性無不在君臣父子夫婦長幼朋友皆物也而其人倫之理即性也佛氏之學曰明心見性者彼旣舉人倫而外之矣安在其能明心見性乎若果明心見性則必知天下無性外之物而性無不在必不舉人倫而外之也今旣如此則偏於空寂而不能眞知心性體用之全審矣○盡心工夫全在知性知天上蓋性即理而天即理之所從出人能知性知天則天下之理無不明而此心之理無不貫苟不知性知天則一理不通而心即有礙又何以極其廣大無窮之量乎是以知盡心工夫全在知性知天上○博文是明此理約禮是行此理○無欲非道人道自無欲始○舉目而物存物存而道在所謂形而下形而上是也○誠不能動人當責諸己不能感人皆誠之未至○太極一圈中虛無物蓋有此理而實無形也○常沉靜則含畜義理而應事有力○少言沉默最妙○厚重靜定寬緩進德之基○無欲則所行自簡○敬則中虛無物○處人之難處者正不必厲聲色與之辯是非較短長○纔舒放即當收斂纔言語便思簡默○事已往不追最妙○人能於言動事爲之間不敢輕忽而事事處置合宜則浩然之氣自生矣○主靜以立其本慎動以審其幾○心常主靜物來應之○費是隱之流行處隱

珍倣宋版印

是費之存生處體用一源顯微無間如陰陽五行流行發生萬物費也而其所以化育之機不可見者隱也○矯輕警惰只當於心志言動上用力○須是盡去舊習從新做起張子曰濯去舊見以來新意余在辰州府五更忽念己德所以不大進者正爲舊見纏繞未能掉脫故爲善而善未純去惡而惡未盡自今當一刮舊習一言一行求合於道否則匪人矣○若胸中無物殊覺寬平快樂○一念之非即遏之一動之妄即改之○心虛有內外合一之氣象○俯仰天地無窮知斯道之大覺四海之小矣○工夫切要在夙夜飲食男女衣服動靜語默應事接物之間於此事事皆合天則則道不外是矣○凡大小有形之物皆自理氣至微至妙中生出來以至於成形而著張子曰其來也幾微易簡其究也廣大堅固○一念之差心即放纔覺其差而心即正○水清則見毫毛心清則見天理○人性分而言之有五合而言之則一一不可見而五則因發見者可默識也○須知己與物皆從陰陽造化中來則知天地萬物爲一體矣○夫子所謂一即統體之太極也夫子之所謂貫即各具之太極也○主一則氣象清明二三則昏昧矣○將聖賢言語作一場話說學者之通患○志動氣多爲理氣動志多爲欲○學至於心中無一物則有得矣○

珍倣宋版印

言不謹者心不存也心存則言謹矣○余於坐立方向器用安頓之類稍有不正卽不樂必正而後已非作意爲之亦其性然○言動舉止至微至粗之事皆當合理一事不可苟先儒謂一事苟其餘皆苟矣○觀太極中無一物則性善可知有不善者皆陰陽雜糅之渣滓也○天之氣一著地之氣卽成形如雪霜雨露天氣也得地氣卽成形矣○纔敬便渣滓融化而不勝其大不敬則鄙吝卽萌不勝其小矣○知止所包者廣就身言之如心之止德目之止明耳之止聰手之止恭足之止重之類皆是就物言之如子之止孝父之止慈君之止仁臣之止敬兄之止友弟之止恭之類皆是蓋止者止於事物當然之則則卽至善之所在知止則靜安慮得相次而見矣不能知止則耳目無所加手足無所措猶迷方之人搖搖而莫知所之也○知止則動靜各當乎理○大事謹而小事不謹則天理卽有欠缺間斷○程子性卽理也之一言足以定千古論性之疑○人惻然慈良之心卽天地藹然生物之心○覺人詐而不形於言有餘味○心一操而羣邪退聽一放而羣邪並興○纔收斂身心便是居敬纔尋思義理便是窮理二者交資而不可缺一也○居敬有力則窮理愈精窮理有得則居敬愈固○初學時見居敬窮理爲二事爲學之久則見

得居敬時敬以存此理窮理時敬以察此理雖若二事而實則一矣○人不持敬則心無頓放處○人不主敬則此心一息之間馳騖出入莫知所止也○不能克己者志不勝氣也○讀書以防檢此心猶服藥以消磨此病病雖未除常使藥力勝則病自衰心雖未定常得書味深則心自熟久則衰者盡而熟者化矣○處事了不形之於言尤妙○廣大虛明氣象無欲則見之○當事務叢雜之中吾心當自有所主不可因彼之擾擾而遷易也○心細密則見道心粗則行不著習不察○學不進率由於因循○事事不放過而皆欲合理則積久而業廣矣○究竟無言處方知是一源○不識理名難識理須知識理本無名○爲學時時處處是做工夫處雖至陋至鄙處皆當存謹畏之心而不可忽且如就枕時手足不敢妄動心不敢亂想這便是睡時做工夫以至無時無事不然○工夫緊貼在身心做不可斯須外離○心一放卽悠悠蕩蕩無所歸著○讀前句如無後句讀此書如無他書心乃有入○下學學人事上達達天理也人事如父子君臣夫婦長幼之類是也天理在人如仁義禮智之性在天如元亨利貞之命是也只是合當如是便是理○理只在氣中決不可分先後如太極動而生陽動前便是靜靜便是氣豈可說理先而氣後也

○心一收而萬理咸至至非自外來也蓋常在是而心存有以識其妙耳心一放而萬理咸失失非向外馳也蓋雖在是而心亡無以察其妙耳○朱子曰聚散者氣也若理只泊在氣上初不是凝結自爲一物但人分上合當然者便是理不可以聚散言也○理既無形安得有盡有形者可以聚散言無形者不可以聚散言○石壁上草木最可見生物自虛中來虛中則實氣是也○一切有形之物皆呈露出無形之理來所謂無非至教也○人心皆有所安有所不安安者義理也不安者人欲也然私意勝而不能自克則以不安者爲安矣○心存則因器以識道○看來學者不止應事處有差只小小言動之間差者多矣○心無所止則一日之間四方上下安往而不至哉○理如物心如鏡鏡明則物無遁形心明則理無蔽迹昏則反是○釋子不問賢愚善惡只順己者便是○理如日光氣如飛鳥理乘氣機而動如日光載鳥背而飛鳥飛而日光雖不離其背實未嘗與之俱往而有間斷之處亦猶氣動而理雖未嘗與之暫離實未嘗與之俱盡而有滅息之時氣有聚散理無聚散於此可見○理如日月之光小大之物各得其光之一分物在則光在物物盡則光在光○三代之治本諸道漢唐之治詳於法○細看植物亦似有心但主宰乎

一 珍倣宋版印

是使之展葉開花結實者卽其心也○略有與人計較短長意卽是渣滓消融未盡○人只於身內求道殊不知身外皆道渾合無間物無內外也○不可將身外地面作虛空看蓋身外無非眞實之理與身內之理渾合無間也○聖人應物雖以此理應之其實理只在彼物上彼此元不移也○聖人治人不是將自己道理分散與人只是物各付物只主於敬纔有卓立不然東倒西歪卒無可立之地○此理眞實無妄如天地日月風雲雨露草木昆蟲陰陽五行萬物萬事皆有常形定則亘古今而不易若非實理爲之主則歲改而月不同矣○方爲一事卽欲人知淺之尤者○理明則心定○順理都無一事○理明後見天地萬物截然各安其分○知言者書無不通理無不明之謂○學至於約則有得矣○天下無無理之物無無物之理○凡所爲當下卽求合理勿曰今日姑如此明日改之一事苟其餘無不苟矣○心有毫髮所繫卽不得其平○氣無涯而形有限故天大地小○必使一言不妄發則庶乎寡過矣○人只爲耳目口鼻四肢百骸做得不是壞了仁義禮智信若耳目口鼻四肢百骸做得是便是仁義禮智信之性詩所謂有物有則孟子踐形者是也○仁是嫩物譬如草木嫩則生老則枯○知至至之窮理也知終終之盡性

以至於命也○博文知崇也約禮禮卑也○分外之事一毫不可與○言要緩行要徐手要恭立要端以至作事有節皆不暴其氣之事怒至於過喜至於流皆暴其氣也○大而人倫小而言動皆理之當然纔有有爲之心雖所行合理亦是人欲○絕謀利計功之念其心超然無係○立得脚定却須寬和以處之○習於見聞之久則事之雖非者亦莫覺其非矣○非禮勿視聽言動便是克己視聽言動之合禮處便是復禮○知覺不可訓仁所以能知覺者仁也○教人言理太高使人無可依據○四方上下往來古今實理實氣無絲毫之空隙無一息之間斷○爲學不實無可據之地人於實之一字當念念不忘隨事隨處省察於言動居處應事接物之間必使一念一事皆出於實斯有進德之地○心虛能涵萬理○繼之者善化育之始流行而未已陽也成之者性人物稟受一定而不易陰也○靜坐中覺有雜念者不誠之本也惟聖人之心自然真一虛靜無一毫之雜念○循理卽率性也自一身之耳目口鼻手足百體各順其則以至人倫庶事各得其宜皆循理也○順理心安身亦安矣○事來則順應之不可無故而先生事端○常存心於義理久久漸明存心於閑事卽於義理日昧矣○凡涉於有爲者皆氣其無爲者道體也○心

常存卽默識道理無物不有無時不然心苟不存茫無所識其所識者不過萬物形體而已○冲漠無朕而萬象昭然已具蓋纔有理卽有象初非懸空之理與象分而爲二也○學問實自靜中有得不靜則心既雜亂何由有得○篤志力行而不知道終是淺○涵養省察雖是動靜交致其力然必靜中涵養之功多則動時省察之功易也○在一心之理與在萬事之理本無二致惟聖人一心之理能通萬事之理者以其純乎天理之公也○名節至大不可妄交非類以壞名節○艮其背不獲其身行其庭不見其人只是動靜各止於理而不知有人我也○物格是知逐事逐物各爲一理知至是知萬物萬事通爲一理○孟子之知言卽大學之物格知至也○孟子之知性卽大學之物格盡心卽知至也○道無處不在故當無處不謹○天道流行命也命賦於人性也性與心俱生者也性體無爲人心有覺故心統性情○不責人卽心無凝冰焦火之累○天地間理無縫隙實不可分○元者善之長亨利貞皆善也仁爲善之長禮義智皆善也性命一理也有善而無惡也明矣○中庸言明善不言明性善卽性也○雜慮少則漸近道○心每有妄發以經書聖賢之言制之○一息之運與古今之運同一塵之土與天地之土同一夫之心與億

兆之心同○致知格物於讀書得之者多○論性不論氣不備有二
說專論性不論氣則性亦無安泊處此不備也專論性不論氣則雖
知性之本善而不知氣質有清濁之殊此不備也專論氣不論性不明
亦有二說如告子以知覺運動之氣爲性而不知性之爲理此不明
也如論氣質有清濁之殊而不知性之本善此不明也二之則不是
蓋理氣雖不相雜亦不相離天下無無氣之理亦無無理之氣氣外
無性性外無氣是不可二之也若分而二是有無氣之性無性之氣
矣故曰二之則不是○程子曰四端不言信者既有誠心爲四端則
信在其中矣愚謂若無誠心則四端亦無矣故學道以誠心爲本○
鬼神者天地陰陽之靈魂魄者人身陰陽之靈

御史閻子與先生禹錫

閻禹錫字子與洛陽人年十九舉正統甲子鄉試明年授昌黎訓導
母喪廬墓詔旌於門聞薛文清講學往從之游補開州訓導遂以所
受於文清者授其弟子人多化之李文達薦爲國子學正轉監丞干
謁不行謫徽州府經歷尋復南京國子助教監丞超陞御史提督畿
內學政勵士以原本之學講明太極圖說通書使文清之學不失其
傳者先生之力也成化丙申卒所著有自信集或問先生與白良輔

於文清文清曰洛陽似此兩人也難得但恐後來立脚不定往別處走觀先生所立雖未知所得深淺亦不負文清之所戒矣

侍郎張自在先生鼎

張鼎字大器陝之咸甯人成化丙戌進士授刑部主事遷員外郎出知太原府晉山西參政仍置府事轉河南按察使宏治改元擢右僉都御史巡撫保定等府入爲戶部右侍郎乙卯卒於家年六十五先生少從父之任蒲州得及薛文清之門終身恪守師說不敢少有踰越文清歿後其文集散漫不傳先生搜輯較正凡數年始得成書

郡守段容思先生堅

段堅字可久號容思蘭州人也年十四爲諸生見陳緱山明倫堂上銘羣居慎口獨坐防心慨然有學聖之志於是動作不苟正統甲子領鄉薦己巳英宗北狩應詔詣闕上書不報自齊魯以至吳越尋訪學問之人得閻禹錫白艮輔以泝文清之旨踰年而歸學益有得登景泰甲戌進士第歸而讀書越五年出知福山縣以絃誦變其風俗謂天下無不可化之人無不可變之俗六載而治行鬱然可觀李文達薦之擢知萊州府以憂去補南陽府建志學書院與人士講習濂洛之書其童蒙則授以小學家禮祀烈女逬巫尼凡風教之事無不

盡心八年而後歸成化甲辰卒年六十六嘗言學者主敬以致知格物知吾之心卽天地之心吾之理卽天地之理吾身可以參贊者在此其形於自得者詩云風清雲淨雨初晴南畝東阡策杖行幽鳥似知行樂意緜楊烟外兩三聲先生雖未嘗及文清之門而郡人陳祥贊之曰文清之統惟公是廓則固私淑而有得者也

廣文張默齋先生傑

張傑字立夫號默齋陝之鳳翔人正統辛酉鄉薦授趙城訓導以講學爲事文清過趙城先生以所得質之文清爲之證明由是其學益深丁外艱服闋遂以養母不出母喪畢爲責躬詩曰年紀四十四此理未眞知晝夜不勤勉遷延到幾時無復有仕進意其工夫以涵養須用敬進學在致知二語爲的用五經教授名重一時當道聘攝固城學事先生以鄉黨從遊頗衆不能遠及他方辭之段容思贈詩聖賢心學眞堪學何用奔馳此外尋先生答詩亦有今宵忘寢論收心之句學者爭傳誦焉有勸先生著書者曰吾年未艾猶可進也俟有所得爲之未晚成化壬辰十月卒年五十二

文莊王凝齋先生鴻儒

王鴻儒字懋學號凝齋河南南陽人成化丁未進士授南戸部主事

出爲山西提學僉事進副使孝宗與劉大夏論人才曰藩臬中如王鴻儒他日可大用大夏對曰此人才學不易得誠如聖諭正德初致仕已巳起國子祭酒不數月憂去服除改南戶部侍郎召入吏部時冢宰爲陸完喜權術先生諷之曰惟誠與直能濟國事趨名者亦趨利於社稷生民無益也未幾完果敗辛酉陞南戶部尚書宸濠反武宗南巡勤勞王事疽發背卒先生書法端勁少未爲人知里人有爲府史者嘗以其書置府中知府段堅偶見而奇之史對曰里中王生書也堅卽召見曰子風神清徹豈塵埃人物遂收之門下故先生之學本之段氏

凝齋筆語

乾道變化者五月一陰生乾道變矣六月二陰生乾道再變矣至十月則乾道變極陽盡而純陰以成坤卦所謂化也此正秋冬之時百穀草木各正性命保合太和乾之利貞也○大明終始六位時成時乘六龍以御天六位六虛位自子至巳也六龍六陽爻自初九至上九也聖人大明乾道之終始則見陽之六位以時而成自十一月一陽生則畫一剛於初位是乘以一龍也十二月二陽生則畫一剛於二位是乘以二龍也餘四位四畫准此乘乃加乘之乘猶加載也天

之六陽時序如此聖人加畫乾卦亦如此所以御天也○大哉乾乎剛健中正純粹精也此以七者贊乾之德剛言其不屈健言其不息中言其無過不及正言其不偏不倚純言其不二粹言其不雜精則進乎粹矣純粹精譬如粳米中無粟米便是純也粳米雖純矣若顆粒有大小便是不粹一一匀稱便是粹矣米雖匀稱炊飯有不香者便是不精炊飯又香乃是精也愚嘗以爲剛健中正純粹精七者皆是贊乾○乾初九文言曰確乎其不可拔潛龍也此言初九君子固守不屈之節然也拔者掣而出之如蛇龍屬也蛇入穴人見其尾雖拔之幾斷亦不肯出此亦可以證潛龍之確乎不拔也○陽主笑陰主哭故同人號咷指六二笑指九五也○撝謙行之謙也鳴謙言之謙也○觀雷出地奮豫則雷在地中可推矣○不事王侯高尚其事蠱而治矣奉身而隱也○澤中有雷雷之蟄也故君子體之嚮晦入宴息○噬嗑震下離上彖曰雷電合而章始以雷電爲一物謂電即雷之光也及觀歷候八月雷始收聲十月亡電則相去兩月乃知非一物矣雷得電而聲愈震電得雷而光愈熠故曰雷電合而章○君子得輿小人剝廬陽爲君子陰爲小人皆就在上一位而言君子居之則爲得輿上九之陽不動衆陰共載一陽也小人居之則爲剝廬

珍倣宋版印

上九亦變而爲陰羣陰失庇也五陰如輿一陽如廬○大過彖棟橈本末弱也先儒所謂人主之職在論一相者信哉○六十四卦者八卦之蘊也八卦者兩儀之蘊也兩儀者太極之蘊也○男女有別然後父子親萬世格言也○下武自三后言之也三后在天武王在下故曰下武衞武公諸侯也其詩乃見於雅蓋爲王卿士時也○載色載笑色怒也載色以怒而復載笑非怒也乃教也匪怒應載色伊教應載笑○虞夏雍州貢道浮于積石至于龍門西河自今日觀之則漕運當由北中行者千里由是知唐虞北邊疆境尚遠在河外也○左氏隱三年四月鄭祭足帥師取温之麥按夏四月正麥熟之時故曰取温之麥若依趙氏謂時月皆改則此當爲夏之二月豈可取麥者乎○周之郊祀亦有迎尸以爲迎后稷之尸也然據禮家說祭山川皆有尸則恐祭天亦有尸也○或問周禮祀天神地示人鬼之樂何以無商音文公先生曰五音無一則不成樂非是無商音只是無商調先儒謂商調是殺聲鬼神畏商調○罍尊陽也在阼犧尊陰也在西堂上以陽爲主也縣鼓陽也在西應鼓陰也在東堂下以陰爲主也○魏主嗣常密問崔浩曰屬者日食趙信之分朕疾彌年不愈恐一旦不諱此以左氏載日食曰魯衞當之者同是日食之災誠有

分野○史彌遠雖非賢相猶置人才簿書賢士大夫姓名以待用今有若人乎宜賢才之日遺也見方虛谷撰呂午家傳○大學在親民程子曰親當作新愚按親新古字通用觀左氏石碏之言新間舊作親間舊此可見矣○孔子之謂集大成樂一變爲一成尚非大成九成皆畢然後謂之大成○孟子之學明在於事親事長而幽極於知性知天上下本末一以貫之此所以爲醇乎醇之儒也彼莊老者幽明二致首尾衡決世儒方且尊以爲聖哲豈知道之論乎○顏氏家訓曰夫遙大之物豈可幾量日爲陽精月爲陰精星爲萬物之精儒家所安也星墜爲石精若是石不得有光性又質重何所繫焉星與日月形色同爾日月又當是石也石既牢密烏兎焉容石在氣中豈能獨運日月星辰若皆是氣氣體輕浮當與天合往來環轉不得錯違其間遲疾理宜一等何故日月五星二十八宿各有度數移動不均致堂辨曰考之六經惟春秋書隕石於宋不言星墜爲石也既以星爲石此皆推臆之說非聖人之言也愚謂日月星辰皆氣之精而麗於天體如火光不能搏執其隕而爲石者以得地氣故耳非在天即石也有隕未至地而光氣遂散者亦不爲石也

布衣周小泉先生蕙

周蕙字廷芳號小泉山丹衛人徙居秦州年二十聽講大學首章奮然感動始知讀書問字爲蘭州戍卒聞段容思講學時往聽之久之諸儒令坐聽既而與之坐講容思曰非聖弗學先生曰惟聖斯學於是篤信力行以程朱自任又受學於安邑李昶李昶者景泰丙子舉人授清水教諭文清之門人也恭順侯吳瑾總兵於陝聘爲子師先生固辭或問故先生曰總兵役某則某軍士也召之不敢不往若使教子則某師也召之豈敢往哉瑾遂親送二子於其家先生始納贄焉肅藩樂人鄭安鄭寧皆乞除樂籍從周先生讀書其感人如此成化戊子容思至小泉訪之不遇留詩而去小泉泉水隔烟蘿一濯冠纓一浩歌細細靜涵洙泗脈源源動鼓洛川波風埃些子無由入寒玉一泓清更多老我未除塵俗病欲煩洗雪起沉疴白雲封鎖萬山林卜築幽居深更深養道不干軒冕貴讀書探取聖賢心何爲有大如天地須信無窮自古今欲鼓遺音絃絕後關閩濂洛待君尋先生以父遊江南久之不返追尋江湖間至揚子而溺天下莫不悲之門人最著者渭南薛敬之秦州王爵敬之自有傳爵字錫之以操存爲學仕至保保安州判

同知薛思庵先生敬之

薛敬之字顯思號思庵陝之渭南人生而姿容秀美左膊有文字黑入膚內五歲卽喜讀書居止不同流俗鄉人以道學呼之成化丙戌貢入太學時白沙亦在太學一時相與並稱丙午謁選山西應州知州不三四歲積粟四萬餘石年饑民免流亡逋而歸者三百餘家南山有虎患倣昌黎之鱷魚爲文祭之旬日間虎死蕭家寨平地暴水湧出幾至沉陷亦爲文祭告水卽下洩聲如雷鳴奏課爲天下第一陞華府同知居二年致仕正德戊辰卒年七十四先生從周小泉學常雞鳴而起候門開灑掃設坐至則跪以請教故謂其弟子曰周先生躬行孝弟其學近於伊洛吾以爲師陝州陳雲逵忠信狷介凡事皆持敬吾以爲友吾所以有今日者多此二人力也先生之論特詳於理氣其言未有無氣質之性是矣而云一身皆是氣惟心無氣氣中靈底便是心則又岐理氣而二之也氣未有不靈者氣之行處皆是心不僅腔子內始是心也卽腔子內亦未始不是氣耳

思庵野錄

心乘氣以管攝萬物而自爲氣之主猶天地乘氣以生養萬物而亦自爲氣之主〇一身皆是氣惟心無氣隨氣而爲浮沉出入者是心也人皆是氣氣中靈底便是心故朱子曰心者氣之精爽〇心本是

珍倣宋版印

個虛靈明透底物事所以都照管得到一有私欲便卻昏蔽了連本體亦是昧塞如何能照管得物○學者始學切須要識得此心是何物此氣是何物心主得氣是如何氣役動心是如何方好著力進裏面去○千古聖賢非是天生底只是明得此心分曉○天地間凡有盛衰強弱者皆氣也而理無盛衰強弱之異先儒謂至誠貫金石則理足以馭氣矣○德無個大小且指一物始根便是大德發生條達千枝萬柯都是那根上出來便是小德○接事多自能令氣觸動心敬則不能爲之累否則鮮不爲之累○心之存則海水之不波不存則沙苑之揚灰○仁則是心求仁非一方也但心有所存主處便是求仁觀諸孔門問答可見師之教弟子之學都只是尋討個正當底心心外無餘事○太極圖明此性之全體西銘狀此性之大用○寂然不動感而遂通天下之故標貼出個心之體用來程子因而就說個體用一源顯微無間包括這兩句○有朋自遠方來與天下歸仁之旨同○活潑潑地只是活動指鳶魚也便見得理氣說得面前活動如顏子卓爾孟子躍如模樣○天地無萬物非天地也人心無萬事非人心也天地無物而自不能不物物人心無事而自不能不事事○今天下只是一個名利關住扎了纏住多少俊才可勝歎哉氣

化然也○氣化人事不可歧而二之須相參而究之然後可以知天道消息世道隆替○因天地而定乾坤因卑高而位貴賤因動靜而斷剛柔因方類物羣而生吉凶因天象地形而見變化此聖人原易之張本以示人故曰易與天地準○太極圖雖說理亦不曾離了氣先儒解太極二字最好謂象數未形而其理已具之稱形器已具而其理無眹之目象數未形一句說了理形器已具一句却是說了氣恁看理氣何曾斷隔了○雨暘燠寒風之有無見得天無心處風雷變化氣使然也天本無心以人爲心聖人本無心以天處心其未至於聖人者可不盡希天之學乎何謂希天曰自敬始○凡所作爲動心只是操存之心未篤篤則心定外物不能奪雖有所爲亦不能動在天之風霜雨露者陰陽之質在地之草木水石者剛柔之質在人之父子君臣者仁義之質陰陽一剛柔也剛柔一仁義也陰陽氣也離那質不得剛柔質也離那氣不得仁義性也離那氣質不得未有無氣之質未有無質之氣亦未有無氣質之性偶觀杏實會得一本萬殊道理當時種得只是一本如今結了百千萬個不亦殊乎一本萬殊萬殊一本有甚時了期就見得天命不已氣象出來○古來用智莫過大禹觀治水一事只把一江一河便分劃天地○堯舜之世

珍倣宋版印

以德相尚故無讖緯術數之可言漢唐以下僞學日滋故有讖緯術數之事○古人之論處家有曰義有曰忍蓋忍字無涯涘義字有正救獨用忍不得獨用義亦不得上下名分不得不用義出入日用不得不用忍義與忍相濟而後處家之道備矣○孔門優游涵泳只是調護個德性好凡問政問仁問士問禮與行不過令氣質不走作掘得活水出來○夜氣與浩然之氣不同彼以全體言此以生息言但浩然章主於氣牛山章主於性學者互相攷之有以知性氣之不相離也○天高地下萬物流行分明個禮樂自然

郡丞李介庵先生錦

李錦字在中號介庵陝之咸寧人受學於周小泉天順壬午舉於鄉入太學司成邢讓深器之讓坐事下獄先生率六館之士伏闕訟冤由是名動京師以主敬窮理爲學故然諾辭受之閒皆不敢苟居憂時巡撫余肅敏請教其子先生以齊衰不入公門固辭肅敏聞其喪不能舉賻以二櫬先生卻其一曰不可因喪爲利也郡大夫賻米以狀無俸字辭之成化甲辰謁選松江府同知後二年卒年五十一

姚江黃梨洲先生著

豫章後學 夏鼎 熊育鑫 熊繩祖 熊育鏞 徐兆瀾 周聯慶 熊榮祖 蕭兆柄 劉秉楨 李真實 重刊

文簡呂涇野先生柟

呂柟字仲木號涇野陝之高陵人正德戊辰舉進士第一授翰林修撰逆瑾以鄉人致賀却之瑾不說已請上還宮中御經筵親政事益不爲瑾所容遂引去瑾敗起原官上疏勸學危言以動之乾清宮災應詔言六事一逐日臨朝二還處宮寢三躬親大祀四日朝兩宮五遣去義子番僧邊軍六撤回鎮守中官皆武宗之荒政不聽復引去世廟卽位起原官甲申以修省自劾語涉大禮下詔獄降解州判官不以遷客自解攝守事興利除害若嗜欲在解三年未嘗言及朝廷事移宗人府經歷陞南考功郎中尙寶司卿南太常寺少卿入爲國子祭酒轉南禮部右侍郎公卿謁孝陵衣緋先生曰望墓生哀不宜吉服遂易素上將視顯陵累疏諫止霍文敏與夏貴溪有隙文敏爲

南宗伯數短貴溪於先生先生曰大臣和衷宜規不宜謗也文敏疑其黨貴溪已而先生入賀貴溪亦暴文敏之短先生曰霍君性少偏故天下才公爲相當爲天下惜才貴溪亦疑其黨文敏會奉先殿災九卿自陳貴溪遂准先生致仕壬寅七月朔卒年六十四賜諡文簡

先生師事薛思菴所至講學未第時即與崔仲凫講於寶邛寺正德末家居築東郭別墅以會四方學者別墅不能容又築東林書屋鎮守廖奄張甚其使者過高陵必誡之曰呂公在汝不得作過也在解州建解梁書院選民間俊秀歌詩習禮九載南都與湛甘泉鄒東廓共主講席東南學者盡出其門嘗道上黨隱士仇欄遮道問學有梓人張提聞先生講自悟其非曾妄取人物追還主者先生因爲詩云豈有仁人能過化雄山村裏似堯時朝鮮國聞先生名奏請其文爲式國中先生之學以格物爲窮理及先知而後行皆是儒生所習聞而先生所謂窮理不是泛常不切於身只在語默作止處驗之所謂知者即從聞見之知以通德性之知但事事不放過耳大概工夫下手明白無從躲閃也先生議良知以爲聖人教人每因人變化未嘗規規於一方也今不論其資稟造詣刻數字以必人之從不亦偏乎夫因人變化者言從入之工夫也良知是言本體本體無人不同豈

珍倣宋版印

得而變化耶非惟不知陽明幷不知聖人矣

呂涇野先生語錄

問長江之上大海之濱風波之險可畏也至於風平浪息漁人出沒其間鷗鳥飛鳴其中若相狎而玩者何也水忘機也漁人鷗鳥亦忘機也若乃吾人之宅心宜若平且易焉已矣而反有不可測者則其爲風波之險莫大焉此莊生所謂險於山川者也是故機心忘而後可以進德矣曰只看如何平易平易一差恐靡然矣○問靜時體認天理易動時體認天理難故君子存靜之體認者以達乎動之泛應者則靜亦定動亦定其爲成德孰禦焉曰動時體認天理猶有持循處靜却甚難能於靜則於動沛然矣○光祖曰物之遇雨或生或長其效甚速人遇教而不興者何也先生曰只是中心未實如五穀之種或蠹或浥難乎其爲苗矣○問交友居家處世不能皆得善人甚難處先生曰此須有憐憫之心方好能憐憫便會區處如妻妾之愚兄弟之不肖不可謂他不是也此仁知合一之道○問今之講學多有不同者如何曰不同乃所以講學既同矣又安用講耶故用人以治人者不可皆求同求同則讒諂面諛之人至矣道通曰果然治天下只看所重輕○問身甚弱若有作盜賊的力量改而爲聖人方易

先生曰作聖人不是用這等力量見得善處肯行便是力量溺於流俗物欲者乃弱也○先生聞學者往求權貴門下乃曰人但伺候權倖之門便是喪其所守是以教人自甘貧做工立定脚根自不移○問患交接人先生曰須要寬綽些不可拘拘守秀才規矩見大人君子進退升降然諾語默皆學○先生曰陳白沙徵到京吏部尚書問曰貴省官如何曰與天下省官同請對坐卽坐無辭此儘樸實有所養羅一峯訪康齋見起御聘牌坊乃謂其子云不必有此牌坊不見康齋而退此羅公高處康齋孔門之原憲也而又有此乎○先生曰昔者聞有一僉事求見王鼇菴公云西來一件爲黃河二件爲華山三件爲見先生王公云若做官不好縱見此三者亦不濟事這般高不受人謟○大器問動靜不失其時曰正是仕止久速各當其可汝今且只於語默作止處驗也○黃惟因問白沙在山中十年作何事先生曰用功不必山林市朝也做得昔終南僧用功三十年儘禪定也有僧曰汝習靜久矣同去長安柳街一行及到見了妖麗之物粉白黛綠心遂動了一旦廢了前三十年工夫可見亦要於繁華波蕩中學故於動處用功佛家謂之消磨吾儒謂之克治○應德問觀喜怒哀樂未發之前氣象如何觀先生曰只是處靜之時觀字屬知屬

動只是心上覺得然其前只好做戒愼恐懼工夫就可觀也○南昌裘汝中問聞見之知非德性之知先生曰大舜聞一善言見一善行沛然莫之能禦豈不是聞見豈不是德性然則張子何以言不梏於見聞曰吾之知本是良的然被私欲迷蔽了必賴見聞開拓師友夾持而後可雖生知如伏羲亦必仰觀俯察汝中曰多聞擇其善而從之多見而識之乃是知之次也是以聖人將德性之知不肯自居止謙爲第二等工夫曰聖人且做第二等工夫吾輩工夫只做第二等的也罷殊不知德性與聞見相通原無許多等第也○許象先問樂在其中與不改其樂樂字有淺深否先生曰汝不要管他淺深今日只求自己一個樂耳大器曰然求之有道乎先生曰各人揀自己所累處一切盡除去則自然心廣體胖然所謂累處者不必皆是聲色貨利粗惡的只於寫字做詩凡嗜好一邊皆是程子曰書札於儒者事最近然一向好著亦自喪志可見○有一名公曰近日對某講學者惟少某人耳先生笑曰程子說韓持國曰公當求人到教人來求公邪若曰這道講須下人去講不然有道者他肯來尋公講耶又曰某尸位未嘗建得事業先生曰不然賢人君子在位不必拘拘如何是建功創業但一言一動皆根道理在位則僚屬取法在下則軍民

畏服又使天下之人知某處有某公在卒然有急可恃有何不可其人曰若是不可不慎矣○有一相當國其弟過陝西與對山曰某回京與家兄說薦舉起用對山笑曰某豈是在某人手裏取功名的人先生曰此亦可謂慷慨之士或曰但欠中道耳曰士但有此氣象亦是脫俗怎能勾便中庸也○先生見林頴氣象從容指謂大器曰人動靜從容言語安詳不惟天理合當如此且起觀者敬愛就是學問也學者不可無此氣象但須要先有諸中矣○時耀問收放心在何處先生曰須於放的處去收則不遠而復矣○先生謂諸生曰我欲仁斯仁至矣今講學甚高遠某與諸生相約從下學做起要隨處見道理事父母這道理待兄弟妻子這道理待奴僕這道理可以質鬼神可以對日月可以開來學皆自切實處做來大器曰夫仁亦在乎熟之而已矣曰然○問爲學曰只要正己孔子曰上不怨天下不尤人知我者其天乎若求人知路頭就狹了天從那處去尋只在得人得人就是得天書曰天視自我民視天聽自我民聽學者未省曰本之一心驗之一身施之宗族推之鄉黨然後達之政事無往不可凡事要仁有餘而義不足則人無不得者○詔問講良知者如何先生曰聖人教人每因人變化如顏淵問仁夫子告以克己復禮仲弓則

珍倣宋版印

告以敬恕樊遲則告以居處恭執事敬與人忠蓋隨人之資質學力所到而進之未嘗規規於一方也世之儒者誨人往往不論其資稟造詣刻數字以必人之從不亦偏乎○問致良知先生曰陽明本孟子良知之說提掇教人非不警切但孟子便兼良能言之且人之知行自有先后必先知而後行不可一偏傳說曰非知之艱聖賢亦未嘗即以知為行也縱使周子教人曰靜曰誠程子教人曰敬張子以禮教人諸賢之言非不善也但亦各執其一端且如言靜則人性偏於靜者須必求一個道理曰誠曰敬固學之要但未至於誠敬尤當有入手處如夫子魯論之首便只曰學而時習言學則皆在其中矣○論格物致知世之儒者辨論莫太高遠乎先生謂若事事物物皆要窮盡何時可了故謂只一坐立之間便可格物何也蓋坐時須要格坐之理如尸是也立時須要格立之理如齋是也凡類此者皆是如是則知可致而意可誠矣又曰先就身心所到事物所至者格久便自熟或以格為度量亦是○先生謂諸生曰學者只隱顯窮通始終不變方好今之人對顯明廣衆之前一人焉閑居獨處之時又一人焉對富貴又一人第貧賤又一人眼底交遊所不變者惟何粹夫乎○詔因辭謝久菴公與講論陽明之學公謂朱子之道學豈後學

所敢輕議但試舉一二言之其性質亦是太褊昔唐仲友爲台州太守陳同父同知台州二人各競才能甚不相協時仲友爲其母與弟婦同居官舍晦翁爲浙東提舉出按台州陳同父遂誣仲友以帷薄不修之事晦翁未察遂劾仲友王淮爲之奏辨晦翁又劾王淮後仲友亦以帷薄不修之事誣論晦翁互相訐奏豈不是太褊乎詔聞此言歸而問於先生先生曰訐奏事信有之但仲友雖負才名終是小人安得以此誣毀朱子是非毀譽初豈足憑久之便是明白朱先生劾仲友事見台寓錄仲友誣朱先生事見仲友文集可知其是私也

同父此時尚未及第未嘗同知台州晦翁仲友相訐未嘗以帷薄相誣此段無一實者

先生曰今世學者開口便說一貫不知所謂一貫者是行上說是言上說學到一貫地位多少工夫今又只說明心謂可以照得天下之事宇宙內事固與吾心相通使不一一理會於心何由致知所謂不理會而知者即所謂明心見性也非禪而何〇黃惟用曰學者不可將第一等事讓別人做先生曰才說道不可將第一等事讓與別人做不免自私這元是自家合做的又曰學到自家合做處則別人做第一等事雖拜而讓之可也〇學者到怠惰放肆總是不仁仁則自

珍倣宋版印

是不息○詩人於周公從步履上看便見得周公之聖故曰赤舃几几凡人內不足者或有讒謗之言步履必至錯亂不能安詳如謝安折屐豈能強制得住故古人只求諸己在己者定外邊許大得失禍福皆不足動我是故烈風雷雨弗迷先生曰予癸未在會試場見一舉子對道學策欲將今之宗陸辨朱者誅其人焚其書甚有合於問目且經書論表俱可同事者欲取之予則謂之曰觀此人於今日迎合主司他日出仕必知迎合權勢乃棄而不取因語門人曰凡論前輩須求至當亦宜存厚不可率意妄語○問危微精一如何曰心一也有人道之別者就其發處言之耳危微皆是不好的字面何謂危此心發在形氣上便蕩情鑿性喪身亡家無所不至故曰危何謂微徒守此義理之心不能擴充不發於四支不見於事業但隱然於念慮之間未甚顯明故曰微惟精是察二者之間不使混雜惟一是形氣之所用者皆從道而出合為一片○本泰問夜氣曰有夜氣有旦氣有晝氣晝氣之後有夜氣夜氣之後為旦氣旦氣不梏於晝氣則充長矣孟子此言氣字即有性字在蓋性字何處尋只在氣上求但有本體與役於氣之別耳非謂性自性氣自氣也彼惻隱是性發出來的情也能惻隱便是氣做出來使無是氣則無是惻隱矣先儒喻

氣猶舟也性猶人也氣載乎性猶舟之載乎人則分性氣爲二矣試看人於今何性不從氣發出來○永年問配義與道先生曰言此氣是搭合著道義說不然則見富貴也動見貧賤也動而餒矣○問近讀大禹謨得甚意思且不要說堯舜是一個至聖的帝王我是一個書生學他不得只這不虐無告不廢困窮日用甚切如今人地步稍高者遇一人地步稍低者便不禮他雖有善亦不取他即是虐無告廢困窮○皐陶說九德皆就氣質行事上說至商周始有禮義性命之名宋人則專言性命謂之道學指行事爲粗迹不知何也○何廷仁言陽明子以良知教人於學者甚有益先生曰此是渾淪的說話若聖人教人則不如是人之資質有高下工夫有生熟學問有淺深不可概以此語之是以聖人教人或因人病處說或因人不足處說或因人學術有偏處說未嘗執定一言至於立成法詔後世則曰格物致知博學於文約之以禮蓋渾淪之言可以立法不可因人而施○或問朱子以誠意正心告君如何曰雖是正道亦未盡善人君生長深宮一下手就教他做這樣工夫他如何做得我言如何能入得須是或從他偏處一說或從他明處一說或從他好處一說然後以此告之則其言可入若一次聘來也執定此言二次三次聘來也執

定此言如何教此言能入得告君須要有一個活法如孟子不拒人君之好色好貨便是○問愼獨工夫曰此只在於心上做如心有偏處如好欲處如好勝處但凡念慮不在天理處人不能知而己所獨知此處當要知謹自省卽便克去若從此漸漸積累至於極處自能勃然上進雖博厚高明皆是此積○問存心之說曰人於凡事皆當存一個心如事父母兄長不待言矣雖處卑幼則存處卑幼之心處朋友則存處朋友之心至於外邊處主人亦當存處主人之心以至奴僕亦要存一點心處之皆不可忽略只如此便可下學上達○易之理只是變易以生物故君子變易以生民○東郭子曰聖人教人只是一個行如博學之審問之愼思之明辨之皆是行也篤行之者行此數者不已是也就如篤恭而天下平之篤先生曰這卻不是聖人言學字有專以知言者有兼知行言者如學而時習之之學字則兼言之若博學之對篤行之而言分明只是知如何是行如好學近乎知力行近乎仁亦如是此篤恭之篤如云到博厚而無一毫人欲之私之類若篤行之篤卽篤志努力之類如何相比得夫博學分明是格物致知的工夫如何是行○東郭子曰大抵聖人言一學字則皆是行不是知知及之仁不能守之及之亦是行如日月至焉至字

便是一般守之是守其及之者常不失也如孔門子路之徒是知及之者如顏子三月不違則是仁能守之者先生曰知及之分明只是知仁守之纔是行如何將知及亦爲行乎予之所未曉也○東郭子曰程子謂大學乃孔氏之遺書謂之遺書正謂其言相似也然聖人未嘗言之若以格物爲窮理則與聖言不相似何以謂之遺書先生曰謂之遺書者指理而言非謂其言相似也且曰聖人未嘗言之甚害事某也愚只將格物作窮理先從知止致知起夫知止致知首言之而曰未嘗言之何也○東郭子曰我初與陽明先生講格物致知亦不肯信後來自家將論孟學庸之言各相比擬過來然後方信陽明之言先生曰君初不信陽明後將聖人之言比擬過方信此却喚做甚麼莫不是窮理否東郭子笑而不對○先生曰汝輩做工夫須要有把柄然後纔把捉得住不然鮮不倒了的故扠手不定便撒罷立脚不定便那移○先生曰學者必是有定守然後不好的事不能來就我易曰鼎有實我仇有疾不我能即吉若我無實則這不好的事皆可以來即我也○邦儒問近日朋友講及大學每欲貫誠意於格物之前蓋謂以誠意去格物自無有不得其理者如何先生曰格致誠正雖是一時一串的工夫其間自有這須節次且如佛子寂滅

珍倣宋版印

老子清靜切切然惟恐做那仙佛不成其意可爲誠矣然大差至於如此正爲無格致之功故也但格致之時固不可不著實去做格致之後誠意一段工夫亦是不可缺也○呂潛問欲根在心何法可以一時拔得去先生曰這也難說一時要拔去得須要積久工夫纔得就且聖如孔子猶且十五志學必至三十方能立前此不免小出入時有之學者今日且於一言一行差處心中卽便檢制不可復使這等如或他日又有一言一行差處心中卽又便如是檢制此等處人皆不知己獨知之檢制不復萌便是愼獨工夫積久熟後動靜自與理俱而人欲不覺自消欲以一時一念的工夫望病根盡去却難也○李樂初見先生問聖學工夫如何下手先生曰亦只在下學做去先生因問汝平日做甚工夫來和仲默然良久不應先生曰看來聖學工夫只在無隱上亦可做得學者但於己身有是不是處就說出來無所隱匿使吾心事常如青天白日纔好不然久之積下種子便陷於有心了故司馬溫公謂平生無不可對人說得的言語就是到建諸天地不悖質之鬼神無疑也都從這裏起○先生曰鄒東郭云聖賢教人只在行上如中庸首言天命之性率性之道便繼之以戒愼不睹恐懼不聞並不說知上去予謂亦須知得何者是人欲不然

戒慎恐懼個甚麼蓋知皆爲行不知則不能行也○康恕問戒慎恐懼是靜存慎獨是動察否先生曰只是一個工夫靜所以主動動所以合靜不睹不聞靜矣而戒慎恐懼便惺惺此便屬動了如大易閑邪存其誠一般邪閑則誠便存故存養省察工夫只是一個便分不得○章詔問格物先生曰這個物正如孟子云萬物皆備於我物字一般非是泛然不切於身的故凡身之所到事之所接念慮之所起皆是物皆是要格的蓋無一處非物其功無一時可止息得的聶靳曰某夜睡來有所想像念頭便覺萌動此處亦有物可格否先生曰怎麼無物可格君子無終食之間違仁造次必於是顛沛必於是亦皆是格物章詔因曰先生格物之說切要是大有功於聖門先生曰也難如此說但這等說來覺明白些且汝輩好去下手做工夫矣○先生曰聖賢每每說性命來諸生看還是一個是兩個章詔曰自天賦與爲命自人稟受爲性先生曰此正是易一陰一陽之謂道一般子思說自天命便謂之性還只是一個朱子謂氣以成形而理亦賦還未盡善天與人以陰陽五行之氣理便在裏面了說個亦字不得陳德文因問夫子說性相近處是兼氣質說否先生曰說兼亦不是却是兩個了夫子此語與子思元是一般夫子說性元來是善的本

珍倣宋版印

相近但後來加著習染便遠了子思說性元是從命上來的須與離了便不是但子思是恐人不識性的來歷故原之於初夫子因人墮於習染了故究之於後語意有正反之不同耳詔問修道之教如何先生曰修是修爲的意思戒懼慎獨便是修道之功教卽自明誠謂之教一般聖人爲法於天下學者取法於聖人皆是橫渠不云糟粕煨燼無非教也他把這極粗處都看做天地教人的意思此理殊可觀○問戒懼愼獨分作存天理遏人欲兩件看恐還不是先生曰此只是一個工夫如易閑邪則誠自存但獨處卻廣著不但未與事物接應時是獨雖是應事接物時也有獨處人怎麽便知惟是自家知得這裏工夫卻要上緊做今日諸生聚講一般我說得有不合處心下有未安或只是隱忍過去朋友中有說得不是處或亦是隱忍過去這等也不是愼獨先生語意猶未畢何堅遽問喜怒哀樂前氣象如何先生曰只此便不是慎獨了我纔說未曾了未審汝解得否若我就口答應亦只是空說此等處須是要打點過未嘗不是愼獨的工夫堅由是澄思久之先生始曰若說喜怒哀樂前個氣象便不是須是先用過戒懼的工夫然後見得喜怒哀樂未發之中若平日不曾用過工夫來怎麽便見得這中的氣象問孟子說個仁義禮智子

思但言喜怒哀樂謂何先生曰人之喜怒哀樂卽是天之二氣五行亦只是從天命之性上來的但仁義禮智隱於無形而喜怒哀樂顯於有象且切緊好下手做工夫耳學者誠能養得此中了卽當喜時體察這喜心不使或流怒時體察這怒心不使或暴哀樂亦然則工夫無一毫滲漏而發無不中節仁義禮智亦自在是矣叔節又問顏子到得發皆中節地位否先生曰觀他怒便不遷樂便不改却是做過工夫來的○詔云近日多人事恐或廢學先生曰這便可就在人事上學今人把事做事學做學分做兩樣看了須是卽事卽學卽學卽事方見心事合一體用一原的道理因問汝於人事上亦能發得出來否詔曰來見的亦未免有些俗人先生曰遇著俗人便卽事卽物把俗言語譬曉得他來亦未嘗不可如舜在深山河濱皆俗人也詔顧語象先曰吾輩今日安得有這樣度量○先生語學者曰近日做甚工夫來曰只是做得個矜持的工夫於道却未有得處先生曰矜持亦未嘗不好這便是君子終日乾乾夕惕若戒慎不睹恐懼不聞的工夫但恐這個心未免或有時間歇耳曰然有間歇的心只是忘了先生曰還是不知如知得身上寒必定要討一件衣穿知得腹中饑必定要討一盂飯喫使知得這道如饑寒之於衣食一般不道

一珍倣宋版印

就罷了恁地看來學問思辨的工夫須是要在戒慎恐懼之前方能
別白的天理便做將去是人欲卽便斬斷然後能不間歇了故某常
說聖門知字工夫是第一件要緊的雖欲不先不可得矣○吳佑問
人心下多是好名如何先生曰好名亦不妨但不知你心下好甚麼
名來若心下思稷只是個養民的名契只是個教民的名怎麼便能
千萬世不泯把這個名之所以然上求則得之未嘗不善若只是空
空慕個名不肯下手去做却連名也無了○何廷仁來見問宣之在
京一年亦可謂有志者先生曰宣之甘得貧受得苦七月間其僕病
且危宣之獨處一室躬執爨自勞筋骨未嘗見其有慍色可以爲難
矣廷仁對曰孔明淵明非無才也而草廬田園之苦顏子非無才也
而簞瓢陋巷之窮看來君子之學惟重乎內而已先生曰然古人做
工夫從飲食衣服上做起故顏子之不改其樂孔明淵明之所以獨
處皆其志有所在食無求飽居無求安者耳某常云季氏八佾舞於
庭三家以雍徹犯分不顧都只是恥惡衣惡食一念上起此處最要
見得則能守得○惟時問先生嘗論尹彥明朱元晦不同者何先生
曰得聖門之正傳者尹子而已其行慤而直其言簡而易若朱子大
抵嚴毅處多至於諫君則不離格致誠正人或問之則曰平生所學

惟此四字如此等說話人皆望而畏之何以見信於上耶因論後世諫議多不見信於人君者亦未免峻厲起之也顧問朱子與二程何如先生曰明道爲人盎然陽春之可掬故雖安石輩亦聞其言而歎服至於正叔則啓人僞學之議未必無嚴厲之過耳頃之歎曰凡與人言貴春温而賤秋殺春温多則人見之而必敬愛之而必親故其言也感人易而入人深不求其信自無不信也秋殺多則人聞之而必畏畏之而必惡畏惡生則言之入人也難將欲取信而反不信也○先生曰父母生身最難須將聖人言行一一體貼在身上將此身換做一個聖賢的肢骸方是孝順故今置身於禮樂規矩之中者是不負父母生身之意也○問格物之格有說是格式之格謂致吾之良知在格物格字不要替他添出窮究字樣來如何先生曰格物之義自伏羲以來未之有改也仰觀天文俯察地理遠求諸物近取諸身其觀察求取即是窮極之義格式之格恐不是孔子立言之意○楷問求仁之要在放心上求否先生曰放心各人分上都不同或放心於貨利或放心於飲食或放心於衣服或放心於宮室或放心於勢位其放有不同人各隨其放處收斂之便是爲仁先生曰諸君求仁須要見得天地萬物皆與我同一氣一草一木不得其所此心亦

不安始得須看伊尹謂一夫不獲若已推而內之溝中是甚麼樣心王言曰此氣象亦難今日於父母兄弟間或能盡得若見外人如何得有是心曰只是此心用不熟工夫只在積累如今在旅次處得主人停當惟恐傷了主人接朋友務盡恭敬唯恐傷了朋友處家不消說隨事皆存此心數年後自覺得有天地萬物爲一體氣象○先生曰人能反己則四通八達皆坦途也若常以責人爲心則舉足皆荊棘也○問無事時心清有事時心却不清曰此是心作主不定故厭事也如事不得已亦要理會○教汝輩學禮猶隄防之於水若無禮以隄防其身則滿腔一團私意縱橫四出矣○問堯舜氣象曰求這氣象不在高遠便就汝一言一動處求之則滿目皆此氣象矣○子貢言夫子之聖又多能也則以多能爲聖之外夫子乃謂君子多乎哉不多也言不是多皆性分中事則多能又不在聖之外矣斯可見灑掃應對精義入神無二也○問修辭立誠曰如所說的言語見得都是實理所當行不爲勢所撓不爲物所累斷然言之就是立誠處如行不得的言之即是僞也○諸生有言及氣運如何外邊人事如何者曰此都是怨天尤人的心術但自家修爲成得個片段若見用則百姓受些福假使不用與鄉黨朋友論些學術化得幾人都是事

業正所謂暢於四肢發於事業也何必有官做然後有事業

司務呂愧軒先生潛

呂潛字時見號愧軒陝之涇陽人師事呂涇野一言一動咸以爲法舉嘉靖丙午鄉書卒業成均時朝紳有講會先生於其間稱眉目焉母病革欲識其婦面命之娶先生娶而不婚三年喪畢然後就室父應祥禮科都給事中既卒而封事不存先生走闕下錄其原稿請銘於馬文莊與郭蒙泉講學谷口洞中從學者甚衆涇野之傳海內推之薦授國子監學正舉行涇野祭酒時學約調工部司務萬歷戊寅卒年六十二

張石谷先生節

張節字介夫號石谷涇陽人初從湛甘泉遊繼受學於涇野涇野贈詩稱其守道不回嘗語學者先儒云默坐澄心體認天理又云靜中養出端倪吾輩須理會得此方知一貫真境不爾縱事事求合於道終難湊泊不成片段矣萬歷壬午年八十卒

李正立先生挺

李挺字正立咸甯人正嘉間諸生從涇野學孤直不隨時俯仰嘗自誦云生須肩大事還用讀春秋往馬谿田所講學死於盜人皆惜之

珍倣宋版印

郡守郭蒙泉先生郛

郭郛字惟藩號蒙泉涇陽人嘉靖戊午舉於鄉選獲嘉教諭轉國子助教陞戶部主事出守馬湖年八十八先生與呂愧軒同學愧軒之父其師也辛酉計偕因呂師會葬遂不行有古師弟之風其學以持敬爲主自少至老一步不敢屑越嘗有詩云學道全憑敬作箴須臾離敬道難尋常從獨木橋邊過惟願無忘此際心又云近名終喪己無欲自通神識遠乾坤闊心空意見新閑門只靜坐自是出風塵

舉人楊天游先生應詔

楊應詔號天游閩之建安人嘉靖辛卯舉於鄉卒業南雍時甘泉涇野諸公皆講學先生獨契涇野出其門下歸作道宗堂於華陽山中祀濂溪以及涇野動止必焚香稟命當世講學者無不與往復而於心齋龍溪爲陽明之學者皆有微訾先生之學以寡欲正心爲主本不愧天爲歸的一切清虛元遠之言皆所不喜然其言多自誇大而雌黃過甚亦非有道氣象如工夫卽本體此言本自無弊乃謂本體光明猶鏡也工夫刮磨此鏡者也若工夫卽本體謂刮磨之物卽鏡可乎此言似是而非夫鏡也刮磨之物也二物也故不可以刮磨之物卽鏡若工夫本體同是一心非有二物如欲歧而二之則是有二

心矣其說之不通也

楊天游集

聖人之所以能全其本體者不過能無欲耳吾人不能如聖人之無欲只當自寡欲入欲不獨聲色貨利窠臼而已凡一種便安忻羨自私自利心皆是欲將此斬斷方爲寡欲則漸可進於無欲聖人亦豈絕人逃世始稱無欲哉聖人所欲在天理上用事有欲與無欲同雖其有涉於向慕有涉於承當所欲處無一非天理天機之流行矣○吾人之學不在求事物之侵擾我不侵擾我只在處事物道理能盡不能盡是故居處時則不免有居處時之侵擾然吾只在恭上做工夫卽其侵擾亦天機之流行矣執事不免有執事之侵擾與人不免有與人之侵擾吾只在敬上忠上做工夫卽其侵擾亦無非天機之流行矣從古聖賢處世處常處變其誰不自侵擾中來若惡其侵擾而生厭怠便非學也○朱陸之所可辨所可議者其言也朱陸之不可辨不可議者其人也道之存於人不貴於言久矣苟不以人論學而以言論學不以人求朱陸而以言語求朱陸則今之紛紛無怪其然今之學者出處無朱陸三揖一辭之耿拔取予無朱陸烈石斷金之果決義利不分聲色不辨無朱陸青天白日之光明而所爲黯闇

垢濁自以爲心傳乎孔孟而胸次則鬼魅蹠尤蠅營狗苟入儀秦申商之奸橐而反吸吸於朱陸之短長可悲也夫○平生矻矻苦力於學固以收放心爲事也然思索義理有未會心處或至忘寢忘食當食當寢亦不知所食何物所寢何地此皆過用其心而不覺至於詩文尤甚吾之心已放於詩文思索上去矣平生負性氣每觸時艱不覺感歎不樂對友朋吸吸大言此皆出於一時感憤意氣之私吾之心已放於世變意氣上去矣○今之學者不能實意以集義爲事乃欲懸空去做一個勿忘勿助不能實意致中和戒懼乎不覩不聞乃欲懸空去看一個未發氣象不能實意學孔顏之學乃欲懸空去尋孔顏之樂處外面求討個滋味快樂來受用何異却行而求前者乎茲所謂舛也○聖人之心如明鏡止水故此心本體光明猶鏡也工夫磨刮此鏡者也謂工夫卽本體謂磨刮之物卽鏡可乎鏡光明不能不爲塵垢所慁人心光明不能不爲物欲所雜謂克治物欲還吾心之光明則可謂克治工夫卽吾心之本體則不可謂刮磨塵垢還吾鏡之光明則可謂磨刮工夫卽吾鏡之本體則不可何也工夫有積累之漸本體無積累之漸工夫有純駁偏全不同本體無偏全無純駁也○龍溪曰學者只要悟余謂不解辯吾道禪說是非不算作

眞悟龍溪曰學者只要個眞種子方得余謂不能透得聲色貨利兩關不算作眞種子○今世學者病於不能學顏子之學而先欲學曾點之狂自其入門下手處便差不解克己復禮便欲天下歸仁不解事親從兄便欲手舞足蹈不解造端夫婦便欲說鳶飛魚躍不解衣錦尚絅便欲無聲無臭不解下學上達便自謂知我者其天認一番輕率放逸爲天機取其宴安盤樂者爲眞趣豈不舛哉故余嘗謂學者惟在日用平實倫紀處根求不在元虛誇大門戶處尋討惟在動心忍性苦楚中著力不在擺脫矜肆灑落處鋪張○靜坐者或流於禪定操存者或誤於調息主敬者或妄以爲惺惺格物窮理者或自溺於圓覺存心養性者或陷於明心見性

明儒學案卷八

明儒學案卷九

姚江黃黎洲先生著

豫章後學
夏鼎　熊育鑫
熊繩祖　熊育鏞
徐兆瀾　周聯慶
熊榮祖　蕭兆柄
劉秉楨　李真實　重刊

三原學案

關學大概宗薛氏三原又其別派也其門下多以氣節著風土之厚而又加之學問者也

明儒學案卷九 三原全

姚江黃黎洲先生著

豫章後學 夏鼎 熊育鑫 熊繩祖 熊育鏞 徐兆瀾 周聯慶 熊榮祖 蕭兆柄 劉秉楨 李真實 重刊

端毅王介菴先生恕

王恕字忠貫號介菴晚又號石渠陝之三原人正統戊辰進士選庶吉士而先生志在經濟出爲左評事遷左寺副擢知揚州府歲饑請賑不待報而發粟民免溝壑超拜江西右布政使轉河南爲左時以襄南地多山險秦楚之流民萃焉日出剽略於是特設治院以先生爲右副都御史領之累平寇亂又平湖廣劉千觔石和尚榜諭流民各使復業母憂歸起復巡撫河南轉南京刑部左侍郎父憂歸服除起刑部左侍郎治漕河改南京戶部復改左副都御史巡撫雲南而中人錢能橫甚使其麾下指揮郭景私通安南爲奸利先生遣人道執景景迫投井死盡發能貪暴諸狀上遂撤能還安置南京進右都御史召掌留臺遷南京兵部尙書參贊守備尋以部銜兼左副都御

史巡撫南畿興利除害三吳自設巡撫以來獨周忱與先生耳中人
王敬挾其千戶王臣以妖術取中旨收市圖籍珍玩張皇聲勢先生
列其罪狀敬下錦衣獄臣論死二年而復還參贊錢能貪緣爲守備
與先生共事先生坦然不念前事能語人曰王公天人也吾惟敬事
而已加太子少保林見素以劾妖僧繼曉下獄先生救之得出先生
益發舒言天下事天子不能無望意因批落太子少保以尚書致仕
孝宗即位召用爲吏部尚書加太子太保上釋奠文廟先生請用太
牢加幣從之先生重禮風義之士故一時後進在朝者如庶吉士鄒
智御史湯鼐主事李文祥十餘人皆慷慨喜事以先生爲宗主先生
待經筵見上困於酷暑請暫輟講鼐即言天子方向學奈何阻其進
恕請非是先生惶恐待罪謂諸臣責臣是也然諸臣求治太急見朝
廷待臣太重故責臣太深欲臣盡取朝事更張之如宋司馬光毋論
臣不敢望光今亦豈熙豐時也上優詔答之已而鼐劾閣臣萬安劉
吉尹直中官示以疏已留中鼐大言疏不出且併劾中官中官避匿
亡何安直皆免鼐與文祥等日夜酣呼以爲君子進小人退雖劉吉
尚在不足忌也於是吉使門客徐鵬魏璋伺鼐鼐家壽州知州劉槩
與書嘗夢一叟牽牛入水公引之而上牛近國姓此國勢瀕危賴公

復安之兆也鼐大喜出書示客璋以此劾之鼐槪皆下詔獄都御史馬文升故爲鼐所劾欲以妖言坐之先生力救事始得解凡中官倖人恩澤過當者先生輒爲裁止雖上已許必固執也邱濬以禮部尚書故班先生下及直文淵閣先生自以前輩仍序尙書之次濬意弗善也每有論奏陰抑之且使其私人太醫院判劉文泰訐先生所刻傳文詳列不報之章爲彰先帝之拒諫先生言臣傳所載皆足以昭先帝納諫之盛何名彰惡文泰無賴小人其逞此機巧深刻之辭非老於文學陰謀詭計者不能盍無追其主使之人乃下文泰錦衣獄則果邱濬所使也上以先生賣直沽名俾焚其傳草文泰出而先生絀矣遂乞骸骨歸又二歲濬卒文泰往吊其夫人叱之出曰汝搆王公於我相公憸人也何吊爲聞者快之先生家居編集歷代名臣諫議錄一百二十四卷又取經書傳註有所疑滯再三體認行不去者以己意推之名曰石渠意見者乃意度之見耳未敢自以爲是也蓋年八十四而著意見八十六爲拾遺八十八爲補缺其耄而好學如此先生之學大抵推之事爲之際以得其心安者故隨地可以自見至於大本之所在或未之及也九十歲天子遣行人存問又三年卒贈特進左柱國太師謚端毅

石渠意見

戒慎恐懼二節　天理人欲相爲消長有天理卽無人欲有人欲卽無天理如何前一段是天理之本然後一段是遏人欲於將萌○中和節　中和乃人性情之德雖有動靜之殊初非二物戒懼謹獨皆是不敢忽之意豈有彼此如何自戒懼而約之止能致中自謹獨而精之止能致和如何致中獨能位天地致和獨能育萬物恐非子思之意○鬼神章　鬼神之爲德鬼神蓋言應祀之鬼神爲德如生長萬物福善禍淫其盛無以加矣以其無形也故視之而弗見以其無聲也故聽之而弗聞體物而不可遺言鬼神以物爲體而無物不有如門有門神竈有竈神木主爲鬼神之所棲是也然其有感必應是以使人敬畏而致祭祀如在其上如在其左右而不敢忽也謂之如在言非實有也集註以發見昭著釋如在恐非是○食無求飽章　無求飽求安者志在敏事愼言也就有道而正者正其所言所行之是非是者行之非者改之蓋古之學者皆以言行爲學也○動容貌章　斯猶須也是用力的字動容貌須要遠暴慢正顏色須要近信出辭氣須要遠鄙倍若以斯爲自然未安○興於詩章　詩本性情有邪有正讀之可以興其好善惡惡之心故曰興於詩禮以謹節文

珍倣宋版印

曲禮經禮人能知之則敬慎威儀言動無失可以立於鄉立於朝故曰立於禮樂以和神人用之於郊廟則祖考來格用之於燕享則賓主情洽不特此也事無大小非和不成故曰成於樂○顏淵喟然章

高堅前後言己無定見非聖道之有高堅前後也集註謂顏子深知夫子之道無窮盡無方體而歎之也若然則止仁止敬止慈止孝止信非道歟○毀譽章　今斯之民卽三代之民而三代之民直道而行不妄毀譽人何今之民毀譽之過情也○或問井田之法今可行乎意見以為不可曰何也曰今之時人稠地狹人人授田百畝其可得乎曰何必百畝或五十畝或七十畝使彼此均一卽井田之意曰戶口年年有消長苟欲均之必須年年助勘分授經畫疆界若然則官民不勝其煩勞又且妨誤農業受田之人必曰此田今年屬我明年又不知屬何人由是人懷苟且之心怠於耕作糞壅田必瘠矣曰十年一分可乎曰十年一分止可均一年其後戶口有消長則又不均矣○盡心章　人能竭盡其心思而窮究之則能知其性之理蓋性乃天之所命人之所受其理甚微非盡心而窮究之豈易知哉既知其性則知天理之流行而付於物者亦不外是矣與下文存其心養其性所以事天也文勢相同集註言知性乃能盡心不無顛倒

○春秋　春秋者孔子因左邱明所作魯史而修之也何爲以左氏爲傳而以公羊穀梁並行謂之三傳乎今觀公穀傳不過發明孔子筆削褒貶之意未嘗外左氏所記之事而鑿空爲之說此左氏不可爲傳一也孔子言左邱明恥之某亦恥之觀此則知左邱明生乎孔子之前而爲孔子之所敬信者也不應生乎後者爲之經而生乎前者爲之傳以釋經也此左氏不可爲傳二也○中和　天下之事處之得中則成不得中則不成故中爲天下處事之大本天下之事行之以和則行不和則不行故和爲天下行事之達道○道不遠人章　己之能知能行人亦能之己之不能人亦不能是己之道曷嘗遠於人哉人之行道不能推己度物而以人之難知難行之事治人則是不近人情而遠人以爲道也○誠者自成章　誠實也人之心無不實乃能自成其身而道之在我者自無不行矣註以誠與道對言以人與物爲二事非也○物之終始之物猶事也人之誠實者作事自然有始有終不誠實者則雖有所爲始勤終怠所以成不得事故曰不誠無物○饑渴章　人能不以饑渴貧賤動其心則大本立而過人遠矣其他小事末節雖不及人不爲憂矣○進德修業爻　忠信謂存諸心者無不誠也修辭立其誠謂出諸口者亦無不誠也忠

信非德也所以進德者忠信也修辭立誠非業也所以居業者修辭
立其誠也知至至之知德之所至而進以至之故可與幾也知終終
之知業之所終而修以終之故可以存義也以知行言之知至知終
似知也至之終之似行也傳謂知至至之致知也知終終之力行也
不能無疑○斂時五福用敷錫厥庶民　五福在人若無禮樂法度
則強凌弱衆暴寡富呑貧放僻邪侈自陷於罪豈能安享五福惟人
君建極有禮樂刑政是以天下之人不犯於有司得以安享五福則
是人君收斂敷布以與之也○無隱章　夫子之適陳蔡楚衞諸國
無行而不與二三子同行動靜云爲衆所共見共聞曷嘗有所隱乎
○深則厲　厲者嚴厲也水深可畏當止而不可涉也○志至氣次
　志之所至之處氣卽隨之而至如帥所至之處卒徒亦隨之而至
也○王者師節　貢助徹是三代養民之法庠序學校是三代教民
之法後來有王者起必來取三代教養之法以爲法是三代教養之
法爲後來王者之師也○言性章　天下人之言性只說已然之跡
便是性不知已然之跡有善有惡順理而善者爲性之本不順理而
惡者非性之本故曰故者以利爲本　孟子末章　無有乎爾者是
反說之辭猶言豈無有也孟子之意以爲孔門弟子克肖者七十二

人豈無有見而知之者既有見而知之者則今日豈無有聞而知之者觀於此言則孟子隱然以聞知自任也

康僖王平川先生承裕

王承裕字天宇號平川冢宰之季子也宏治癸丑進士授兵科給事中遷吏掌科逆瑾恨其遠己又疏進君子退小人益恨之罰粟輸邊以外艱去瑾誅起原官歷太僕少卿正卿南太常卿宸濠反發留都之爲內應者嘉靖初遷戶部右侍郎晉南戶部尚書致仕林居十年戊戌五月卒年七十四謚康僖十四五時從莆田蕭某學蕭令侍立三日一無所授先生歸告端毅曰蕭先生待某如此豈以某爲不足教耶端毅曰是卽教也眞汝師矣登第後侍端毅歸講學於宏道書院弟子至不能容冠婚喪祭必率禮而行三原士風民俗爲之一變馮少墟以爲先生之學皆本之家庭者也

光祿馬谿田先生理

馬理字伯循號谿田陝之三原人爲孝廉時遊太學與呂涇野崔後渠交相切劘名震都下高麗使人亦知慕之錄其文以歸父母連喪不與會試者兩科安南貢使問禮部主事黃清曰關中馬理先生何尚未登仕籍其名重外夷如此登正德甲戌進士第時以大學衍義

爲問先生對曰大學之書乃堯舜禹湯文武之道也傳有克明峻德湯之盤銘堯舜帥天下以仁之語真氏所衍漢唐宋之事非大學本旨也真氏所衍止於齊家不知治國平天下皆本於慎獨工夫宋儒所造大率未精以此失問者之意故欲填首甲而降之授稽勳主事改文選與郎中不合引疾告歸者三年戊寅值武廟將南巡與黃伯固等伏闕極諫杖於廷未幾送嫡母還鄉乃設教於武安王祠藩臬爲建嵯峨精舍以居生徒嫡母喪畢起員外郎議大禮復杖於廷尋轉考功郎中丙戌例當考察外官內閣冢宰各挾私忿欲去廣東河南陝西三省提學先生昌言曰魏校蕭鳴鳳唐龍今有數人物若欲去此三人請先去理由是獲免丁亥陞南通政過河池驛見其丞貌類黃伯固問之乃其弟叔開也時伯固已死先生泫然泣下作詩贈之云六年復見先生面爲過河池見叔開戊子引疾歸辛卯起光祿卿涖事未幾又歸林下者十年癸卯復起南光祿至卽引年致仕隱於商山書院又十年而卒嘉靖乙卯十二月也年八十二先生師事王康僖又得涇野後渠以爲之友墨守主敬窮理之傳嘗謂見行可之仕唯孔子可以當之學聖人者當自量力故每出不一二年卽歸歸必十數年而後起綽綽然於進退之間後渠稱其愛道甚於愛官

眞不虛也

恭簡韓苑洛先生邦奇

韓邦奇字汝節號苑洛陝之朝邑人正德戊辰進士授吏部考功主事轉員外郎辛未考察都御史袖私帖視之先生奪去曰考覈公事有公籍在都御史爲之遜謝調文選京師地震上疏論時政缺失謫平陽通判甲戌遷浙江按察僉事宸濠將謀反遣內監飯僧於天竺寺聚者數千人先生防其不測立散遣之又以儀賓進貢假道衢州先生不可曰貢使自當沿江而下奚俟假道於是襲浙之計窮尋爲鎭守中官誣奏逮繫奪官世宗卽位起山東參議乞休甲申大同兵變起山西左參政分守大同先生單車入城人心始安巡撫蔡天祐至代州先生戎服謁之天祐驚曰公何爲如此曰大同變後巡撫之威削甚今大同但知有某某降禮從事者使人知巡撫之不可輕也朝廷復遣胡瓚以總督出師時首惡業已正法而瓚再索不已先生止之不聽城中復變久之乃定先生亦致仕去戊子起四川提學副使改右春坊右庶子兼翰林修撰其秋主試順天以錄序引用經語差誤左遷南太僕寺丞再疏歸尋起山東副使大理左少卿以左僉都御史巡撫宣府入佐院事又出巡撫山西再致仕甲辰薦起總理

珍倣宋版印

河道陞刑部右侍郎改吏部丁未掌留堂進南京兵部尚書參贊機務歸七年乙卯地震而卒年七十七贈少保謚恭簡門人白壁曰先生天稟高明學問精到明於數學胸次灑落大類堯夫而論道體乃獨取橫渠少負氣節既乃不欲爲奇節一行涵養宏深持守堅定則又一薛敬軒也羲按先生著述其大者爲志樂一書方其始刻之日九鶴飛舞於庭傳其術者爲楊椒山手製十二律管吹之而其聲合今不可得其詳然聲氣之元在黃鐘之長短空圍而又不能無疑者先生依律呂新書註中算法黃鐘長九寸空圍九分積八百一十分用圓田術三分益一得一十二以開方法除之得三分四釐六毫強爲實徑之數不盡二毫八絲四忽以徑求積自相乘得十一分九釐七毫一絲六忽加入開方不盡之數得一十二分以管長九十分乘之得一千八十分爲方積之數四分取三爲圓積八百一十分蓋蔡季通以管長九十爲九寸分故以面積九分乘管長得八百一十分其實用九無用十之理凡度長短之言十者皆分九爲十以便算也今三吳程路尚以九計可知矣則黃鐘長九寸者八十一分以面積九分乘之黃鐘之積七百二十九分也

忠介楊斛山先生爵

楊爵字伯修號斛山陝之富平人幼貧苦挾冊躬耕爲兄所累繫獄上書邑令辭意激烈令異之曰此奇士也出而加禮登嘉靖己丑進士第官行人考選御史母憂廬墓畢補原官辛丑上封事謂今日致危亂者五一則輔臣夏言習爲欺罔翊國公郭勛爲國巨蠹所當急去二則凍餒之民不憂恤而爲方士修雷壇三則大小臣工弗覲朝儀宜慰其望四則名器濫及緇黃出入大內非制五則言事諸臣若楊最羅洪先等非死即斥所損國體不小疏入上大怒逮繫鎭撫司拷掠備至桎鎖晝夜血肉淋漓死者數矣而先生氣定故得再甦主事周天佑御史浦鋐俱以救先生箠死獄中於是防守益嚴上日使人偵先生一言一動皆籍記偵者苦於不得言以情告先生使多爲善言先生曰有意而言便是欺也部郎錢緒山劉晴川給事周訥谿先後以事下獄相與講學不輟緒山先釋先生願有以爲別緒山曰靜中收攝精神勿使遊放則心體湛一高明廣大可馴致矣作聖之功其在此乎先生敬識之與晴川訥谿讀書賦詩如是者五年所著周易辨錄中庸解若干卷乙巳八月上用箕神之言釋先生三人而三人者猶取道潞水舟中講學踰臨清而別會上造箕臺太宰熊浹驟諫上怒罷浹復逮三人時先生抵家甫十日聞命就道在獄又三

珍倣宋版印

年丁未十一月高元殿災上恍忽聞火中有呼三人姓名者次日釋歸歸二年而卒己酉十月九日也年五十七隆慶初贈光祿寺少卿諡忠介初韓恭簡講學先生輩來往拜其門恭簡異其氣岸欲勿受已叩其學詫曰宿學老儒莫能過也吾幾失人矣剛大之氣百折不回人與椒山並稱謂之韓門二楊

論學

天命謂性天人一理也率性謂道動以天也修道謂教求合乎天也戒懼慎獨自修之功至於中與和也中和性命本然之則也能致之則動以天矣故其效至於天地位萬物育○道不可須臾離可離非道是言當戒懼之意莫見乎隱莫顯乎微是言當謹獨之意應酬是有睹有聞不睹不聞是無所應酬之際也如出門使民是有所應酬則有睹有聞或問程子未出門使民時當何如曰此儼若思時也儼若思即是戒慎恐懼之意為功夫尚未說到極至處故又提慎獨二字使人雖在暗室屋漏之中一念發動之際凜然畏懼不可少怠不敢少息則天理常存私意不萌純一不已而合乎天矣○中和心之本體也未發之中萬物皆備故為天下之大本已發之和大經大法所在而不可違故為天下之達道怒與哀中節皆謂之和○致中和

止至善之云也天地之位我位之也萬物之育我育之也〇君子之中庸中庸人理之常也小人反中庸豈人理哉時中者默識其理而妙宰物之權也若非禮之禮非義之義豈時中之道哉小人則率意妄爲而已〇天下之道至中庸而極理得其會同義至於入神非至明不能察其幾非至健不能致其決故民鮮能之矣〇董常問文中子聖人有憂乎言天下皆憂吾何獨不憂又謂樂天知命吾何憂何必如此說聖人固未易及然常人一念之發得其本心則與聖人之心無以異但聖人純亦不已衆人則或存或亡而已憂樂皆人情之常而本於性也豈聖人獨有樂而無憂乎若曰樂天知命吾何憂不成父母病聖人亦樂天知命而不憂乎豈人理也哉

漫錄

夜初靜坐少檢點日間言行因司馬温公論盡心行己之要自不妄言始夫不妄言所言必皆當理非心有定主豈能至此如輕躁鄙背及事務瑣屑無益身心而信口談論者皆妄言也因書以自戒〇作一好事必要向人稱述使人知之此心不定也不知所作好事乃吾分所當爲雖事皆中理纔能免於過惡耳豈可自以爲美才以爲美便是矜心禹之不矜不伐顏淵無伐善無施勞此聖賢切己之學也

珍倣宋版印

○與人論事辭氣欠平乃客氣也所論之事雖當於理卽此客氣之動便已流於惡矣可不戒哉書以自警予久處獄中粗鄙忿戾略無貶損粗鄙忿戾乃剛惡也負以終身而不能變真可哀也因思橫渠貧賤憂戚玉汝於成乃惕然警省儼然愧恥今日患難安知非皇天玉我進修之地乎不知省愆思咎而有怨尤之心是背天也背天之罪可不畏哉○予繫此四十一月矣邏者日在側覘予動作有甚厚予攜壺酌以伸問者後一人來甚橫逆予臥於舊門板上障之以席其人皆扯毀之謂予罪人不宜如此又往往發其厚予者使人知之曰某日某皆潛獻其處者蓋令其得罪以見己薄之爲是有蘇喬二人皆厚予者乃忿忿不平揚罵曰是固無傷也予非私交化外人雖得罪亦何憾○予與劉子煥吾周子順之同飯後因論人才各有所宜予謂二公自度宜何責任劉子曰吾爲孟公綽可周子曰今日府州外任勉強幾分予曰滕薛大夫聖人固不許公綽在春秋時欲盡其職亦非易事觀於子產相鄭可見然則孟公綽亦不可輕看○一人因狂病迷謬入朝立御座上捕下法司擬重獄成未決其母詣登聞鼓稱寃順之在吏科時直受鼓狀遇此事未爲准理順之因問予使公遇此事當何如處之予曰當論其狂病誤犯不可加罪但罪守

門者失於防禦則可矣劉子曰當封進鼓狀使朝廷知其以病迷下法司從末減可也順之曰此固皆是但如此爲之必得罪以此小事得罪吾不欲也劉子謂論人無罪不當殺恐非小事予曰此皆論利害未說到義理處若論義理則當爲卽爲當止卽止豈計得罪順之以爲然○好議論人長短亦學者之大病也若真有爲己之心便惟日不足戒愼乎其所不睹恐懼乎其所不聞時時刻刻防檢不暇豈暇論人學所以成性而已人有寸長取爲己有於其所短且置勿論輕肆辯折而無疑難涵蓄之心謂之喪德可也此予之深患不能自克可愧可愧○道心人心只以是與不是求之一念發動的不是則爲人心道心極難體認擴充戒謹恐懼之功少有間斷則蔽錮泯滅而存焉者寡矣故曰惟微人心一動卽在凶險路上行矣喪德滅身亡國敗家由於此故曰惟危所謂卿士有一於身家必喪邦君有一於身國必亡內作色荒外作禽荒甘酒嗜音峻宇雕牆有一於此未或不亡則人心之危真可畏哉○易謂險以說困而不失其所亨其惟君子乎予久處困難亦時以此自慰但罪惡深重爲世道之損者甚大仰愧於天俯怍於人襟懷滯礙鬱抑不安之時常多○心靜則能知幾方寸擾亂則安其危利其災禍幾昭著而不能察矣況於幾

乎幾者動之微而吉凶之先見者也所謂先見亦察吾動之是與不是而已所動者是吉卽萌於此矣所動者不是凶卽萌於此矣意向少離於道則步履反戾差之毫釐謬以千里矣故學者以愼獨爲貴○予稟賦粗鄙動輒乖謬夜間靜坐思此身過惡真不自堪真難自容可謂虛負此生矣年踰五十血氣漸衰老景將至始自知過則已晚矣可勝歎哉尙幸殘生未泯欲自克勵求免於惡終耳書以自警○顏孟二大賢雖氣象不同而學則未始有異顏子之學在非禮勿視聽言動不違仁不遷怒不貳過孟子之集義養氣擴充四端求放心存心養性以事天則亦顏子克己復禮之學也○天下萬變真妄二字可以盡之偏蔽者妄也本體則真也學所以去偏弊之妄全本體之真全則道本性性純乎天立人之道始無愧矣天地亙古亙今但有此一箇大道理則亙古亙今之聖賢不容更有兩樣學問也○見獄中或有警擾呼左右問何事久而思之此動心也身居此地須要置生死於度外刀鋸臨之從容以受致命遂志可也此正是爲學用功處因思劉元城鼾睡是何等胸懷可謂毅然大丈夫矣○今日早起朗誦君子之所以異於人者一章卽覺襟懷開洒心廣體胖有西銘與物同體之氣象此心易至昏惰須常以聖賢格言輔養之便

日有進益○士之處世須振拔特立把持得定方能有爲見得義理必直前爲之不爲利害所怵不爲流俗所惑可也如子思辭鼎肉孟子却齊王之召剛毅氣象今可想見真可爲獨立不懼者若曰事姑委曲我心自別即自欺也始或以小善放過且不可爲小惡放過且可爲之日漸月磨墮落俗坑必至變剛爲柔變方爲圓大善或亦不爲大惡或亦爲之因循苟且可賤可恥卒以惡終而不知矣此由辨之不早持之不固也書以自戒○涇野呂先生過某府太守侍坐太守子讀書樓上聲徹於樓下太守令止之曰當微誦恐損傷旣又促左右以時進食曰勿令饑又戒之曰當爲掖之恐或蹉跌先生謂太守曰公之愛子可謂至矣願推此心以愛百姓可也過順德府太守餞於門外餞所近府養濟院先生以餞食一桌令二吏送院中謂太守曰以公佳饌與無告者共之願公體我此心以惠恤鰥寡可也訥溪周子述以告予予爲歎息者久之古人以離羣索居爲深戒子貢問爲仁孔子告以事其大夫之賢者友其士之仁者使志道君子常得與先生相親焉獲覩德容聞至論以自警省不患德之不修而政之不善也嗚呼仁人君子之言其利溥哉○智者自以知不足愚者自以爲有餘自以爲不足則以虛受人進善其無窮矣自以爲有餘

珍倣宋版印

必無孜孜求進之心以一善自滿而他善無可入之隙終亦必亡而已矣書之以自勵焉○平生所爲得失相半求欲寡過而不可得幽因既久靜中頗覺省悟始有向學之心然殘損餘息血氣漸減策勵不前虛生人世與草木同腐矣可媿哉○早起散步園階日升東隅晴空萬里鳶鳥交飛不覺襟懷開洒萬慮皆空因思曾晳沂水氣象亦是如此癸卯歲季冬十三日書○古人律己甚嚴其責人甚恕今人律己甚恕其責人甚嚴孜孜爲己不求人知方始是學

夫子答顏淵爲仁之功在非禮勿視聽言動居高位有高位的視聽言動居下位有下位的視聽言動處患難有患難的視聽言動臨死時有臨死的視聽言動道無不在○予與劉周二公倚園牆北向坐一人解於北牆下相去甚近二公訝之曰何不少避予曰此鄭聲人旋於宋朝之意蓋謂我無所聞也○因置一瓢奠食碗置之未安之處此心不已必欲已安然後已將一個身心不會置之安穩之地如個無艄工之舟漂蕩於風波之上東風來則西去西風來則東去是何道理則是置此身心不如置此瓢之敬慎也○六月初八日夜初寢夢一男子長身少鬚鬚間白呼爵相拜曰予王陽明也數談論未嘗自言其所學語未畢忽警寤予矍然曰是何先聖先賢來此以教

我乎或慷慨殺身於此地如劉忠愍之類者相與邂逅於夢寐乎明
早當焚香拜謝之俄而屋脊墜一小甎塊於臥傍木板上聲震屋中
守者驚起初九日早晨記○初九日夜夢一廟中塑伏羲像所服甚
古雜以洪荒草服一人講易十三卦制器尚象之義於廟問之乃程
先生也聽有儒士二人予入獄中四十一月夢關義勇武王與予遇
者三亦有無言時亦有數相語時○連日天雨獄中木板皆濕予體
弱少食因思小兒在外父子五年不能相見衣食不能相顧時張道
全伍天儔二生皆在外候予與小兒同處數日消息未聞爲之戚戚
又思素患難行乎患難事至於此皆天命也當安受之陳少陽歐陽
徹二公未嘗傳贄爲臣以言語自任而殺其身況予論思之職敢不
盡臣子一日之心乎盡此心以求自慊則或死或生豈可逆料予居
此四年邏者候予有言曰必錄予頗聞之每見未嘗一言相答有以
予不言回報者必答之有以其言作予言以回報者又以不似答之
於是邏者窮矣多以情相告求予言以免其笞且曰事關於忠義者
願得數語予應之曰吾奏章數千言字字是忠義句句是忠義乃以
爲非所當言而深罪之今若以忠義騰口舌於爾輩之前是吾羞也
一邏者求予有言情甚切至予應之曰予出於無心者公記去則予

一 珍倣宋版印

心無愧若出於有心是故爲巧語轉移天聽以苟免罪難也予實羞爲況一有此心是卽機變之智巧舉平生而盡棄之天必誅絕使卽死於此其人慘然曰公之心如此予再不復求公言矣○又一邏者告予曰今日好言語上之矣問之乃太甲篇天作孽猶可違自作孽不可活又繼之曰我乃自作孽者故罪至於此予應之曰吾爲言官天下事皆所當言往時一疏上爲朝廷下爲蒼生宗廟社稷萬萬年深長之慮豈自作孽者其人默然○晴川劉公陞工部將之任冢宰羅整菴翁家居劉公辭行整菴贈之以詩旣劉公下獄與予誦之予與緒山錢子皆依韻和之後人傳其詩於整菴處近一士夫來京整菴公語相告曰向日得詩和答以具但欠推敲未可寄去予曰此非欠推敲也元老大臣家食十年未嘗以書簡通權貴乃以一詩交罪人可乎此老可以爲法甲辰年六月十二日記○癸卯年二月內馬主政拯以事下獄馬十九歲發解廣東二十舉進士任工部主政器度識見人未易及告予曰聞近士夫言自古人主有本事者惟秦皇漢武兩君而已予應之曰否自古人主有本事者惟堯舜文王而已堯在位百年萬邦時雍治極當亂之時而子丹朱又不肖堯乃尋一個舜將天下分付與他愈至於治舜在位五十年四方風動亦治極

當亂之時其子商均亦不肖舜乃尋一個禹將天下分付與他亦愈至於治文王深仁厚澤延周家之基業至八百年堯舜文王以天自處氣運興衰不在於天而在我所謂通其變使民不倦神而化之使民宜之者也其本事何大哉秦皇翦除六國焚棄詩書掃滅先王之迹而惟任一己之私一夫作難而七廟隳身死人手爲天下笑漢武承文景之富庶若委任賢俊取法先王則禮樂可興顧以多欲亂政窮兵黷武至於海內虛耗幾致顛覆非有昭宣繼之則漢之天下未可知也若二君之所爲適足覆宗絕祀而已烏在其所謂有本事哉且使人主不法堯舜文王而法秦皇漢武是啓其殺伐之心而欲以亂天下也其所言謬妄亦甚矣馬出獄數月以病卒予甚悼之○閒步園中井上日色慘淡光景寂寥下視井水湛然清澈因思井渫不食爲我心惻爲之戚然○大人以治安之時爲危亂小人以危亂之時爲治安皆此人也有大人之向慕有小人之向慕有大人之識度有小人之識度有大人之作用有小人之作用此天地生物之不齊教化之施固有要而以宇宙閒事爲己責者不可不慎也己巳年九月五日燈下書

論文

一珍倣宋版印

文章以理爲主以氣爲輔所論純是一段義理是以理爲主辭氣充盛渾厚不覺軟弱是以氣爲輔須胸中正大不以偏曲邪小之見亂其心又廣讀聖賢格言以充養之如此則舉筆造語皆是胸中流出其吐辭立論愈出愈新而無窮也如取之左右逢其源也其騰涯洩蓄流轉渾厚波瀾汪洋如決江河沛然莫之能禦也其光燄發揚照耀昭灼如日月中天深谷窮崖之幽花石草木之微青者自青白者自白仰之以生輝觸之而成色也

徵君王秦關先生之士

王之士字欲立號秦關陝之藍田人嘉靖戊午舉於鄉旣而屏棄帖括潛心理學作養心圖定氣說書之座右閉關不出者九年蒿床糲食尙友千古以爲藍田風俗之美由於呂氏今其鄉約具在乃爲十二會赴會者百餘人灑掃應對冠婚喪祭一一潤澤其條件行之惟謹美俗復興又謂天下之學術不一非親證之不能得其大同於是赴都門講會與諸老先生相問難上關里謁先師廟墓低回久之南行入江右見章本清鄧潛谷楊止菴浮浙水而下至吳興問許敬菴學者聞先生至亦多從之萬歷庚寅卒於家年六十三祭酒趙用賢疏薦詔授國子博士除目下而先生不及見矣

明儒學案卷九

明儒學案卷十

姚江黃梨洲先生著

豫章後學 夏鼎 熊育鑫 熊緄祖 熊育鏞 徐兆瀾 周聯慶 熊榮祖 蕭兆柄 劉秉楨 李真賓 重刊

姚江學案

有明學術白沙開其端至姚江而始大明蓋從前習熟先儒之成說未嘗反身理會推見至隱所謂此亦一述朱耳彼亦一述朱耳高忠憲云薛文清呂涇野語錄中皆無甚透悟亦爲是也自姚江指點出良知人人現在一反觀而自得便人人有個作聖之路故無姚江則古來之學脈絕矣然致良知一語發自晚年未及與學者深究其旨後來門下各以意見攙和說元說妙幾同射覆非復立言之本意矣先生之格物謂致吾心良知之天理於事事物物則事事物物皆得其理以聖人教人只是一個行如博學審問愼思明辨皆是行也篤行之者行此數者不已是也先生致之於事物致字卽是行字以救空空窮理只在知上討個分曉之非乃後之學者測度想像求見本

體只在知識上立家當以爲良知則先生何不仍窮理格物之訓先知後行而必欲自爲一說邪天泉問答無善無惡者心之體有善有惡者意之動知善知惡是良知爲善去惡是格物今之解者曰心體無善無惡是性由是而發之爲有善有惡之意由是而有分別其善惡之知由是而有爲善去惡之格物層層自內而之外一切皆是粗機則良知已落後著非不慮之本然故鄧定宇以爲權論也其實無善無惡者無善念惡念耳非謂性無善無惡也下句意之有善有惡亦是有善念惡念耳兩句只完得動靜二字他日語薛侃曰無善無惡者理之靜有善有惡者氣之動卽此兩句也所謂知善知惡者非意動於善惡從而分別之爲知知亦只是誠意中之好惡好必於善惡必於惡無是無非而不容已者虛靈不昧之性體也爲善去惡只是率性而行自然無善惡之夾雜先生所謂致吾心之良知於事事物物也四句本是無病學者錯會反致彼以無善無惡言性者謂無善無惡斯爲至善善一也而有有善之善有無善之善無乃斷滅性種乎彼在發用處求良知者認已發作未發教人在致和上著力是指月者不指天上之月而指地下之光愈求愈遠矣得羲說而存之而後知先生之無弊也

珍倣宋版印

浙中十七人
江右二十七人
南中九人
楚中二人
北方七人
粵閩二人

珍傲宋版邨

姚江黃棃洲先生著

豫章後學 夏鼎 熊育鑫 熊緗祖 熊育鏞 徐兆瀾 周聯慶 熊榮祖 蕭兆柄 劉秉楨 李真寶 重刊

文成王陽明先生守仁附

王守仁字伯安學者稱爲陽明先生餘姚人也父華成化辛丑進士第一人仕至南京吏部尙書先生娠十四月而生祖母岑夫人夢神人送兒自雲中至因命名爲雲五歲不能言有異僧過之曰可惜道破始改今名豪邁不羈十五歲縱觀塞外經月始返十八歲過廣信謁婁一齋慨然以聖人可學而至登宏治己未進士第授刑部主事改兵部逆瑾矯旨逮南京科道官先生抗疏救之下詔獄廷杖四十謫貴州龍場驛丞瑾遣人跡而加害先生託投水脫去得至龍場瑾誅知廬陵縣歷吏部主事員外郎郎中陞南京太僕寺少卿鴻臚寺卿時虔閩不靖兵部尙書王瓊特擧先生以左僉都御史巡撫南贛未幾遂平漳南橫水桶岡大帽浰頭諸寇己卯六月奉勅勘處福建

叛軍至豐城而聞宸濠反遂返吉安起兵討之宸濠方圍安慶先生破南昌濠返兵自救遇於樵舍三戰俘濠武宗率師親征羣小張忠許泰欲縱濠鄱湖待武宗接戰而後奏凱先生不聽乘夜過玉山集浙江三司以濠付太監張永張永者爲武宗親信羣小之所憚也命兼江西巡撫又明年陞南京兵部尚書封新建伯嘉靖壬午丁冢宰憂丁亥原官兼左都御史起征思田思田平以歸師襲八寨斷藤峽破之先生幼夢謁馬伏波廟題詩於壁至是道出祠下恍如夢中時先生已病疏請告至南安門人周積侍病問遺言先生曰此心光明亦復何言頃之而逝七年戊子十一月二十九日也年五十七先生之學始泛濫於詞章繼而徧讀考亭之書循序格物顧物理吾心終判爲二無所得入於是出入於佛老者久之及至居夷處困動心忍性因念聖人處此更有何道忽悟格物致知之旨聖人之道吾性自足不假外求其學凡三變而始得其門自此之後盡去枝葉一意本原以默坐澄心爲學的有未發之中始能有發而中節之和視聽言動大率以收斂爲主發散是不得已江右以後專提致良知三字默不假坐心不待澄不習不慮出之自有天則蓋良知卽是未發之中此知之前更無未發良知卽是中節之和此知之後更無已發此知

自能收斂不須更主於收斂此知自能發散不須更期於發散收斂者感之體靜而動也發散者寂之用動而靜也知之真切篤實處卽是行行之明覺精察處卽是知無有二也居越以後所操益熟所得益化時時知是知非時時無是無非開口卽得本心更無假借湊泊如赤日當空而萬象畢照是學成之後又有此三變也先生憫宋儒之後學者以知識爲知謂人心之所有者不過明覺而理爲天地萬物之所公共故必窮盡天地萬物之理然後吾心之明覺與之渾合而無間說是無內外其實全靠外來聞見以填補其靈明者也先生以聖人之學心學也心卽理也故於致知格物之訓不得不言致吾心之天理於事事物物以知識爲知則輕浮而不實故必以力行爲工夫良知感應神速無有等待本心之明卽知不欺本心之明卽行也不得不言知行合一此其立言之大旨不出於是而或者以釋氏本心之說頗近於心學不知儒釋界限只一理字釋氏於天地萬物之理一切置之度外更不復講而止守此明覺世儒則不恃此明覺而求理於天地萬物之間所謂絕異然其歸理於天地萬物歸明覺於吾心則一也向外尋理終是無源之水無根之木縱使合得本體上已費轉手故沿門乞火與合眼見暗相去不遠點出心之所以爲

心不在明覺而在天理金鏡已墜而復收遂使儒釋疆界渺若山河
此有目者所覩也試以孔孟之言證之致吾良知於事物事物皆得
其理非所謂人能宏道乎若理在事物則是道能宏人矣告子之外
義豈滅義而不顧乎亦於事物之間求其義而合之正如世儒之所
謂窮理也孟子何以不許之而四端必歸之心哉嗟乎糠粃眯目四
方易位而後先生可疑也隆慶初贈新建侯諡文成萬歷中從祀孔
子廟庭

許半圭先生璋

許璋字半圭越之上虞人純質苦行潛心性命之學白袍草屨挾一
衾而出欲訪白沙於嶺南王司輿送之詩云去歲逢黃石今年訪白
沙至楚見白沙之門人李承箕留大厓山中者三時質疑問難大厓
語之以靜坐觀心曰拘拘陳編曰居敬窮理者予不然嘐嘐虛跡曰
傍花隨柳者予不然罔象無形求長生不死之根者予不然先生亦
不至嶺南而返陽明養病洞中惟先生與司輿數人相對危坐忘言
冥契陽明自江右歸越每訪先生菽羹麥飯信宿不厭先生歿陽明
題其墓曰處士許璋之墓先生於天文地理壬遁孫吳之術靡不究
心正德中嘗指乾象謂陽明曰帝星今在楚矣已而世宗起於興邸

珍倣宋版印

其占之奇中如此

王黃轝先生文轅

王文轅字司輿號黃轝子越之山陰人七歲時拾遺金一鋌坐待失者歸之既長多病遂習靜隱居勵志力行鄉人咸樂親之讀書多自得不牽章句嘗曰朱子註說多不得經意聞者怪之惟陽明與之友莫逆也陽明將之南贛先生語其門人曰陽明此行必立事功問其故曰吾觸之不動矣其後先生歿陽明方講良知之學時多訕之者歎曰安得起王司輿於九原乎

語錄

志道懇切固是誠意然急迫求之則反爲私己不可不察也日用間何莫非天理流行但此心常存而不放則義理自熟孟子所謂勿忘勿助深造自得者矣 答徐成之 ○聖人之心纖翳自無所容不消磨刮若常人之心如斑垢駁雜之鏡須痛加刮磨一番盡去其駁蝕然後纖塵即見纔拂便去亦自不消費力到此已是識得仁體矣若駁雜未去其間固自有一點明處塵埃之落固亦見得亦纔拂便去至堆積於駁蝕之上終弗能見也此學利困勉之所由異弗以爲煩難而疑之也凡人情好易而惡難其間亦自有私意氣習纏蔽在識破

後自然不見其難矣向時未見得向裏意思此工夫自無可講處今已見此一層却恐好易惡難便流入禪釋去也昨論儒釋之異明道所謂敬以直內則有之義以方外則未畢竟連敬以直內亦不是者已說到八九分矣 答黃宗賢應原忠 已見後方知難正爲此鏡子時時不廢拂拭在儒釋之辨明道尚泛調停至先生始一刀截斷

〇僕近時與友朋論學惟說立誠二字吾人爲學當從心髓入微處用力自然篤實光輝雖私欲之萌眞是紅爐點雪天下之大本立矣若就標末粧綴比擬凡平日所謂學問思辨者適足以爲長傲遂非之資自以爲進於高明廣大而不知陷於狠戾險嫉亦誠可哀也已 與黃宗賢 誠無爲便是心髓入微處良知卽從此發竅者故謂之立天下之大本看來良知猶是第二義也

〇吾輩通患正如池面浮萍隨開隨蔽未論江海但在活水浮萍卽不能蔽何者活水有源池水無源有源者由己無源者從物故凡不息者有源作輟者皆無源故耳

〇變化氣質居常無所見惟當利害經變故遭屈辱平時憤怒者到此能不憤怒憂惶失措者到此能不憂惶失措始是得力處亦便是用力處天下事雖萬變吾所以應之不出乎喜怒哀樂四者此爲學之要而爲政亦在其中矣 與王純甫

〇在物爲理處物爲義在性

珍倣宋版印

爲善因所指而異其名實皆吾之心也心外無物心外無事心外無理心外無義心外無善吾心之處事物純乎理而無人僞之雜謂之善非在事物有定所可求也處物爲義是吾心之得其宜也義非在外可襲而取也格者格此也致者致此也必曰事事物物上求個至善是離而二之也伊川所云纔明彼卽曉此是猶謂之二性無彼此理無彼此善無彼此也（先生恢復心體一齊俱了真大有功於聖門與孟子性善之說同）○大學之所謂誠意卽中庸之所謂誠身也大學之所謂格物致知卽中庸之所謂明善也博學審問愼思明辨篤行皆所以明善而爲誠身之功也非明善之外別有所謂誠身之功也格物致知之外又豈別有所謂誠意之功乎書之所謂精一語之所謂博文約禮中庸之所謂尊德性而道問學皆若此而已矣（答王某　先生既言格致卽中庸明善之功不離學問思辨行則與朱子之說何異乃又云格其物之不正以歸於正則未免自相齟齬未知孰是）○學絕道喪俗之陷溺如人在大海波濤中且須援之登岸然後可授之衣而與之食若以衣食投之波濤中是適重其溺彼將不以爲德而反以爲尤矣故凡居今之時且須隨機導引因事啓沃俟其感發興起而後開之以其說則爲力易而收效溥○使在我無功

利之心雖錢穀兵甲搬柴運水何往而非實學何事而非天理況子史詩文之類乎使在我尙有功利之心則雖曰談道德仁義亦只是功利之事況子史詩文之類乎一切屛絕之說猶是泥於舊聞平日用功未有得力處與陸元靜○數年切磋只得立志辨義理若於此未有得力處卻是平日所講盡成虛話平日所見皆非實得義利二字是學問大關鍵亦卽是儒釋分途處○經一蹶者長一智今日之失未必不爲後日之得但已落第二義須從第一義上著力一眞一切眞與薛尙謙 識得第一義卽遷善改過皆第一義○理無內外性無內外故學無內外講習討論未嘗非內也反觀內省未嘗遺外也夫爲學必資於外求是以己性爲有外也是義外也用智者也謂返觀內省爲求之於內是以己性爲有內也是有我也自私者也是皆不知性之無內外也故曰精義入神以致用也利用安身以崇德也性之德也合內外之道也此可以知格物之學矣格物者大學之實下手處徹首徹尾自始學至聖人只此工夫而已非但入門之際有此一段也夫正心誠意致知格物皆所以修身而格物者其所以用力日可見之地故格物者格其心之物也格其意之物也格其知之物也正心者正其物之心也誠意者誠其物之意也致知者致其

一 珍倣宋版印

物之知也此豈有內外彼此之分哉答羅整庵 整庵有答先生書云前三物爲物三後三物爲物一自相矛盾要之物一也而不能不散而爲兩散而爲萬先生之言自是八面玲瓏○夫子謂子貢曰賜也汝以予爲多學而識之者與對曰然非與子曰非也予一以貫之然則聖人之學不有要乎彼釋氏之外人倫遺物理而墮於空寂者固不得謂之明其心矣若世儒之外務講求考索而不知本諸心者其亦可謂窮理乎與夏敦夫 洙泗淵源是如此得曾子發明更是朴實頭地曾子就誠處指點先生就明處指點一而已矣○心無動靜者也其靜也者以言其體也其動也者以言其用也故君子之學無間於動靜其靜也常覺而未嘗無也故常應其動也常定而未嘗有也故常寂常應常寂動靜皆有事也是之謂集義集義故能無祗悔所謂動亦定靜亦定者也心一而已靜其體也而復求靜根焉是撓其體也動其用也而懼其易動焉是廢其用也故求靜之心卽動也惡動之心非靜也是之謂動亦動靜亦動將迎起伏相尋於無窮矣故循理之謂靜從欲之謂動欲也者非必聲色貨利外誘也有心之私皆欲也故循理焉雖酬酢萬變皆靜也濂溪所謂主靜無欲之謂也是謂集義者也從欲焉雖心齋坐忘亦動也告子之強制正

珍倣宋版印

助之謂也是外義者也答倫彥式　與定性書相爲表裏○且以所
見者實體諸心必將有疑果無疑必將有得果無得又必有見答方
叔賢○孟子云是非之心智也是非之心人皆有之卽所謂良知也
孰無是良知乎但不能致之耳易曰知至至之知至者知也至之者
致知也此知行之所以一也與陸元靜　良知之智實自惻隱之仁
來○妄心者動也照心非動也恆照則恆動恆靜天地之所以恆久
而不已也照心固照也妄心亦照也其爲物不貳則其生物不息有
刻暫停則息矣非至誠無息之學也照心非動者以其發於本體明
覺之自然而未嘗有所動也有所動則妄矣妄心亦照者以其本體
明覺之自然者未嘗不存於其中但有所動耳無所動卽照矣無妄
無照非以妄爲照以照爲妄也照心爲照妄心爲妄是猶有妄有照
也有妄有照則猶二也貳則息矣無妄無照則不貳不貳則不息矣
○心之本體無起無不起雖妄念之發而良知未嘗不在但人不知
存則有時而或放耳雖昏塞之極而良知未嘗不明但人不知察則
有時而或蔽耳雖有時而或蔽其體實未嘗不在也存之而已耳雖
有時而或蔽其體實未嘗不明也察之而已耳○理無動者也常知
常存常主於理卽不睹不聞無思無爲之謂也不睹不聞無思無爲

非槁木死灰之謂睹聞思爲一於理而未嘗有所睹聞思爲卽是動而未嘗動也○未發之中卽良知也無前後內外而渾然一體者也有事無事可以言動靜而良知無分於有事無事也寂然感通可以言動靜而良知無分於寂然感通也動靜者所遇之時心之本體固無分於動靜也○能戒愼恐懼者是良知○必欲此心純乎天理而無一毫人欲之私此作聖之功也然欲爲此者非防於未萌之先而克於方萌之際不能也此正中庸戒愼恐懼大學致知格物之功舍此之外無別功矣不思善不思惡時認本來面目此佛氏爲未識本來面目者設此方便本來面目卽吾聖門所謂良知今既認得良知明白已不消如此說矣隨物而格是致知之功卽佛氏之常惺惺亦是常存他本來面目耳體景工夫大略相似但佛氏有個自私自利之心所以便不同○病瘧之人瘧雖未發而病根自在則亦安可以其未發而遂忘服藥調理之功乎若必待瘧發而後服藥調理則既晚矣○君子之所謂敬畏非有所恐懼憂患也乃戒愼不睹恐懼不聞之謂耳君子之所謂樂非曠蕩放逸縱情肆意也乃其心體不累於欲無入而不自得之謂耳夫心之本體卽天理也天理之昭明靈覺所謂良知也君子之戒愼恐懼惟恐其昭明靈覺者或有所昏昧

放逸流於非僻邪妄而失其本體之正耳戒慎恐懼之功無時或間則天理常存而其昭明靈覺之本體無所虧蔽無所牽擾無所恐懼憂患無所好樂忿懥無所意必固我無所歉餒愧怍和融瑩徹充塞流行動容周旋而中禮從心所欲而不踰斯乃所謂真樂矣是樂生於天理之常存天理常存生於戒慎恐懼之無間孰謂敬畏之增反爲樂之累耶最足發明宋儒主敬之說（與舒國用）

○繫言何思何慮是言所思所慮只是一個天理更無別思別慮耳非謂無思無慮也故曰同歸而殊途一致而百慮天下何思何慮云殊途云百慮則豈謂無思無慮耶心之本體卽是天理則是一個更何思慮得天理原是寂然不動原是感而遂通學者用功雖千思萬慮只是要復他本來體用而已不是以私意去安排思索出來故明道云君子之學莫若廓然而大公物來而順應若以私意安排思索便是用智自私矣何思何慮正是工夫在聖人分上便是自然的在學者分上便是勉然的（如此方與不思善惡之說迥異　答周道通）

○性善之端須在氣上始見得若無氣亦無可見矣惻隱羞惡辭讓是非卽是氣程子謂論性不論氣不備論氣不論性不明亦是爲學者各執一邊只得如此說若見得自性明白時氣卽是性性卽是氣原無性氣之可分

也先生之見已到八九分但云性卽是氣氣卽是性則合更有商量在○謹獨卽是致良知與黃勉之○凡謂之行者只是著實去做這件事若著實做學問思辨工夫則學問思辨亦便是行矣學是學做這件事問是問做這件事思辨是思辨做這件事則行亦便是學問思辨矣若謂學問思辨之然後去行卻如何懸空先去學問思辨得行時又如何去得個學問思辨的事行之明覺精察處便是知知之眞切篤實處便是行若行而不能明覺精察便是冥行便是學而不思則罔所以必須說個知知而不能眞切篤實便是妄想便是思而不學則殆所以必須說個行原來只是一個工夫凡古人說知行皆是就一個工夫上補偏救弊說不似今人截然分作兩件事做如今說知行合一雖亦是就今時補偏救弊說然知行體段亦本來如是○知行原是兩個字說一個工夫這一個工夫須著此兩個字方說得完全無弊病若頭腦處見得分明見得原是一個頭腦則雖把知行分作兩個說畢竟將來做那一個工夫則始或未便融會終所謂百慮而一致矣若頭腦見得不分明原看做兩個了則雖把知行合作一個說亦恐終未有湊泊處況又分作兩截去做則是從頭至尾更沒討下落處也所謂頭腦是良知二字○夫物理不外吾心外吾

心而求物理無物理矣遺物理而求吾心吾心又何物耶心之體性也性卽理也故有孝親之心卽有孝之理無孝親之心卽無孝之理矣有忠君之心卽有忠之理無忠君之心卽無忠之理矣理豈外於吾心耶晦菴謂人之所以爲學者心與理而已心雖主乎一身而實管乎天下之理理雖散乎萬事而實不外乎一人之心是其一分一合之間而未免已啓學者心理爲二之弊明道云只窮理便盡性至命故必仁極仁而後謂之能窮仁之理義極義而後謂之能窮義之理仁極仁則盡仁之性義極義則盡義之性矣學至於窮理至矣而尙未措之於行天下寧有是耶是故知不行之不可以爲學則知不行之不可以爲窮理矣知不行之不可以爲窮理則知知行之合一並進而不可以分爲兩節事矣夫萬事萬物之理不外於吾心而必曰窮天下之理是殆以吾心之良知爲未足而必外求於天下之廣以裨補增益之是猶析心與理而爲二也夫學問思辨篤行之功雖其困勉至於人一己百而擴充之極至於盡性知天亦不過致吾心之良知而已良知之外豈復有加於毫末乎今必曰窮天下之理而不知反求諸其心則凡所謂善惡之幾眞妄之辨者舍吾心之良知亦將何以致其體察乎○夫良知之於節目事變猶規矩尺度之於

珍倣宋版印

方圓長短也節目事變之不可預定猶方圓長短之不可勝窮也故規矩誠立則不可欺以方圓而天下之方圓不可勝用矣尺度誠陳則不可欺以長短而天下之長短不可勝用矣良知誠致則不可欺以節目事變而天下之節目事變不可勝應矣毫釐千里之謬不於吾心良知一念之微而察之亦將何所用其學乎是不以規矩而欲定天下之方圓不以尺度而欲盡天下之長短吾見其乖張謬戾日勞而無成也已吾子謂語孝於溫凊定省孰不知之然而能致其知者鮮矣若謂粗知溫凊定省之儀節而遂謂之能致其知者凡知君之當仁者皆可謂之能致其仁之知知臣之當忠者皆可謂之能致其忠之知則天下孰非致知者耶以是而言可以知致知之必在於行而不行之不可以爲致知也明矣知行合一之體不益較然矣乎夫舜之不告而娶豈舜之前已有不告而娶者爲之準則故舜得以考之何典問諸何人而爲此耶抑亦求諸其心一念之良知權輕重之宜不得已而爲此耶武之不葬而興師豈武之前已有不葬而興師者爲之準則故武得以考之何典問諸何人而爲此耶抑亦求諸其心一念之良知權輕重之宜不得已而爲此耶使舜之心而非誠於爲無後武之心而非誠於爲救民則其不告而娶與不葬而興師

乃不孝不忠之大者而後之人不務其良知以精察義理於此心感通酬酢之間顧欲懸空討論此等變常之事執之以爲制事之本以求臨事之無失其亦遠矣良知之說只說得個卽心卽理卽知卽行更無別法

○天下古今之人其情一而已矣先王制禮皆因人情而爲之節文是以行之萬世而皆準其或反之吾心而有所未安者非其傳記之訛缺則必古今風氣習俗之異宜者矣此雖先王未之有亦可以義起三王之所以不相襲禮也若徒拘泥於古不得於心而冥行焉是乃非禮之禮行不著而習不察者矣一部禮經皆如此看

○學絶道喪之餘苟有興起自慕於學者皆可以爲同志不必銖稱寸度而求其盡合於此以之待人可也若在我之所以爲造端立命者則不容有毫髮之或爽矣道一而已仁者見仁知者見知釋氏之所以爲釋老氏之所以爲老百姓日用而不知皆是道也寧有二乎今古學術之誠僞邪正何啻碔砆美玉有眩惑終身而不能辨者正以此道之無二而其變動不拘充塞無間縱横顛倒皆可推之而通世之儒者各就其一偏之見而又飾之以比擬倣像之功文之以章句假借之訓其爲習熟既足以自信而條目又足以自安此其所以誑己誑人終身沒溺而不悟焉耳然其毫釐之差而乃致千里之謬

珍倣宋版印

非誠有求爲聖人之志而從事於惟精惟一之學者莫能得其受病之源而發其神奸之所由伏也若仁之不肖蓋亦嘗陷溺於其間者幾年倀倀然既自以爲是矣賴天之靈偶有悟於良知之學然後悔其向之所爲者固包藏禍機作僞於外而勞心日拙者也十餘年來雖痛自洗剔創艾而病根深痼萌蘖時生所幸良知在我操得其要譬猶舟之得舵雖驚風巨浪顛沛不無尙猶得免於傾覆者也夫舊習之溺人雖已覺悔悟而其克治之功尙且其難若此又況溺而不悟日益以深者亦將何所底極乎只一僞字是神奸攸伏處以先生之善變也經如許鍛鍊而渣滓未盡猶然大費力如此○人者天地萬物之心也心者天地萬物之主也心卽天言心則天地萬物皆舉之矣答季明德○大抵學問工夫只要主意頭腦的當若主意頭腦專以致良知爲事則凡多聞多見莫非致良知之功蓋日用之間見聞酬酢雖千頭萬緒莫非良知之發用流行除却見聞酬酢亦無良知可致矣答歐陽崇一○學者往往說勿忘勿助工夫甚難才著意便是助才不著意便是忘問之云忘是忘個甚麼助是助個甚麼其人默然無對因與說我此間講學却只說個必有事焉不說勿忘勿助必有事焉者只是時時去集義若時時去用必有事的工夫而或

有時間斷此便是忘了卽須勿忘時時去用必有事的工夫而或有時欲速求效此便是助了卽須勿助工夫全在必有事上勿忘勿助只就其間提撕警覺而已若工夫原不間斷不須更說勿忘原不欲速求效不須更說勿助今卻不去必有事上用工而乃懸空守著一個勿忘勿助此如燒鍋煮飯鍋內不曾漬水下米而乃專去添柴放火吾恐火候未及調停而鍋先破裂矣所謂時時去集義者只是致良知說集義則一時未見頭腦說致良知當下便有用功實地 答聶文蔚 致良知只是存天理之本然○良知只是一個隨他發見流行處當下具足更無去來不須假借然其發見流行處卻自有輕重厚薄毫髮不容增減者所謂天然自有之中也雖則輕重厚薄毫髮不容增減而原來只是一個○明道云吾學雖有所受然天理二字卻是自家體認出來良知卽是天理體認者實有諸己之謂耳 與馬子華 此是先生的派明道處○凡人言語正到快意時便截然能忍默得意氣正到發揚時便翕然能收斂得憤怒嗜欲正到騰沸時便廓然能消化得此非天下之大勇不能也然見得良知親切時其工夫又自不難 與宗賢○象山文集所載未嘗不教其徒讀書窮理而自謂理會文字頗與人異者則其意實欲體之於身其亟所稱述

一珍倣宋版印

以誨人者曰居處恭執事敬與人忠曰克己復禮曰萬物皆備於我反身而誠樂莫大焉曰學問之道無他求其放心而已曰先立乎其大者而小者不能奪是數言者孔孟之言也惡在其爲空虛者乎獨其易簡覺悟之說頗爲當時所疑然易簡之說出於繫辭覺悟之說雖有同於釋氏然釋氏之說亦自有同於吾儒而不害其爲異者惟在於幾微毫忽之閒而已晦庵之言曰居敬窮理曰非存心無以致知曰君子之心常存敬畏雖不見聞亦不敢忽所以存天理之本然而不使離於須臾之頃也是其爲言雖未盡瑩亦何嘗不以尊德性爲事而又惡在其爲支離者乎獨其平日汲汲於訓解雖韓文楚辭陰符參同之屬亦必與之註釋考辨而論者遂疑其玩物又其心慮學者之躐等而或失之於妄作使必先之以格物而無不明然後有以實之於誠正而無所謬世之學者掛一漏萬求之愈繁而失之愈遠至有疲力終身苦其難而卒無所入則遂議其支離不知此乃後世學者之弊當時晦庵之自爲亦豈至是乎僕嘗以爲晦庵之與象山雖其所爲學者若有不同而要皆不失爲聖人之徒今晦庵之學天下之人童而習之既已入人之深有不容於論辨者獨象山之學則以其常與晦庵之有言而遂藩籬之使若由賜之殊科焉則可矣

乃擯放廢斥若碔砆之與美玉則豈不過甚矣乎夫晦庵折衷羣儒之說以發明六經語孟之旨於天下其嘉惠後學之心真有不可得而議者而象山辨義利之分立大本求放心以示後學篤實爲己之道其功亦豈可得而盡誣之而世之儒者附和雷同不究其實而概目之以禪學則誠可冤也已答徐成之○凡工夫只是要簡易真切愈真切愈簡易愈簡易愈真切寄安福諸同志　簡易真切是良知二字做手法

傳習錄

愛問知止而后有定朱子以爲事事物物皆有定理似與先生之說相戾曰於事事物物上求至善卻是義外也至善是心之本體只是明明德到至精至一處便是然亦未嘗離卻事物本註所謂盡夫天理之極而無一毫人欲之私者得之徐愛記　天理人欲四字是朱王印合處奚必晚年定論○愛問至善只求諸心恐於天下事理有不能盡曰心卽理也此心無私欲之蔽卽是天理不須外面添一分以此純乎天理之心發之事父便是孝發之事君便是忠發之交友治民便是信與仁只在此心去人欲存天理上用功便是愛曰如事父一事其間溫清定省之類有許多節目亦須講求否曰如何不講

珍倣宋版印

求只是有個頭腦只就此心去人欲存天理上講求如講求冬溫也只是要盡此心之孝恐怕有一毫人欲間雜講求夏清也只是要盡此心之孝恐怕有一毫人欲間雜此心若無人欲純是天理是個誠於孝親之心冬時自然思量父母寒自去求溫的道理夏時自然思量父母熱自去求清的道理譬之樹木這誠孝的心便是根許多條件便是枝葉須先有根然後有枝葉不是先尋了枝葉然後去種根禮記孝子之有深愛者必有和氣有和氣者必有愉色有愉色者必有婉容便是如此至善本在吾心賴先生恢復○愛問今人儘有知父當孝兄當弟者卻不能孝不能弟知行分明是兩件曰此已被私欲間斷不是知行本體未有知而不行者知而不行只是不知聖賢教人知行正是要復那本體故大學指個真知行與人看說如好好色如惡惡臭見好色屬知好好色屬行只見好色時已自好了不是見後又立個心去好聞惡臭屬知惡惡臭屬行只聞惡臭時已自惡了不是聞後別立個心去惡愛曰古人分知行為兩亦是要人見得分曉一行工夫做知一行工夫做行則工夫始有下落曰此卻失了古人宗旨仁嘗說知是行的主意行是知的工夫知是行之始行是知之成若會得時只說一個知已自有行在只說一個行已自有知

在古人所以既說知又說行者只爲世間有一種人懵懵懂懂任意去做便不解思惟省察只是個冥行妄作所以必說個知方纔行得是又有一種人茫茫蕩蕩懸空去思索全不肯著實躬行只是個揣摩影響所以必說一個行方纔知得真此是古人不得已補偏救弊的說話今若知得宗旨卽說兩個亦不妨亦只是一個若不會宗旨便說一個亦濟得甚事只是閒說話只見那好色時已自好了不是見了後又立個心去好只聞那惡臭時已自惡了不是聞了後又立個心去惡此是先生洞見心體處既不是又立個心去好惡則決不是起個意去好惡可知固知意不可以起滅言也

○愛問格物物字卽是事字皆從心上說曰然身之主宰便是心心之所發便是意意之本體便是知意之所在便是物如意在於事親卽事親便是一物意在於事君卽事君便是一物意在於仁民愛物卽仁民愛物便是一物意在於視聽言動卽視聽言動便是一物所以說無心外之理無心外之物中庸言不誠無物大學明明德之功只是個誠意誠意之功只是個格物以心之所發言意意之所在言物則心有未發之時却如何格物卽請以前好惡之說參之

○知是心之本體心自然會知見父自然知孝見兄自然知弟見孺子入井自然知惻隱此便

珍倣宋版印

是良知不假外求若良知之發更無私意障礙卽所謂充其惻隱之心而仁不可勝用矣常人不能無私意所以須用致知格物之功勝私復禮良知更無障礙得以充塞流行便是致其知知致則意誠既云至善是心之本體又云知是心之本體蓋知只是知善知惡知善知惡正是心之至善處既謂之良知決然私意障礙不得常人亦與聖人同○問博約曰禮字卽是理字理之發見可見者謂之文文之隱微不可見者謂之理只是一物約禮只是要此心純是一個天理要此心純是天理須就理之發見處用功如發見於事親時就在事親上學存此天理發見於事君時就在事君上學存此天理至於作止語默無處不然這便是博學於文便是約禮的工夫博文卽是惟精約禮卽是惟一○愛問道心常爲一身之主而人心每聽命以先生精一之訓推之此語似有弊曰然心一也未雜於人謂之道心雜以人僞謂之人心人心之得其正者卽道心道心之失其正者卽人心初非有二心也程子謂人心卽人欲道心卽天理語若分析而意實得之今曰道心爲主而人心聽命是二心也天理人欲不並立安有天理爲主人欲又從而聽命者

愛因舊說汨沒始聞先生之教駭愕不定無入頭處其後聞之既

熟反身實踐始信先生之學爲孔門嫡傳舍是皆旁蹊小徑斷港絕河矣如說格物是誠意工夫明善是誠身工夫窮理是盡性工夫道問學是尊德性工夫博文是約禮工夫惟精是惟一工夫此類始皆落落難合久之不覺手舞足蹈愚按曰仁爲先生入室弟子所記語錄具言去人欲存天理者不一而足又曰至善是心之本體然未嘗離事物又曰卽盡乎天理之極處則先生心宗教法居然只是宋儒矩矱但先生提得頭腦清楚耳

澄問主一之功如讀書則一心在讀書上接客則一心在接客上可以爲主一乎曰好色則一心在好色上好貨則一心在好貨上可以爲主一乎主一是專主一個天理陸澄記○孟源有自是好名之病先生喻之曰此是汝一生大病根譬如方丈地內種此一大樹雨露之滋土脈之力只滋養得這個大根四旁縱要種些嘉穀上被此樹遮覆下被此樹盤結如何生長得成須是伐去此樹纖根勿留方可種植嘉種不然任汝耕耘培壅只滋養得此根○問靜時亦覺意思好才遇事便不同如何曰是徒知養靜而不用克己工夫也人須在事上磨鍊方立得住方能靜亦定動亦定先生又說個克己卽存理去欲之別名○問上達工夫曰後儒教人纔涉精微便謂上達未當

學且說下學是分下學上達爲二也夫目可得見耳可得聞口可得言心可得思者皆下學也目不可得見耳不可得聞口不可得言心不可得思者上達也如木之栽培灌溉是下學也至於日夜之所息條達暢茂乃是上達人安能與其力哉凡聖人所說雖極精微俱是下學學者只從下學裏用功自然上達去不必別尋上達工夫○問寧靜存心時可爲未發之中否曰今人存心只定得氣當其寧靜時亦只是氣寧靜不可以爲未發之中曰未便是中莫亦是求中工夫曰只要去人欲存天理方是工夫靜時念念去欲存理動時念念去欲存理不管寧靜不寧靜若靠著寧靜不惟有喜靜厭動之弊中間許多病痛只是潛伏在終不能絕去遇事依舊滋長以循理爲主何嘗不寧靜以寧靜爲主未必能循理○省察是有事時存養存養是無事時省察○定者心之本體天理也動靜所遇之時也○唐詡問立志是常存個善念要爲善去惡否曰善念存時卽是天理此念卽善更思何善此念非惡更去何惡此念如樹之根芽立志者長立此善念而已從心所欲不踰矩只是志到熟處○許魯齋謂儒者以治生爲先之說亦誤人○喜怒哀樂本體自是中和的纔自家著些意思便過不及便是私○問知至然後可以言意誠今天理人欲知之

未盡如何用得克己工夫曰人若真實切己用功不已則於此心天理之精微日見一日私欲之細微亦日見一日若不用克己工夫天理私欲終不自見如走路一般走得一段方認得一段走到歧路處有疑便問問了又走方纔能到今於已知之天理不肯存已知之人欲不肯去只管愁不能盡知閑講何益且待克得自己無私可克方愁不能盡知亦未遲在○問伊川謂不當於喜怒哀樂未發之前求中延平卻教學者看未發以前氣象何如曰皆是也伊川恐人於未發前討個中把中作一物看如吾向所謂認氣定時做中故令只於涵養省察上用功延平恐人未便有下手處故令人時時刻刻求未發前氣象使人正目而視惟此傾耳而聽惟此即是戒慎不睹恐懼不聞的工夫皆古人不得已誘人之言也只爲本無前後際故也先生頗主程子說○澄於中字之義尚未明白此須自心體認出來非言語所能喻中只是天理曰天理何以謂之中曰無所偏倚曰無所偏倚何等氣象曰如明鏡全體瑩徹無纖塵點染曰當其已發或著在好色好利好名上方見偏倚若未發時何以知其有所偏倚曰平日美色名利之心原未嘗無病根不除則暫時潛伏偏倚仍在須是平日私心蕩除潔淨廓然純乎天理方可謂中○言語無序亦足以

見心之不存○問格物於動處用功否曰格物無間動靜靜亦物也孟子謂必有事焉是動靜皆有事此是先生定論先生他日每言意在於事親卽事親爲一物云云余竊轉一語曰意不在於事親時是恁物先生又曰工夫難處全在格物致知上此卽誠意之事意既誠大段心亦自正身亦自修但正心修身工夫亦各有用力處修身是已發邊正心是未發邊心正則中身修則和云云先生既以良知二字冒天下之道安得有正修工夫只因將意字看作已發故工夫不盡又要正心又要修身意是已發心是未發身又是已發先生每譏宋儒支離而躬蹈之千載而下每欲起先生於九原質之而無從也

○問程子云仁者以天地萬物爲一體何墨氏兼愛反不得謂之仁曰仁是造化生生不息之理雖瀰漫周遍無處不是然其流行發生亦自有漸惟其有漸所以必有發端處惟有發端處所以生生不息譬之於木其始抽芽便是生意發端處然後有幹有枝葉父子兄弟之愛是人心生意發端處如木之抽芽自此而仁民而愛物如木之有幹有枝葉也墨氏將父子兄弟與途人一例便沒了發端處安能生生安能謂之仁只此便可勘佛氏之學

○問延平云當理而無私心當理與無私心如何分別曰心卽理也無私心卽是當理未當理

便是私心若析心與理言之恐亦未善又問釋氏於世間情欲之私不染似無私心外棄人倫却似未當理曰亦只是一統事成就他一個私己的心○聖人之所以爲聖只是此心純乎天理而無人欲之雜猶精金之所以爲精但以其成色足而無銅鉛之雜也人到純乎天理方是聖金到足色方是精然聖人之才力亦有大小不同猶金之分兩有輕重所以爲精金者在足色而不在分兩所以爲聖者在純乎天理而不在才力也學者學聖人不過是去人欲而存天理猶鍊金而求其足色耳後世不知作聖之本却專去知識才能上求聖人敝精竭力從冊子上鑽研名物上考索形迹上比擬知識愈廣而人欲愈滋才力愈多而天理愈蔽正如見人有萬鎰精金不務煅鍊成色而乃妄希分兩錫鉛銅鐵雜然投之分兩愈增而成色愈下及其梢末無復有金矣 薛侃記 ○侃去花間草曰天地間何善難培惡難去先生曰此等看善惡皆從軀殼起念天地生意花草一般何曾有善惡之分子欲看花則以花爲善以草爲惡如欲用草時復以草爲善矣曰然則無善無惡乎曰無善無惡者理之靜有善有惡者氣之動不動於氣卽無善無惡是謂至善曰佛氏亦無善無惡何以異曰佛氏著在無上便一切不管聖人無善無惡只是無有作好無有

作惡此之謂不動於氣曰草既非惡是草不宜去矣曰如此却是佛者意見草若有礙理亦宜去矣曰如此又是作惡作好曰不作好惡非是全無好惡只是好惡一循於理不去著一分意思卽是不曾好惡一般曰然則善惡全不在物曰只在汝心循理便是善動氣便是惡曰畢竟物無善惡曰在心如此在物亦然世儒惟不知此舍心逐物將格物之學錯看了先生之言自是端的與天泉證道之說迥異

○爲學須得個頭腦工夫方有著落縱未能無間如舟之有舵一提便醒不然雖從事於學只做個義襲而取非大本達道也○侃問先儒以心之靜爲體心之動爲用何如曰不可以動靜爲體用動靜時也卽體而言用在體卽用而言體在用是謂體用一源若說靜可以見其體動可以見其用却不妨心幷無動靜可言必不得已可說動可以見體靜可以見用○梁曰孚問主一曰一者天理主一是一心在天理上若只知主一不知一卽是理有事時便逐物無事時便著空惟其有事無事一心皆在天理上用功所以居敬亦卽是窮理就窮理專一處說便謂之居敬就居敬精密處說便謂之窮理不是居敬了別有個心窮理窮理時別有個心居敬名雖不同工夫只是一事○正之問戒懼是己所不知時工夫愼獨是己所獨知時工夫曰

只是一個工夫無事之時固是獨知有事時亦是獨知於此用功便是端本澄源便是立誠若只在人所共知處用功便是作僞今若又分戒懼爲己所不知工夫便支離既戒懼卽是知已曰獨知之地更無無念時耶曰戒懼之念無時可忽若戒懼之心稍有不存不是昏聵便已流入惡念戒懼不是念可言是思思只在思誠思是心之本官思而動於欲爲念故念當除而思不可除後人專喜言無思至於念則以爲是心之妙用不可除是倒說了他只要除除理障耳○蔡希淵問大學新本先格致而後誠意工夫似與首章次第相合若先生從舊本誠意反在格致之前矣曰大學工夫只是明明德明明德只是個誠意誠意工夫只在格致若以誠意爲主去用格致工夫工夫始有下落卽爲善去惡無非是誠意的事如新本先去窮格事物之理卽茫茫蕩蕩都無著落處須添個敬字方才牽扯得身心上來終沒根源且既須敬字緣何孔門倒將最要緊的落了直待千餘年後人添補正謂以誠意爲主卽不須添敬字此學問大頭腦於此不察真是千里之謬大抵中庸工夫只是誠身誠身之極便是至誠大學工夫只是誠意誠意之極便是至善總是一般先生疏大學惟此段最端的無病明明德只是個誠意若意字看得分曉不必說正心更

珍倣宋版印

有工夫矣○九川問靜坐用功頗覺此心收斂遇事又斷了旋起個念頭去事上省察事過又尋舊功覺內外打不成一片曰心何嘗有內外卽如惟濬今在此講論又豈有一心在內照管這講說時專一卽是那靜坐時心工夫一貫何須更起念頭須在事上磨鍊工夫得力若只好靜遇事便亂那靜時工夫亦差似收斂而實放溺也何須更起念頭是聖學入微眞消息他日卻曰實無無念時只是要正念如講論時便起不得在內照管的念則講論時不知又可起得個事親的意否○問近來工夫稍知頭腦然難尋個穩當處曰只是致知曰如何致曰一點良知是爾自家的準則你意念著處他是便知是非便知非更瞞他一些不得爾只不要欺他實實落落依著他做去善便存惡便去何等穩當此便是致知的實功先生每以念字與意字合說恐念與意終有別○崇一曰先生致知之旨發盡精蘊看來這裏再去不得曰何言之易也再用功半年看如何又用功一年看如何功夫愈久愈覺不同知來本無知覺來本無覺然不知則遂埋沒此是獨體正當處被先生一口打併出○黃以方問先生格致之說隨時格物以致其知則知是一節之知非全體之知也何以到得溥博如天淵泉如淵地位曰心之本體無所不該原是一個天只爲

私欲障礙則天之本體失了心之理無窮盡原是一個淵只爲私欲窒塞則淵之本體失了如念念致良知將此障礙窒塞一齊去盡則本體已復便是天淵了因指天以示之曰如面前所見是昭昭之天四外所見亦只是昭昭之天只爲許多牆壁遮蔽不見天之全體若撤去牆壁總是一個天矣於此便見一節之知卽全體之知全體之知卽一節之知總是一個本體 黄直記

○聖賢非無功業氣節但其循著天理則便是道不可以事功氣節名矣

○我輩致知只是各隨分量所及今日良知見在如此則隨今日所知擴充到底明日良知又有開悟便隨明日所知擴充到底如此方是精一工夫 此是先生漸教頓不廢漸

○問知行合一曰此須識我立言宗旨今人學問只因知行分作兩件故有一念發動雖是不善然却未曾行便不去禁止我今說個知行合一正要人曉得一念發動處便卽是行了發動處有不善就將這不善的念克倒了須要徹根徹底不使那一念不善潛伏在胸中此是我立言宗旨 如此說知行合一真是絲絲見血先生之學真切乃爾後人何曾會得

○聖人無所不知只是知個天理無所不能只是能個天理聖人本體明白故事事知個天理所在便去盡個天理不是本體明後却於天下事物都便知得便做得來

也天下事物如名物度數草木鳥獸之類不勝其煩雖是本體明了亦何緣能盡知得但不必知的聖人自不消求知其所當知者聖人自能問人如子入太廟每事問先儒謂雖知亦問敬謹之至此說不可通聖人於禮樂名物不必盡知然他知得一個天理便自有許多節文度數出來不知能問亦卽是天理節文所在說名物象數也拈出天理二字先生之學自是勺水不漏○問儒者夜氣胸中思慮空空靜靜與釋氏之靜却一般此時何所分別曰動靜只是一個那夜氣空空靜靜天理在中卽是應事接物的心應事接物的心亦是循天理便是夜氣空空靜靜的心故動靜分別不得知得動靜合一釋氏毫釐差處亦是莫掩矣天理二字是儒門得分家儅釋氏空之雖靜時也做不得主○文公格物之說只是少頭腦如所謂察之於念慮之微此一句不該與求之文字之中驗之事爲之著索之講論之際混作一例看是無輕重也○佛氏不著相其實著相吾儒著相其實不著相佛怕父子累却逃了父子怕君臣累却逃了君臣怕夫婦累却逃了夫婦都是著相便須逃避吾儒有個父子還他以仁有個君臣還他以義有個夫婦還他以別何曾著父子君臣夫婦的相先生於佛氏一言而內外夾攻更無剩義○問讀書所以調攝此心但

一珍做宋版印

一種科目意思牽引而來何以免此曰只要良知真切雖做舉業不爲心累且如讀書時知得強記之心不是卽克去之有誇多鬬靡之心不是卽克去之如此亦只是終日與聖賢印對是個純乎天理之心任他讀書亦只是調攝此心而已何累之有又舉天理二字如此方真是讀書亦便是真格物處朱子以讀書爲格物窮理之要與先生語不無差別○諸君功夫最不可助長上智絕少學者無超入聖人之理一起一伏一進一退自是功夫節次不可以我前日曾用功夫今卻不濟便要矯強做出一個沒破綻模樣便是助長連前些子功夫都壞了只要常常做個遁世無悶不見是而無悶之心依此良知忍耐做去不管毀譽榮辱久久自然有得力處○言立志曰真有聖人之志良知上更無不盡良知上留得些子別念掛帶便非必爲聖人之志矣錢德洪記○吾昔居滁時見諸生多務知解無益於得姑教之靜坐一時窺見光景頗收近效久之漸有喜靜厭動流入枯槁之病故邇來只說致良知良知明白隨你去靜處體悟也好隨你去事上磨鍊也好良知本體原是無動無靜的此便是學問頭腦○良知在夜氣發的方是本體以其無物欲之雜也學者要使事物紛擾之時常如夜氣一般就是通乎晝夜之道而知此語端的良知常

發而常斂便是獨體真消息若一向在發用處求良知便入情識窠臼去然先生指點人處都在發用上說只要人知是知非上轉個爲善去惡路頭正是良工苦心也○仙家說到虛聖人豈能虛上加得一毫實佛氏說到無聖人豈能無上加得一毫有但仙家說虛從養生上來佛氏說無從出離生死上來却於本體上加却這些子意思在便不是虛無的本色便於本體有障礙聖人只是還他良知的本色更不著些子意在良知之虛便是天之太虛良知之無便是太虛之無形日月風雷山川民物凡有貌象形色皆在太虛無形中發用流行未嘗作得天的障礙聖人只是順其良知之發用天地萬物俱在我良知發用流行中何嘗又有一物超於良知之外能作得障礙是辨三教異同大頭腦處可見惟吾儒方擔得虛無二字起二氏不與也○問釋氏亦務養心然不可以治天下何也曰吾儒養心未嘗離却事物只順其天則自然就是工夫釋氏却要盡絕事物把心看作幻相與世間無些子交涉所以不可治天下世間豈有離事之心佛氏一差故百差今謂佛氏心不差而事差便是調停之說○問異端曰與愚夫愚婦同的是謂同德與愚夫愚婦異的是謂異端○孟子不動心與告子不動心所異只在毫釐間告子只在不動心上著

功孟子便直從此心原不動處分曉心之本體原是不動的只爲所行有不合義便動了孟子不論心之動與不動只是集義所行無不是義此心自然無可動處告子只要此心不動處便是把捉此心將他生生不息之根反阻撓了○問人有虛靈方有良知若草木瓦石之類亦有良知否曰人的良知就是草木瓦石的良知萬物與人原是一體其發竅之最精處是人心一點靈明故五穀禽獸之類皆可以養人藥石之類皆可以療疾只爲同此一氣故能相通耳只爲性體原是萬物一源故如人參溫能補人便是遇父子而知親大黃苦能瀉人便是遇君臣而知義如何無良知又如人參能退邪火便是遇君臣而知義大黃能順陰氣便是遇父子而知親○問人與物同體如何大學又說個厚薄曰道理自有厚薄比如身是一體把手足捍頭目豈是薄手足其道理合如此禽獸與草木同是愛的把草木去養禽獸又忍得人與禽獸同是愛的宰禽獸以養親供祭祀燕賓客心又忍得至親與路人同是愛的顛沛患難之際不能兩全寧救至親不救路人心又忍得這是道理合該如此及至吾身與至親更不得分彼此厚薄蓋以仁民愛物皆從此出此處可忍更無所不忍矣大學所謂厚薄是良知上自然的條理便謂之義順這個條理便

珍倣宋版印

謂之禮知此條理便謂之智終始這條理便謂之信既是自然的條理則不如此便自勉然的更何條理所以佛氏一切胡亂只得粉碎虛空歸之儱侗○目無體以萬物之色爲體耳無體以萬物之聲爲體鼻無體以萬物之臭爲體口無體以萬物之味爲體心無體以天地萬物感應之是非爲體○無知無不知本體原是如此譬如日未嘗有心照物而自無物不照無照無不照原是日之本體良知本無知今却要有知本無不知今却疑有不知只是信不及耳獨知原是如此○先天而天弗違天卽良知也後天而奉天時良知卽天也大徹大悟蒙又爲先生轉一語曰先生言致良知以格物便是先天而天弗違先生言格物以致其良知便是後天而奉天時○良知只是個是非之心是非只是個好惡只好惡就盡了是非只是非就盡了萬事萬變又曰是非兩字是個大規矩巧處則存乎其人○問知譬日欲譬雲雲雖能蔽日亦是天之一氣合有的欲亦莫非人心合有否曰喜怒哀懼愛惡欲謂之七情七者俱是人心合有的但要認得良知明白比如日光雖雲霧四塞太虛中色象可辨亦是日光不滅處不可以雲能蔽日教天不要生雲七情順其自然之流行皆是良知之用但不可有所著七情有著俱謂之欲然纔有著時良知亦自

會覺覺卽蔽去復其體矣此處能勘得破方是簡易透徹工夫人生一時離不得七情七情卽良知之魄若謂良知在七情之外則七情又從何處來○人有過多於過上用功就是補甑其流必歸於文過直須向前一步○琴瑟簡編學者不可無蓋有業以居之心就不放○問良知原是中和的如何却有過不及曰知得過不及處就是中和良知無過不及知得過不及的是良知○慈湖不爲無見又著在無聲無臭見上了○門人歎先生自征甯藩以來天下謗議益衆先生曰我在南都以前尚有些子鄉愿意思在今信得這良知眞是眞非信手行去更不著些覆藏纔做一個狂者胸次故人都說我行不揜言也讀此方知先生晚年眞面目我輩如何容易打過關捩子也然向後正大有事在所謂人所不知而己獨知者此正是吾心良知處○有言童子不能格物只教以洒掃應對曰洒掃應對就是物童子良知只到此只教去洒掃應對便是致他這一點良知又如童子知畏先生長者此亦是他良知處故雖遨嬉見了先生長者便去作揖恭敬是他能格物以致敬師長之良知我這裏格物自童子以至聖人皆是此等工夫但聖人格物便更熟得些子不消費力○問程子云在物爲理如何云心卽理曰在物爲理在字上當添一心字此

珍倣宋版印

心在物則爲理如此心在事父則爲孝在事君則爲忠之類是也諸君要識得我立言宗旨我如今說個心卽理只爲世人分心與理爲二便有許多病痛如五伯攘夷狄尊周室都是一個私心便不當理人却說他做得當理只心有未純往往慕悅其所爲要求外面做得好看却與心全不相干分心與理爲二其流於伯道之僞而不自知故我說個心卽理要使知心理是一個便來心上做工夫不去襲取於義便是王道之真○夫子說性相近卽孟子說性善不可專在氣質上說若說氣質如剛與柔對如何相近得惟性善則同耳人性初時善原是同的但剛者習於善則爲剛善習於惡則爲剛惡柔者習於善則爲柔善習於惡則爲柔惡便自相遠了黃以方記　此是先生道性善處○丁亥年九月先生起征思田德洪與汝中論學德洪舉先生教言曰無善無惡心之體有善有惡意之動知善知惡是良知爲善去惡是格物汝中曰此恐未是究竟話頭若說心體是無善無惡意亦是無善無惡知亦是無善無惡物亦是無善無惡矣若說意有善惡畢竟心體還有善惡在德洪曰心體是天命之性原無善惡但人有習於心意念上見有善惡在格致誠正修此是復性體功夫若原無善惡功夫亦不消說矣是夕坐天泉橋各舉請正先生曰

二君之見正好相資不可各執一邊我這裏接人原有二種利根之人直從本源上悟入人心本體原是明瑩無滯原是個未發之中利根之人一悟本體卽是功夫人己內外一齊俱透其次不免有習心在本體受蔽故且教在意念上實落爲善去惡功夫熟後渣滓去盡本體亦明淨了汝中之見是我接利根人的德洪之見是我爲其次立法的相取爲用則中人上下皆可引入於道旣而曰已後講學不可失了我的宗旨無善無惡心之體有善有惡意之動知善知惡是良知爲善去惡是格物這話頭隨人指點自沒病痛原是徹上徹下功夫利根之人世亦難遇人有習心不教他在良知上實用爲善去惡功夫只去懸空想個本體一切事爲俱不著實不過養成一個虛寂病痛不是小小不可不早說破王畿天泉證道記

先生每言至善是心之本體又曰至善只是盡乎天理之極而無一毫人欲之私又曰良知卽天理錄中言天理二字不一而足有時說無善無惡者理之靜亦未嘗徑說無善無惡是心體若心體果是無善無惡則有善有惡之意又從何處來知善知惡之知又從何處來爲善去惡之功又從何處起無乃語語斷流絕港乎怪哉四無之論先生當於何處作答卻又有上根下根之說謂教上根人只在心上用功夫下根人

一珍倣宋版印

只在意上用功夫又豈大學八目一貫之旨又曰其次且教在意念上著實用爲善去惡工夫久之心體自明蒙謂纔著念時便非本體人若只在念起念滅上用功夫一世合不上本體所謂南轅而北轍也先生解大學於意字原看不清楚所以於四條目處未免架屋疊床至此及門之士一再摹之益失本色矣先生他日有言曰心意知物只是一事此是定論既是一事決不是一事皆無蒙因爲龍谿易一字曰心是有善無惡之心則意亦是有善無惡之意知亦是有善無惡之知物亦是有善無惡之物不知先生首肯否

明儒學案卷十

明儒學案卷十一

姚江黃梨洲先生著

豫章後學　夏鼎　熊育鑫
熊縕祖　熊育鏞
徐兆瀾　周聯慶
熊榮祖　蕭兆柄
劉秉楨　李真實　重刊

浙中王門學案

姚江之教自近而遠其最初學者不過郡邑之士耳龍場而後四方弟子始益進焉郡邑之以學鳴者亦僅僅緒山龍溪此外則椎輪積水耳然一時之盛吾越尙講誦習禮樂絃歌之音不絕其儒者不能一二數若山陰范瓘字廷潤號栗齋初師王司輿許半圭其後卒業於陽明博攷羣經恍然有悟以爲孔孟的傳惟周程得之朱陸而下皆弗及也家貧不以關懷曰天下有至寶得而玩之可以忘貧作古詩二十章歷敘道統及太極之說其奧義未易測也餘姚管州字子行號石屏官兵部司務每當入直諷詠抑揚司馬怪之邊警至司馬章皇石屏曰古人度德量力公自料才力有限何不引退以空賢路司馬謾爲好語謝之以京察歸大洲有宿四祖山詩四子堂堂特地

來謂蔡白石沈古林龍溪石屏也范引年號半野講學於青田從遊者頗衆夏醇字惟初號復吾以鄉舉卒官思明府同知魏莊渠主天根天機之說復吾曰指其靜爲天根動爲天機則可若以靜養天根動察天機是歧動靜而二之非所以語性也柴鳳字後愚主教天真書院衢嚴之士多從之孫應奎字文卿號蒙泉歷官右副都御史以傳習錄爲規範董天真之役聞人銓字邦正號北江與緒山定文錄刻之行世即以寒宗而論黃驥字德良尤西川紀其言陽明事黃文煥號吳南開州學正陽明使其子受業有東閣私抄記其所聞黃嘉愛字懋仁號鶴溪正德戊辰進士官至欽州守黃元釜號丁山黃夔字子韶號後川皆篤實光明墨守師說以此推之當時好修一世湮沒者可勝道哉

郎中徐橫山先生愛

提學蔡我齋先生宗兗

御史朱白浦先生節

員外錢緒山先生德洪

郎中王龍溪先生畿

郡守季彭山先生本

珍倣宋版印

宗伯黃久菴先生綰
布衣董蘿石先生澐附子穀
主事陸元靜先生澄
司寇顧箬溪先生應祥
侍郎黃致齋先生宗明
中丞張浮峯先生元冲
侍郎程松溪先生文德
太常徐魯源先生用檢
都督萬鹿園先生表
侍郎王敬所先生宗沐
侍讀張陽和先生元忭
教諭胡今山先生瀚

珍倣宋版印

姚江黃棃洲先生著

豫章後學　夏鼎　熊育鑫　熊繩祖　熊育鏞　徐兆灝　周聯慶　熊榮祖　蕭兆柄　劉秉楨　李真實　重刊

郎中徐橫山先生愛

徐愛字曰仁號橫山餘姚之馬堰人正德三年進士出知祁州陞南京兵部員外郎轉南京工部郎中十一年歸而省親明年五月十七日卒年三十一（緒山傳云兵部及告疾歸皆非）先生爲海日公之壻於陽明內兄弟也陽明出獄而歸先生卽北面稱弟子及門莫有先之者（鄧元錫皇明書云自龍場歸受學非）其後與陽明同官南中朝夕不離學者在疑信之閒先生爲之騎郵以通彼我於是門人益親陽明曰曰仁吾之顏淵也先生嘗游衡山夢老僧撫其背而歎曰子與顏子同德亦與顏子同壽覺而異之陽明在贛州聞訃哭之慟先生雖死陽明每在講席未嘗不念之酹答之頃機緣未契則曰是意也吾嘗與曰仁言之年來未易及也一日講畢環柱而走歎曰安得

起曰仁於泉下而聞斯言乎乃率諸弟子之其墓所酹酒而告之先生始聞陽明之教與先儒相出入駭愕不定無入頭處聞之既熟反身實踐始信爲孔門嫡傳舍是皆旁蹊小徑斷港絶河矣陽明自居夷以後其教再變南中之時大率以收斂爲主發散是不得已故以默坐澄心爲學的江右以後則專提致良知三字先生記傳習初卷皆是南中所聞其於致良知之說固未之知也然錄中有云知是心之本體心自然會知見父自然知孝見兄自然知弟見孺子入井自然知惻隱此便是良知使此心之良知充塞流行便是致其知則三字之提不始於江右明矣但江右以後以此爲宗旨耳是故陽明之學先生爲得其眞聶雙江云今之爲良知之學者於傳習錄前編所記眞切處俱略之乃篤空立籠罩語似切近而實渺茫終日逐外而自以爲得手也蓋未嘗不太息於先生云

文集

吾師之教謂人之心有體有用猶之水木有根源有枝葉流派學則如培濬溉疏故木水在培溉其根濬疏其源根盛源深則枝流自然茂且長故學莫要於收放心涵養省察克治是也即培濬其根源也讀書玩理皆所以溉疏之也故心德者人之根源也而不可少緩文

章名業者人之枝葉也而非所汲汲學者先須辨此即是辨義利之分既能知所決擇則在立志堅定以趨之而已答邵思抑○學者大患在於好名今之稱好名者類舉富貴誇耀以為言抑末矣凡其意有為而為雖其跡在孝弟忠信禮義猶其好名也猶其私也古之學者其立心之始即務去此而以全吾性命之理為心當其無事以勿忘勿助而養吾公平正大之體勿先事落此谿徑故謂之存養及其感應而察識其有無故謂之省察察知其有此而務決去之勿苦其難故謂之克治專事乎此而不以怠心間之故謂之不息去之盡而純故謂之天德推之純而達故謂之王道送甘欽來○夫人所以不宜於物者私害之也是故吾之私得以加諸彼則忮心生焉忮心好勝之類也凡天下計較忌妒驕淫狠傲攘奪暴戾之惡皆從之矣吾之私得以藉諸彼則求心生焉求心好屈之類也凡天下阿比諂佞柔懦燕溺汚辱咒詛之惡皆從之矣二私交於中則我所以為應感之地者非公平正大之體矣以此之機而應物之感其有能宜乎否也宜齋序○古人謂未知學須求有個用力處既用力須求有個得力處今以康齋之勇殷勤辛苦不替七十年然未見其大成則疑其於得力處有未至白沙之風使人有吾與點也之意然末流涉曠則

疑其於用力處有缺夫有體斯有用有終必有始將以康齋之踐履爲體爲始耶將以白沙之造詣爲用爲終耶是體用始終歧爲二也世固有謂某有體無用有用無體者僕竊不然必求二公之所以蔽者而會歸之此正關要所係必透此方有下手處也　答王承吉

○巖形方外高幾百丈內石骨空虛圓洞徹天地端若立甑二洞門自東門入初見西露微光若覩月自朏生行漸入光漸長至門內限光半當上弦循至正中光乃圓月在望西出門光微以隱若月自望至晦巖以月名本此濂溪自幼日遊其間因悟太極之理　月巖記

○予始學於先生惟循跡而行久而大疑且駭然不敢遽非必反而思之思之稍通復驗之身心旣乃恍若有見已而大悟不知手之舞足之蹈曰此道體也此心也此學也人性本善也而邪惡者客感也感之在於一念去之在於一念無難事無多術且自恃稟性柔未能爲大惡則以爲如是終身可見矣而坦坦然適而蕩蕩然樂也孰知久則私與憂復作也通世之痼疾有二文字也功名也予始欲以爲姑毋攻焉不以累於心可矣絕之無之不已甚乎孰知二者之賊素奪其宮姑之云者是假之也是故必絕之無之而後可以進於道否則終不免以虛見且自誣也　贈薛尚謙

珍倣宋版印

提學蔡我齋先生宗兗

御史朱白浦先生節

正德丁卯徐橫山蔡我齋朱白浦三先生舉於鄉別文成而北文成言徐曰仁之溫恭蔡希淵之深潛朱守中之明敏皆予所不逮蓋三先生皆以丁卯來學文成之弟子未之或先者也癸酉三先生從文成遊四明山我齋自永樂寺返白浦自姆溪返橫山則同入雪竇春風沂水之樂真一時之盛事也橫山爲弟子之首遂以兩先生次之

蔡宗兗字希淵號我齋山陰之白洋人鄉書十年而取進士留爲庶吉士不可以教授奉母孤介不爲當道所喜輒棄去文成以爲歸計良是而傷於急迫再過二三月托病行則形迹泯然獨爲君子而人爲小人亦非仁人忠恕之心也已教授莆田復不爲當道所喜文成戒之曰區區往謫龍場橫逆之加日至迄今思之正動心忍性砥礪切磋之地其時乃止搪塞排遣竟成空過惜也希淵省克精切其肯遂自以爲忠乎移教南康入爲太學助教南考功陞西川督學僉事林見素謂先生中有餘養祗見外者之輕故能壁立千仞朱節字守中號白浦亦白洋人舉進士官御史以天下爲己任文成謂之曰德業外無事功不由天德而求騁事功則希高務外非業也巡按山東

流賊之亂勤事而卒贈光祿少卿先生嘗言平生於愛衆親仁二語得力然親仁必從愛衆得來

員外錢緒山先生德洪

錢德洪字洪甫號緒山浙之餘姚人王文成平濠歸越先生與同邑范引年管州鄭寅柴鳳徐珊吳仁數十人會於中天閣同稟學焉明年舉於鄉時四方之士來學於越者甚衆先生與龍溪疏通其大旨而後卒業於文成一時稱爲教授師嘉靖五年舉於南宮不廷試而歸文成征思田先生與龍溪居守越中書院七年奔文成之喪至於貴溪問喪服邵竹峯曰昔者孔子沒子貢若喪父而無服禮也先生曰吾夫子沒於道路無主喪者弟子不可以無服然某也有父母在麻衣布絰弗敢有加焉築室於場以終心制十一年始赴廷試出爲蘇學教授丁內艱服闋補國子監丞尋陞刑部主事稍遷員外郎署陜西司事上夜遊西山召武定侯郭勛不至給事中高時劾之下勛錦衣獄轉送刑部勛驕恣不法舉朝恨之皆欲坐以不軌先生據法以違敕十罪論死再上不報舉朝以上之不報因按輕也劾先生不明律法上以先生爲故入故不報遂因劾下先生於獄蓋上之寵勛未衰特因事稍折之與廷臣之意故相左也先生身嬰三木與侍御

楊斛山都督趙白樓講易不輟勛死始得出獄九廟成詔復冠帶穆宗朝進階朝列大夫致仕萬歷初復進階一級在野三十年無日不講學江浙宣歙楚廣名區奧地皆有講舍先生與龍溪迭捧珠盤年七十作頤閑疏告四方始不出遊二年十月二十六日卒年七十九陽明致良知之學發於晚年其初以靜坐澄心訓學者學者多有喜靜惡動之弊知本流行故提掇未免過重然曰良知是未發之中又曰謹獨卽是致良知則亦未嘗不以收斂爲主也故鄒東廓之戒懼羅念庵之主靜此固陽明之眞傳也先生與龍溪親炙陽明最久習聞其過重之言龍溪謂寂者心之本體寂以照爲用守其空知而遺照是乖其用也先生謂未發竟從何處覓離已發而求未發必不可得是兩先生之良知俱以見在知覺而言於聖賢凝聚處盡與掃除在師門之旨不能無毫釐之差龍溪從見在悟其變動不居之體先生只於事物上實心磨鍊故先生之徹悟不如龍溪龍溪之修持不如先生乃龍溪竟入於禪而先生不失儒者之矩矱何也龍溪懸崖撒手非師門宗旨所可繫縛先生則把纜放船雖無大得亦無大失耳念菴曰緒山之學數變其始也有見於爲善去惡者以爲致良知也已而曰良知者無善無惡者也吾安得執以爲有而爲之而又去

之已又曰吾惡夫言之者之淆也無善無惡者見也非良知也吾惟即吾所知以爲善者而行之以爲惡者而去之此吾可能爲者也其不出於此者非吾所得爲也又曰向吾之言猶二也非一也夫子嘗有言矣曰至善者心之本體動而後有不善也吾不能必其無不善吾無動焉而已彼所謂意者動也非是之謂動也吾所謂動動於動焉者也吾惟無動則在吾者常一矣按先生之無動即慈湖之不起意也不起意非未發乎然則謂離已發而求未發必不可得者非先生之末後語矣

會語

天地間只此靈竅在造化統體而言謂之鬼神在人身而言謂之良知惟是靈竅至微不可見至著不可掩使此心積凝純固常如對越神明之時則真機活潑上下昭格何可掩得若一念厭斁即恍惚散漫矣○戒懼即是良知覺得多此戒懼只是工夫生久則本體工夫自能相忘不思而得不勉而中亦只一熟耳○思慮是人心生機無一息可停但此心主宰常定思慮所發自有條理造化只是主宰常定故四時日月往來自不紛亂○充塞天地間只有此知天只此知之虛明地只此知之凝聚鬼神只此知之妙用四時日月只此知之

一 珍倣宋版印

流行人與萬物只此知之合散而人只此知之精粹也此知運行萬古有定體故曰太極原無聲臭可卽故曰無極太極之運無迹而陰陽之行有漸故自一生二生四生八以至庶物露生極其萬而無窮焉是順其往而數之故曰數往者順自萬物推本太極以至於無極逆其所從來而知之故曰知來者逆是故易逆數也蓋示人以無聲無臭之源也○告子言性無善無不善與孟子言性善亦不甚遠告子只先見定一個性體元來不動有動處只在物感上彼長我長彼白我白隨手應去不失其宜便了於吾性體澹然無所關涉自謂既不失內又不失外已是聖門全體之學殊不知先著性體之見將心與言氣分作三路遂成內外二截微顯兩用而於一切感應俱入無情非徒無益反鑿其原矣孟子工夫不論心之動不動念念精義使動必以義無歉於心自然俯仰無虧充塞無間是之謂浩然之氣告子見性在內一切無動於外取效若速是以見爲主終非不動之根孟子集義之久而後行無不得取效若遲乃直從原不動處用功不求不動而自無不動矣○此心從無始中來原是止的雖千思百慮只是天機自然萬感萬應原來本體常寂只爲吾人自有知識便功利嗜好技能聞見一切意必固我自作知見自作憧擾失却至善本

體始不得止須將此等習心一切放下始信得本來自性原是如此
○聖人於紛紜交錯之中而指其不動之真體良知是也是知也雖
萬感紛紜而是非不昧雖衆欲交錯而清明在躬至變而無方至神
而無迹者良知之體也太虛之中無物不有而無一物之住其有住
則即爲太虛之礙矣人心感應無時不有而無一時之住其有住則
即爲虛靈之障矣故忿懥好樂恐懼憂患一著於有心即不得其正
矣故正心之功不在他求只在誠意之中體當本體明徹止於至善
而已矣○除却好惡更有甚心體除却元亨利貞更於何處覓太極
平旦之氣好惡與人相近此時刻良心未泯然其端甚微故謂之幾
希今人認平旦之氣只認虛明光景所以無用功處認得時種種皆
實際矣○春夏秋冬在天道者無一刻停喜怒哀樂在人心者亦無
一時息千感萬應莫知端倪此體寂然未嘗染著於物雖曰發而實
無所發也所以既謂之中又謂之和實非有兩截事致中和工夫全
在慎獨所謂隱微顯見已是指出中和本體故慎獨即是致中和○
只求不拂良知於人情自然通得若只求不拂人情便是徇人忘己
○問感人不動如何曰纔說感人便不是了聖賢只是正己而物自
正譬如太陽無蔽容光自能照物非是屑屑尋物來照○問戒懼之

功不能無有事無事之分自知得良知是一個頭腦雖在千百人中工夫只在一念微處雖獨居冥坐工夫亦只在一念微處○真性流形莫非自然稍一起意即如太虛中忽作雲翳此不起意之教不爲不盡但質美者習累未深一與指示全體廓然習累既深之人不指誠意實功而一切禁其起意是又使人以意見承也久假不歸即認意見作本體欲根竊發復以意見蓋之終日兀兀守此虛見而於人情物理常若有二將流行活潑之真機反養成一種不伶不俐之心也慈湖欲人領悟太速遂將洗心正心懲忿窒慾等語俱謂非聖人之言是特以宗廟百官爲到家之人指說而不知在道之人尚涉程途也○去惡必窮其根爲善不居其有格物之則也然非究極本體止於至善之學也善惡之機縱其生滅相尋於無窮是藏其根而惡其萌蘖之生濁其源而辨其末流之清也是以知善知惡爲知之極而不知良知之體本無善惡也有爲有去之爲功而不知究極本體施功於無爲乃真功也正念無念正念之念本體常寂纔涉私邪憧憧紛擾矣○問胸中擾擾必猛加澄定方得漸清曰此是見上轉有事時此知著在事上事過此知又著在虛上動靜二見不得成片若透得此心徹底無欲雖終日應酬百務本體上如何加得一毫事了

即休一過無迹本體上又何減得一毫○問致知存乎心悟曰靈通妙覺不離於人倫事物之中在人實體而得之耳是之爲心悟世之學者謂斯道神奇祕密藏機隱竅使人渺茫恍惚無入頭處固非真性之悟若一聞良知遂影響承受不思極深研幾以究透真體是又得爲心悟乎○良知不假於見聞故致知之功從不睹不聞而入但纔說不睹不聞即著不睹不聞之見矣今只念念在良知上精察使是是非非無容毫髮欺蔽○致知之功在究透全體不專在一念一事之間但除却一念一事又更無全體可透耳○良知廣大高明原無妄念可去纔有妄念可去已自失却廣大高明之體矣今只提醒本體羣妄自消○先師在越甘泉宮留都移書辨正良知天理同異先師不答曰此須合併數月無意中因事指發必有沛然融釋處耳若恃筆札徒起爭端先師起征思田歿於南安終不得對語以究大同之旨此亦千古遺恨也予於戊申年冬乞先君墓銘往見公於增城公曰良知不由學慮而能天然自有之知也今遊先生之門者皆曰良知無事學慮任其意智而爲之其知已入不良莫之覺矣猶可謂之良知乎所謂致知者推極本然之知功至密也今遊先生門者乃云只依良知無非至道而致之之功全不言及至有縱情恣肆尚

珍倣宋版印

自信爲良知者立教本旨果如是乎予起而謝曰公之教是也公請予言予曰公勿助勿忘之訓可謂苦心曰云何苦心曰道體自然無容強索今欲矜持操執以求必得則本體之上無容有加加此一念病於助矣然欲全體放下若見自然久之則又疑於忘焉今之工夫旣不助又不忘常見此體參前倚衡活潑呈露此正天然自得之機也蓋欲揭此體以示人誠難著辭故曰苦心公乃瞿然顧予曰吾子相別十年猶如常聚一堂予又曰昔先師別公詩有無欲見眞體忘助皆非功之句當時疑之助可言功忘亦可言功乎及求見此體不得注目所視傾耳所聽心心相持不勝束縛或時少舒反覺視明聽聰中無罣礙乃疑忘可以得道及久之散漫無歸漸淪於不知矣是助固非功忘亦未可爲功也無欲眞體乃見鳶飛魚躍與必有事焉同活潑潑地非眞無欲何以臻此公慨然謂諸友曰我輩朋友誰肯究心及此蔣道林示時習講義公曰後世學問不在性情上求終身勞苦不知所學何事比如作一詩只見性情不見詩是爲好詩作一文字只見性情不見文字是爲好文字若不是性情上學疲神瘁思終身無得安得悅樂又安得無慍○人只有一道心天命流行不動纖毫聲臭是之爲微纔動聲臭便雜以人矣然其中有多少不安處

故曰危人要爲惡只可言自欺良知本來無惡○學者工夫不得伶俐直截只爲一處字作祟耳良知是非從違何嘗不明但不能一時決斷姑自虞度曰此或無害於理否或可苟同於俗否或可欺人於不知否或可因循一時以圖遷改否只此一處便是致吝之端○昔者吾師之立教也揭誠意爲大學之要指致知格物爲誠意之功門弟子聞言之下皆得入門用力之地用功勤者究極此知之體使天則流行纖翳無作千感萬應而眞體常寂此誠意之極功故誠意之功自初學用之卽得入手自聖人用之精詣無盡吾師既沒吾黨病學者善惡之機生滅不已乃於本體提揭過重聞者遂謂誠意不足以盡道必先有悟而意自不生格物非所以言功必先歸寂而物自化遂相與虛憶以求悟而不切乎民彝物則之常執體以求寂而無有乎圓神活潑之機希高凌節影響謬戾而吾師平易切實之旨壅而弗宣師云誠意之極止至善而已矣是止至善也者未嘗離誠意而得也言止則不必言寂而寂在其中言至善則不必言悟而悟在其中然皆必本於誠意焉何也蓋心無體心之上不可以言功也應感起物而好惡形焉於是乎有精察克治之功誠意之功極則體自寂而應自順初學以至成德徹始徹終無二功也是故不事誠意而

求寂與悟是不入門而思見宗廟百官也知寂與悟而不示人以誠意之功是欲入見宗廟百官而閉之門也皆非融釋於道者也〇至純而無雜者性之本體也兢兢恐恐有事勿忘者復性之功也有事勿忘而不見真體之活潑焉強制之勞也恍見本體而不加有事之功焉虛狂之見也故有事非功也性之不容自已也活潑非見也性之不加一物也〇心之本體純粹無雜至善也良知者至善之著察也良知卽至善也心無體以知爲體無知卽無心也知無體以感應之是非爲體無是非卽無知也意也者以言乎其感應也物也者以言乎其感應之事也而知則主宰乎事物是非之則也意有動靜此知之體不因意之動靜有明暗也物有去來此知之體不因物之去來爲有無也性體流行自然無息通晝夜之道而知也心之神明本無方體欲放則放欲止則止放可能也止亦可能也然皆非本體之自然也何也意見使之也君子之學必事於無欲無欲則不必言止而心不動〇毋求諸已放之心求諸心之未放焉已爾夫心之體性也性不可離又烏得而放也放之云者馳於物焉已爾

論學書

良知天理原非二義以心之靈虛昭察而言謂之知以心之文理條

析而言謂之理靈虛昭察無事學慮自然而然故謂之良文理條析無事學慮自然而然故謂之天然曰靈虛昭察則所謂昭察者卽文理條析之謂也靈虛昭察之中而條理不著固非所以爲良知而靈虛昭察之中復求所謂條理則亦非所謂天理矣今曰良知不用天理則知爲空知是疑以虛元空寂視良知而又似以襲取外索爲天理矣恐非兩家立言之旨也上甘泉

○久菴謂吾黨於學未免落空初若未以爲然細自磨勘始知自懼日來論本體處說得十分清脫及徵之行事疎略處甚多此便是學問落空處譬之草木生意在中發在枝幹上自是可見覆王龍溪

○人生與世情相感如魚遊於水隨處逼塞更無空隙處波蕩亦從自心起此心無所牽累雖日與人情事變相接眞如自在順應無滯更無波蕩可動所謂動亦定靜亦定也若此心不免留戀物情雖兀坐虛齋不露風線而百念自來熬煎無處逃避今之學者纔遇事來便苦攪擾便思靜處及到靜處胸中攪擾猶昔此正不思動與不動只在自心不在事上揀擇致知格物工夫只須於事上識取本心可見心事非二內外兩忘非離却事物又有學問可言也答傅少崖

○吾心本與民物同體此是位育之根除却應酬更無本體失却本體便非應酬苟於應酬之中隨事隨

珍倣宋版印

地不失此體眼前大地何處非黃金若厭却應酬必欲去覓山中養成一個枯寂恐以黃金反混作頑鐵矣覆龍溪○龍溪之見伶俐直截泥工夫於生滅者聞其言自當省發但渠於見上覺有著處開口論說千轉百折不出己意便覺於人言尚有漏落耳執事之著多在過思過思則想像亦足以蔽道與季彭山○親蹈生死真境身世盡空獨留一念熒魂耿耿中夜豁然若省乃知上天爲我設此法象示我以本來真性不容絲髮掛帶平時一種姑容因循之念常自以爲不足害道由今觀之一塵可以瞇目一指可以障天誠可懼也感古人處動忍而獲增益吾不知增益者何物減削則已盡矣獄中寄龍溪○夫鏡物也故斑垢駁雜得積於上而可以先加磨去之功吾心良知虛靈也虛靈非物也非物則斑垢駁雜停於吾心何所則磨之之功又於何所乎今所指吾心之斑垢駁雜者非氣拘物蔽而言乎既曰氣拘曰物蔽則吾心之斑垢駁雜由人情事物之感而後有也既由人情事物之感而後有而今之致知也則將於未涉人情事物之感之前而先加致之之功則夫所謂致之之功者又將何所施耶答聶雙江○人之心體一也指名曰善可也曰至善無惡亦可也曰無善無惡亦可也曰善曰至善人皆信而無疑矣又爲無善無惡之

說者何也至善之體惡固非其所有善亦不得而有也至善之體虛靈也猶目之明耳之聰也虛靈之體不可先有乎善猶明之不可先有乎色聰之不可先有乎聲也目無一色故能盡萬物之色耳無一聲故能盡萬物之聲心無一善故能盡天下萬事之善今之論至善者乃索之於事事物物之中先求其所謂定理者以爲應事宰物之則是虛靈之內先有乎善也虛靈之內先有乎善是耳未聽而先有乎聲目未視而先有乎色也塞其聰明之用而窒其虛靈之體非至善之謂矣今人乍見孺子入井皆有怵惕惻隱之心怵惕惻隱是謂善矣然未見孺子之前皆知講求之功預有此善以爲之則耶抑虛靈觸發其機自不容已耶赤子將入井自聖人與塗人並而觀之其所謂怵惕惻隱者聖人不能加而塗人未嘗減也但塗人擬議於乍見之後已洊入於納交要譽之私矣然則塗人之學聖人也果憂怵惕惻隱之不足耶抑去其蔽以還乍見之初心也虛靈之蔽不但邪思惡念雖至美之念先橫於中積而不化已落將迎意必之私而非時止時行之用矣故先師曰無善無惡者心之體是對後世格物窮理之學爲先有乎善者立言也因時設法不得已之辭焉耳 復楊斛山○龍溪學曰平實每於毀譽紛冗中益見奮惕爭向與意見不同

珍倣宋版印

雖承老師遺命相取爲益終與入處異路未見能渾接一體歸來屢經多故不肖始能純信本心龍溪亦於事上昔自磨滌自此正相當能不出露頭面以道自任而毀譽之言亦從此入舊習未化時出時入容或有之然其大頭放倒如羣情所疑非真信此心千古不二其誰與辨之與張浮峯○格物之學實良知見在功夫先儒所謂過去未來徒放心耳見在功夫時行時止時默時語念念精明毫釐不放此卽行著習察實地格物之功也於此體當切實著衣喫飯卽是盡心至命之功與陳兩湖○先師曰無善無惡心之體雙江卽謂良知本無善惡未發寂然之體也養此則物自格矣今隨其感物之際而後加格物之功是迷其體以索用濁其源以澄流功夫已落第二義論則善矣殊不知未發寂然之體未嘗離家國天下之感而別有一物在其中也卽家國天下之感之中而未發寂然者在焉耳此格物爲致知之實功通寂感體用而無閒盡性之學也復周羅山○人有未發之中而後有發而中節之和此先師之言爲註中庸者說也註中庸者謂未發之中人皆有之至發時而後有不中節曰此未知未發之中也未發之中譬若鏡體之明豈有鏡體既明而又有照物不當者乎此言未爲不確然實未嘗使學者先求未發之中而養之也

未發之中竟從何處覓耶離已發而求未發必不可得久之則養成一種枯寂之病認虛景爲實得擬知見爲性真誠可慨也故學者初入手時良知不能無間善惡念頭雜發難制或防之於未發之前或制之於臨發之際或悔改於既發之後皆實功也由是而入微雖聖人之知幾亦只此工夫 復何吉陽 ○覺卽是善不覺卽是利雞鳴而醒目卽見物耳卽聽物心思卽思物無人不然但主宰不精恍忽因應若有若無故遇觸卽動物過卽留雖已覺與猶爲夢晝見性之人真機明察一醒卽覺少過不及覺早反亟明透之人無醒無覺天則自著故耳目聰明心思睿知於遇無觸於物無滯善利之辨此爲未知學者分辨界頭良知既得又何擬議於意像之閒乎 與寧國諸友 ○古人以無欲言微道心者無欲之心也研幾之功只一無欲而真體自著更不於念上作有無之見也 答念菴 ○凡爲愚夫愚婦立法者皆聖人之言也爲聖人說道妙發性真者皆賢人之言也 答念菴 ○師在越時同門有用功懇切而泥於舊見鬱而不化師時出一險語以激之如投水石於烈焰之中一時解化纖滓不留此亦千古之大快也聽者於此等處多好傳誦而不究其發言之端故聖人立教只指揭學問大端使人自證自悟不欲以峻言隱韻立偏勝之劑以

珍倣宋版印

快一時聽聞防其後之足以殺人也答念菴

明儒學案卷十一

珍做宋版邳

姚江黄梨洲先生著

豫章後學　夏鼎　熊育鑫　熊繩祖　熊育鏞　徐兆瀾　周聯慶　熊榮祖　蕭兆柄　劉秉楨　李真實　重刊

郎中王龍谿先生畿

王畿字汝中別號龍谿浙之山陰人弱冠舉於鄉嘉靖癸未下第歸而受業於文成丙戌試期遂不欲往文成曰吾非以一第爲子榮也顧吾之學疑信者半子之京師可以發明耳先生乃行中是年會試時當國者不說學先生謂錢緒山曰此豈吾與子仕之時也皆不廷試而歸文成門人益進不能徧授多使之見先生與緒山先生和易宛轉門人日親文成征思田先生送至嚴灘而別明年文成卒於南安先生方赴廷試聞之奔喪至廣信斬衰以畢葬事而後心喪壬辰始廷對授南京職方主事尋以病歸起原官稍遷至武選郎中時相夏貴溪惡之三殿災吏科都給事中戚賢上疏言先生學有淵源可備顧問貴溪草制僞學小人黨同妄薦謫賢外任先生亦再疏乞休

予告踰年當考察南考功薛方山與先生學術不同欲借先生以正學術遂填察典先生林下四十餘年無日不講學自兩都及吳楚閩越江浙皆有講舍莫不以先生爲宗盟年八十猶周流不倦萬歷癸未六月七日卒年八十六天泉證道紀謂師門教法每提四句無善無惡心之體有善有惡意之動知善知惡是良知爲善去惡是格物緒山以爲定本不可移易先生謂之權法體用顯微只是一機心意知物只是一事若悟得心是無善無惡之心則意知物俱是無善無惡相與質之陽明陽明曰吾教法原有此兩種四無之說爲上根人立教四有之說爲中根以下人立教上根者卽本體便是工夫頓悟之學也中根以下者須用爲善去惡工夫以漸復其本體也自此印正而先生之論大抵歸於四無以正心爲先天之學誠意爲後天之學從心上立根無善無惡之心卽是無善無惡之意是先天統後天從意上立根不免有善惡兩端之決擇而心亦不能無雜是後天復先天此先生論學大節目傳之海內而學者不能無疑以四有論之唯善是心所固有故意知物之善從中而發惡從外而來若心體既無善惡則意知物之惡固妄也善亦妄也工夫既妄安得謂之復還本體斯言也於陽明平日之言無所考見獨先生言之耳然先生他

日答吳悟齋云至善無惡者心之體也有善有惡者意之動也知善知惡者良知也爲善去惡者格物也此其說已不能歸一矣以四無論之大學正心之功從誠意入手今日從心上立根是可以無事乎意矣而意上立根者爲中下人而設將大學有此兩樣工夫歟抑祇爲中下人立教乎先生謂良知原是無中生有卽是未發之中此知之前更無未發卽是中節之和此知之後更無已發自能收斂不須更主於收斂自能發散不須更期於發散當下現成不假功夫修證而後得致良知原爲未悟者設信得良知過時獨往獨來如珠之走盤不待拘管而自不過其則也以篤信謹守一切矜名飾行之事皆是犯手做作唐荊川謂先生篤於自信不爲行迹之防包荒爲大無淨穢之擇故世之議先生者不一而足夫良知旣爲知覺之流行不落方所不可典要一著功夫則未免有礙虛無之體是不得不近於禪流行卽是主宰懸崖撒手茫無把柄以心息相依爲權法是不得不近於老雖云眞性流行自見天則而於儒者之矩矱未免有出入矣然先生親承陽明末命其微言往往而在象山之後不能無慈湖文成之後不能無龍谿以爲學術之盛衰因之慈湖決象山之瀾而先生疏河導源於文成之學固多所發明也

語錄

今人講學以神明爲極精開口便說性說命以日用飲食聲色財貨爲極麤人面前不肯出口不知講解得性命到入微處意見盤桓只是比擬卜度與本來生機了不相干終成俗學若能於日用貨色上料理時時以天則應之超脫淨盡乃見定力○朋友有守一念靈明處認爲戒懼功夫纔涉言語應接所守功夫便覺散緩此是分了內外靈明無內外無方所戒懼亦無內外無方所識得本體原是變動不居雖終日變化云爲莫非本體之周流矣 以上沖元會紀 ○聖人所以爲聖精神命脈全體內用不求知於人故常常自見己過不自滿假日進於無疆鄉愿惟以媚世爲心全體精神盡從外面照管故自以爲是而不可與入堯舜之道 梅純甫問答 ○致良知只是虛心應物使人人各得盡其情能剛能柔觸機而應迎刃而解如明鏡當空妍媸自辨方是經綸手段纔有些子才智伎倆與之相形自己光明反爲所蔽 維揚晤語 ○有所不爲不欲者良知也無爲無欲者致知也 復陽堂會語 ○吾人一切世情嗜欲皆從意生心本至善動於意始有不善若能在先天心體上立根則意所動自無不善世情嗜欲自無所容致知功夫自然易簡省力若在後天動意上立根未免

有世情嗜欲之雜致知功夫轉覺繁難顏子先天之學也原憲後天之學也○古者教人只言藏修游息未嘗專說閉關靜坐若日日應感時時收攝精神和暢充周不動於欲便與靜坐一般若以見在感應不得力必待閉關靜坐養成無欲之體始爲了手不惟蹉却見在功夫未免喜靜厭動與世間已無交涉如何復經得世○乾元用九是和而不倡之義吾人之學切忌起爐作竈惟知和而不倡應機而動故曰乃見天則有凶有咎皆起於倡以上三山麗澤錄○良知宗說同門雖不敢有違然未免各以其性之所近擬議攙和有謂良知非覺照須本於歸寂而始得如鏡之照物明體寂然而妍媸自辨滯於照則明反眩矣有謂良知無見成由於修證而始全如金之在鑛非火符鍛鍊則金不可得而成也有謂良知是從已發立教非未發無知之本旨有謂良知本來無欲直心以動無不是道不待復加銷欲之功有謂學有主宰有流行主宰所以立性流行所以立命而以良知分體用有謂學貴循序求之有本末得之無內外而以致知別始終此皆論學同異之見不容以不辨者也寂者心之本體寂以照爲用守其空知而遺照是乖其用也見入井孺子而惻隱見嘑蹴之食而羞惡仁義之心本來完具感觸神應不學而能也若謂良知由

修而後全撓其體也良知原是未發之中無知而無不知若良知之前復求未發卽爲沉空之見矣古人立教原爲有欲設銷欲正所以復還無欲之體非有所加也主宰卽流行之體流行卽主宰之用體用一原不可得而分分則離矣所求卽得之之因所得卽求之之證始終一貫不可得而別別則支矣吾人服膺良知之訓幸相默證務求不失其宗庶爲善學也已○涓流積至滄溟水拳石崇成太華岑先師謂象山之學得力處全在積累須知涓流卽是滄海拳石卽是泰山此是最上一機不由積累而成者也擬峴臺會語○立志不真故用功未免間斷須從本原上徹底理會種種嗜好種種貪著種種奇特技能種種凡心習態全體斬斷令乾乾淨淨從混沌中立根基始爲本來生生真命脈此志既真功夫方有商量處斗山會語○先師講學山中一人資性警敏先生漫然視之屢問而不答一人不顧非毀見惡於鄉黨先師與之語竟日忘倦某疑而問焉先師曰某也資雖警敏世情機心不肯放舍使不聞學猶有敗露悔改之時若又使之有聞見解愈多趨避愈巧覆藏愈密一切圓融智慮爲惡不可復悛矣某也原是有力量之人一時狂心銷遏不下今既知悔移此力量爲善何事不辦此待兩人所以異也休寧會語○念菴謂世間

無有見成良知非萬死功夫斷不能生以此較勘虛見附和之輩未爲不可若必以見在良知與堯舜不同必待功夫修證而後可得則未免矯枉之過曾謂昭昭之天與廣大之天有差別否 松原晤語 ○夫一體之謂仁萬物皆備於我非意之也吾之目遇色自能辨青黃是萬物之色備於目也吾之耳遇聲自能辨清濁是萬物之聲備於耳也吾心之良知遇父自能知孝遇兄自能知弟遇君上自能知敬遇孺子入井自能知怵惕遇堂下之牛自能知觳觫推之爲五常擴之爲百行萬物之變不可勝窮無不有以應之是萬物之變備於吾之良知也夫目之能備五色耳之能備五聲良知之能備萬物之變以其虛也致虛則自無物欲之間吾之良知自與萬物相爲流通而無所凝滯後之儒者不明一體之義不能自信其心反疑良知涉虛不足以備萬物先取古人孝弟愛敬五常百行之迹指爲典要揣摩依仿執之以爲應物之則而不復知有變動周流之義是疑目之不能辨五色而先塗之以丹雘耳之不能辨五聲而先聒之以宮羽豈惟失却視聽之用而且汩其聰明之體其不至聾且瞶者幾希 宛陵會語 ○天機無安排有寂有感卽是安排○千古學術只在一念之微上求三月不違不違此也日月至至此也 一念之微只在慎獨 ○

人心只有是非是非不出好惡兩端忿懥與慾只好惡上略過些子其幾甚微懲忿窒慾復其是非之本心是合本體的功夫○論工夫聖人亦須困勉方是小心緝熙論本體衆人亦是生知安行方是真機直達○心之官則思出其位便是廢心職學者須信得位之所在始有用力處○古人說凝命凝道真機透露即是凝若真心透露未有個凝的工夫便是沉空守寂○先師自云吾居夷以前稱之者十九鴻臚以前稱之者十之五議者十之五鴻臚以後議之者十之九矣學愈真切則人愈見其有過前之稱者乃其包藏掩飾人故不得而見也○致良知是從生機入手乃是見性之學不落禪定○問閒思雜慮如何克去曰須是戒慎不覩恐懼不聞從真機上用功自無此病○常念天下無非省多少忿戾○父子兄弟不責善全得恩義行其中如此方是曲成之學○一友用功恐助長落第二義答云真實用功落第二義亦不妨○立心要虛惟虛集道常使胸中豁豁無些子積滯方是學張子太和篇尚未免認氣爲道若以清虛一大爲道則濁者實者散殊者獨非道乎○問應物了即一返照何如曰當其應時真機之發即照何更索照○日往月來月往日來自然往來不失常度便是存之之法 水西會語

○樂是心之本體本是活潑本是

脫灑本無罣礙繫縛堯舜文武之兢兢業業翼翼乾乾只是保任得此體不失此活潑脫灑之機非有加也答汪南明○靜者心之本體濂溪主靜以無欲爲要一者無欲也則靜虛動直主靜之靜實兼動靜之義動靜所遇之時也人心未免逐物以其有欲也無欲則雖萬感紛擾而未嘗動也從欲則雖一念空寂而未嘗靜也答吳中淮○良知是天然之靈機時時從天機運轉變化云爲自見天則不須防檢不須窮索何嘗照管得又何嘗不照管得豐城答問○劉獅泉曰人之生有性有命吾心主宰謂之性性無爲者也故須出頭吾心流行謂之命命有質者也故須運化常知不落念所以立體也常運不成念所以致用也二者不可相離必兼修而後可爲學先生曰良知原是性命合一之宗卽是主宰卽是流行故致知功夫只有一處用若說要出頭運化要不落念不成念如此分疏卽是二用二卽支離到底不能歸一○知者心之本體所謂是非之心人皆有之是非本明不須假借隨感而應莫非自然聖賢之學惟自信得及是是非非不從外來故自信而是斷然必行雖遯世不見是而無悶自信而非斷然必不行雖行一不義殺一不辜而得天下不爲如此方是毋自欺方謂之王道何等易簡直截後世學者不能自信未免倚靠於外

動於榮辱則以毀譽爲是非惕於利害則以得失爲是非攙和假借
轉摺安排益見繁難到底只成就得霸者伎倆而聖賢易簡之學不
復可見答林退齋○耿楚倥曰陽明拈出良知二字固是千古學脈
亦是時節因緣春秋之時功利習熾天下四分五裂人心大壞不復
知有一體之義故孔子提出個仁字喚醒人心求仁便是孔氏學脈
到孟子時楊墨之道塞天下人心戕賊不得不嚴爲之防故孟子復
提出義非義則仁無由達集義便是孟氏學脈晉梁而下佛老之教
淫於中國禮法蕩然故濂溪欲追復古禮橫渠汲汲以禮爲教執禮
便是宋儒學脈禮非外飾人心之條理也流傳既久漸入支離心理
分爲兩事故陽明提出良知以覺天下使知物理不外於吾心致知
便是今日學脈皆是因時立教先生曰良知是人身靈氣醫家以手
足痿痺爲不仁蓋言靈氣有所不貫也故知之充滿處卽是仁知之
斷制處卽是義知之節文處卽是禮說個仁字沿習既久一時未易
覺悟說個良知一念自反當下便有歸著尤爲簡易○良知是造化
之精靈吾人當以造化爲學造者自無而顯於有化者自有而歸於
無吾之精靈生天生地生萬物而天地萬物復歸於無無時不造無
時不化未嘗有一息之停自元會運世以至於食息微渺莫不皆然

珍倣宋版印

如此則造化在吾手而吾致知之功自不容已矣○良知本體原是無動無靜原是變動周流此便是學問頭腦若不見得良知本體只在動靜二境上揀擇取舍不是妄動便是著靜均之爲不得所養以上東遊會語○當下本體如空中鳥跡水中月影若有若無若沉若浮擬議卽乖趨向轉背神機妙應當體本空從何處識他於此得個悟入方是無形象中真面目不著纖毫力中大著力處也○近溪之學已得其大轉機亦圓自謂無所滯矣然尚未離見在雖云全體放下亦從見上承當過若到毀譽利害真境相逼尚未免有動他却將動處亦把作真性籠罩過去認做煩惱卽菩提與吾儒盡精微時時緝熙功夫尚隔一塵○良知一點虛明便是作聖之機時時保任此一點虛明不爲旦晝梏亡便是致知蓋聖學原是無中生有顏子從裏面無處做出來子貢子張從外面有處做進去無者難尋有者易見故子貢子張一派學術流傳後世而顏子之學遂亡後之學者沿習多學多聞多見之說乃謂初須多學到後方能一貫初須多聞多見到後方能不藉聞見而知此相沿之弊也初學與聖人之學只有生熟不同前後更無兩路假如不忍觳觫怵惕入井不屑嘑蹴真機神應人力不得而與豈待平時多學而始能充不忍一念便可以王

天下充怵惕一念便可以保四海充不屑不受一念義便不可勝用此可窺孔孟宗傳之旨矣○忿不止於憤怒凡嫉妒褊淺不能容物念中悻悻一些子放不過皆忿也慾不止於淫邪凡染溺蔽累念中轉轉貪戀不肯舍却皆慾也懲窒之功有難易有在事上用功者有在念上用功者有在心上用功者事上是遏於已然念上是制於將然心上是防於未然懲心忿窒心慾方是本原易簡功夫在意與事上遏制雖極力掃除絕無廓清之期○問伊川存中應外制外養中之學以爲內外交養何如曰古人之學一頭一路只從一處養譬之種樹只養其根根得其養枝葉自然暢茂種種培壅灌溉修枝剔葉删去繁冗皆只是養根之法若旣養其根又從枝葉養將來便是二本支離之學晦菴以尊德性爲存心以道問學爲致知取證於涵養須用敬進學在致知之說以此爲內外交養知是心之虛靈以主宰謂之心以虛靈謂之知原非二物舍心更有知舍存心更有致知之功皆伊川之說誤之也涵養工夫貴在精專接續如雞抱卵先正嘗有是言然必卵中原有一點真陽種子方抱得成若是無陽之卵抱之雖勤終成段卵學者須識得真種子方不枉費功夫明道云學者須先識仁吾人心中一點靈明便是真種子原是生生不息之機種

珍倣宋版印

子全在卵上全體精神只是保護得非能以此精神助益之也以上龍華會紀○耿楚侗曰一念之動無思無爲機不容已是曰天根一念之了無聲無臭退藏於密是曰月窟乍見孺子入井怵惕惻隱之心動處即是天根歸原處即是月窟纔攙和納交要譽惡聲意思便人根非天根鬼窟非月窟矣先生曰良知覺悟處謂之天根良知凝聚處謂之月窟一姤一復如環無端○有問近溪守中之訣者羅子曰否否吾人自咽喉以下是爲鬼窟天與吾此心神如此廣大如此高明塞兩間彌六合奈何拘囚於鬼窟中乎問調息之術如何羅子曰否否心和則氣和氣和則形和息安用調問何修而得心和羅子曰和妻子宜兄弟順父母心斯和矣先生曰守中原是聖學虞廷所謂道心之微精者精此一者一此是謂允執厥中情反於性謂之還丹學問只是理會性情吾人此身自頂至踵皆道體之所寓真我不離軀殼若謂咽喉以下是鬼窟是強生分別非至道之言也調息之術亦是古人立教權法從靜中收攝精神心息相依以漸而入亦補小學一段功夫息息歸根謂之丹母若只以心和氣和形和世儒常談儱統承當無入悟之機答楚侗　此可見二溪學問不同近溪入於禪龍溪則兼乎老故有調息法○良知者性之靈根所謂本體也

知而曰致翕聚緝熙以完無欲之一所謂功夫也良知在人不學不慮爽然由於固有神感神應盎然出於天成本來真頭面固不待修證而後全若徒任作用爲率性倚情識爲通微不能隨時翕聚以爲之主倏忽變化將至於蕩無所歸致知之功不如是之疏也書同心冊○良知二字是徹上徹下語良知知是知非良知無是無非知是知非卽所謂規矩忘是非而得其巧卽所謂悟也○鄉黨自好與賢者所爲分明是兩條路徑賢者自信本心是是非非一毫不從人轉換鄉黨自好卽鄉愿也不能自信未免以毀譽爲是非始有違心之行徇俗之情虞廷觀人先論九德後及於事乃言曰載采采所以符德也善觀人者不在事功名義格套上惟於心術微處密窺而得之雲門問答○良知不學不慮終日學只是復他不學之體終日慮只是復他不慮之體無工夫中真工夫非有所加也工夫只求日減不求日增減得盡便是聖人後世學術正是添的勾當所以終日勤勞更益其病果能一念惺惺泠然自善窮其用處了不可得此便是究竟話答徐存齋○尹洞山舉陽明語莊渠心常動之說先生曰然莊渠爲嶺南學憲時過贛先師問子才如何是本心莊渠云心是常靜的先師曰我道心是常動的莊渠遂拂衣而行末年予與荊川請教

珍倣宋版印

於莊渠莊渠首舉前語悔當時不及再問予曰是雖有矯而然其實心體亦原如此天常運而不息心常活而不死動卽活動之義非以時言因問心常靜之說莊渠曰聖學全在主靜前念已往後念未生見念空寂既不執持亦不茫昧靜中光景也又曰學有天根有天機天根所以立本天機所以研慮予因問天根與邵子同否莊渠曰亦是此意予謂邵子以一陽初動爲天根天根卽天機也天根天機不可並舉而言若如公分疏亦是靜存動察之遺意悟得時謂心是常靜亦可謂心是常動亦可謂之天根亦可謂之天機亦可心無動靜動靜所遇之時也南遊會紀○問知行合一曰天下只有個知不行不足謂之知知行有本體有工夫如眼見得是知然已是見了卽是行耳聞得是知然已是聞了卽是行要之只此一個知已自盡了孟子說無不知愛其親及其長無不知敬其兄止曰知而已知便能了更不消說能愛能敬本體原是合一先師因後儒分爲兩事不得已說個合一知非見解之謂行非履蹈之謂只從一念上取證知之眞切篤實卽是行行之明覺精察卽是知知行兩字皆指功夫而言亦原是合一的非故爲立說以強人之信也○人心虛明湛然其體原是活潑豈容執得定惟隨時練習變動周流或順或逆或縱或橫隨

其所爲還他活潑之體不爲諸境所礙斯謂之存以上華陽會語○天生蒸民有物有則良知是天然之則物是倫物所感應之迹如有父子之物斯有慈孝之則有視聽之物斯有聰明之則感應迹上循其天則之自然而後物得其理是之謂格物非卽以物爲理也人生而靜天之性也物者因感而有意之所用爲物意到動處易流於欲故須在應迹上用寡欲工夫寡之又寡以至於無是之謂格物非卽以物爲欲也物從意生意正則物正意邪則物邪認物爲理則爲太過訓物爲欲則爲不及皆非格物之原旨斗山會語○鄧定宇曰良知渾然虛明無知而無不知知是知非者良知自然之用亦是權法執以是非爲知失其本矣又曰學貴自信自立不是倚傍世界做得的天也不做他地也不做他聖人也不做他求自得而已先生曰向承教議知靜中所見甚深所見甚大然未免尚從見上轉換此件事不是說了便休須時時有用力處時時有過可改消除習氣抵於光明方是緝熙之學此學無小無大無內無外言語威儀所以凝道窃窺吾兄感應行持尚涉做作有踈漏若是見性之人真性流行隨處平滿天機常活無有剩欠自無安排方爲自信也定宇曰先生之意但欲此機常行而不住常活而不死思而不落想像動而不屬安排

卽此便是真種子而習氣所牽未免落在第二義龍南會語○良知之主宰卽所謂神良知之流行卽所謂氣其機不出於一念之微易測○吾儒之學與禪學俗學只在過與不及之閒彼視世界爲虛妄等生死爲電泡自成自住自壞自空天自信天地自信地萬變輪迴歸之太虛漠然不以動心佛氏之超脫也牢籠世界桎梏生死以身徇物悼往悲來戚戚然若無所容世俗之芥蒂也修慝省愆有懼心而無蹙容固不以數之成虧自委亦不以物之得喪自傷內見者大而外化者齊平懷坦坦不爲境遷吾道之中行也○心迹未嘗判迹有可疑畢竟其心尚有不能盡信處自信此生決無盜賊之心雖有褊心之人亦不以此疑我若自信功名富貴之心與決無盜賊之心一般則人之相信自將不言而喻矣自訟○昔有人論學謂須希天一士人從旁謂曰諸公未須高論且須希士今以市井之心妄意希天何異凡夫自稱國王幾於無恥矣願且希士而後希天可馴至也一座閧之惕然

諸儒所得不無淺深初學不可輕議且從他得力處效法修習以求其所未至如大學格物無內外中庸愼獨無動靜諸說關係大節目不得不與指破不得已也若大言無忌恣口指摘若執權衡以較輕

重不惟長傲亦且損德○見在一念無將迎無住著天機常活便是了當千百年事業更無剩欠○千古聖賢只從一念靈明識取當下保此一念靈明便是學以此觸發感通便是教隨事不昧此一念靈明謂之格物不欺此一念靈明謂之誠意一念廓然無有一毫固必之私謂之正心此是易簡直截根源 水西別言 ○良知靈明原是無物不照以其變化不可捉摸故亦易於隨物古人謂之凝道謂之凝命亦是苦心話頭吾人但知良知之靈明脫灑而倏忽存亡不知所以養或借二氏作話頭而不知於人情事變煅煉超脫即爲養之之法所以不免於有二學若果信得良知及時只此知是本體只此知是功夫良知之外更無致法致良知之外更無養法良知原無一物自能應萬物之變有意有欲皆爲有物皆爲良知之障 魯江別言 ○弘正間京師倡爲詞章之學李何擅其宗先師更相倡和既而棄去社中人相與惜之先師笑曰使學如韓柳不過爲文人辭如李杜不過爲詩人果有志於心性之學以顏閔爲期非第一等德業乎就論立言亦須一一從圓明竅中流出蓋天蓋地始是大丈夫所爲傍人門戶比量揣擬皆小技也 會舜徵別言 ○思慮未起不與已起相對纔有起時便爲鬼神覷破非退藏密機日逐應感只默默理會當下

珍倣宋版印

一念凝然灑然無起無不起時時覿面相呈時時全體放下一切稱譏逆順不入於心直心以動自見天則萬履菴漫語○問白沙與師門同異曰白沙是百原山中傳流亦是孔門別派得其環中以應無窮乃景象也緣世人精神撒潑向外馳求欲返其性情而無從入只得假靜中一段行持窺見本來面目以為安身立命根基所謂權法也若致知宗旨不論語默動靜從人情事變徹底鍊習以歸於元譬之真金為銅鉛所雜不遇烈火烹熬則不可得而精師門嘗有入悟三種教法從知解而得者謂之解悟未離言詮從靜中而得者謂之證悟猶有待於境從人事鍊習而得者忘言忘境觸處逢源愈搖蕩愈凝寂始為徹悟覺川別語○從真性流行不涉安排處處平鋪方是天然真規矩脫入些子方圓之迹尚是典要挨排與變動周流之旨還隔幾重公案示丁惟寅○人心一點靈機變動周流為道屢遷而常體不易譬之日月之明往來無停機而未嘗有所動也○萬思默問見孺子入井怵惕惻隱則必狂奔盡氣運謀設法以拯救之分明已起思慮安得謂之未起曰若不轉念一切運謀設法皆是良知之妙用皆未嘗有所起所謂百慮而一致也纔有一毫納交要譽惡聲之心即為轉念方是起了○凡處至親骨肉之間輕重緩急自有

天則一毫不容加減纔著意處便是固必之私不是眞性流行眞性
流行始見天則○良知知是知非其實無是無非無者萬有之基冥
權密運與天同遊若是非分別太過純白受傷非所以畜德也先師
遺墨○繼之者善是天命流行成之者性人生而靜已上不容說纔
有性之可名卽已屬在氣非性之本然矣性是心之生理性善之端
須從發上始見惻隱羞惡之心卽是氣無氣則亦無性之可名矣性
命合一說○良知在人百姓之日用同於聖人之成能原不容人加
損而後全乞人與行道之人怵惕羞惡之形乃天機之神應原無俟
於收攝保聚而後有此聖學之脈也堯舜之生知安行其焦勞怨慕
未嘗不加困勉之功但自然分數多故謂之生安愚夫愚婦其感觸
神應亦是生安之本體但勉然分數多故謂之困勉致知難易解○
念有二義今心爲念是爲見在心所謂正念也二心爲念是爲將迎
心所爲邪念也正與邪本體之明未嘗不知所謂良知也念之所感
謂之物物非外也心爲見在之心則念爲見在之念知爲見在之知
而物爲見在之物見在則無將迎而一矣念堂說○人之所以爲人
神與氣而已矣神爲氣之主宰氣爲神之流行神爲性氣爲命良知
者神氣之奥性命之靈樞也良知致則神氣交而性命全其機不外

於一念之微吳同泰說○自見孺子入井怵惕未嘗有三念之雜乃不動於欲之真心所爲良知也與堯舜未嘗有異者也於此不用致知之功以時保此心徒認見成虛見而謂卽與堯舜相對幾於自欺矣壽念菴

論學書

良知無分於已發未發所謂無前後內外而渾然一體者也纔認定些子便有認定之病後儒分寂分感所爭亦只在毫釐間致知在格物格物正是致知實用力之地不可以分內外者也若謂功夫只是致知而格物無功夫其流之弊便至於絕物便是二氏之學徒知致知在格物而不悟格物正是致其未發之知其流之弊便至於逐物便是支離之學○吾人一生學問只在改過須常立於無過之地方覺有過方是改過真功夫所謂復者復於無過者也良知真體時時發用流行便是無過便是格物過是妄生本無安頓處纔求個安頓所在便是認著便落支離矣答聶雙江○格物是致知下手實地格是天則良知所本有猶所謂天然格式也仝上○丈云今之論心者當以龍而不以鏡惟水亦然按水鏡之喻未爲盡非無情之照因物顯象應而皆實過而不留自妍自醜自去自來水鏡無與焉蓋自然

之所爲未嘗有欲聖人無欲應世經綸裁制之道其中和性情本原機括不過如此而已著虛之見本非是學只此著便是欲已失其自然之用聖人未嘗有此也○又云龍之爲物以警惕而主變化者也自然是主宰之無滯曷嘗以此爲先哉坤道也非乾道也其意若以乾主警惕坤貴自然警惕時未可自然自然時無事警惕此是墮落兩邊見解夫學當以自然爲宗警惕者自然之用戒謹恐懼未嘗致纖毫之力有所恐懼便不得其正此正入門下手工夫自古體易者莫如文王小心翼翼昭事上帝乃是真自然不識不知順帝之則乃是真警惕乾坤二用純亦不已豈可以先後論哉○慈湖不起意未爲不是蓋人心惟有一意始能起經綸成德業意根於心心不離念心無欲則念自一一念萬年主宰明定無起作無遷改正是本心自然之用艮背行庭之旨終日變化酬酢而未嘗動也纔有起作便涉二意便是有欲而妄動便爲離根便非經綸裁制之道無意無必非慈湖所倡也惟其不知一念用力脫却主腦莽蕩無據自以爲無意無必而不足以經綸裁制如今時之弊則誠有所不可耳答彭山龍鏡書○吾人思慮自朝至暮未嘗有一息之停譬如日月自然往來亦未嘗有一息之停而實未嘗動也若思慮出於自然如日月之往

珍倣宋版印

來則雖終日思慮常感常寂不失貞明之體起而未嘗起也若謂有未發之時則日月有停輪非貞明之謂矣答萬履菴○陽和謂子曰學者談空說妙無當於日用不要於典常是之爲詭口周孔而行商賈是之爲僞懲詭與僞之過獨學自信冥行無聞是之爲蔽行比一鄉智效一官自以爲躬行是之爲畫與潘水簾○當萬欲騰沸之中若肯反諸一念良知其眞是眞非炯然未嘗不明只此便是天命不容滅息所在便是人心不容蔽昧所在此是千古入賢入聖眞正路頭答茅治卿○良知非知覺之謂然舍知覺無良知良知卽是主宰而主宰淵寂原無一物吾人見在感應隨物流轉固是失却主宰若曰吾惟於此收斂握固便有樞可執認以爲致知之實未免猶落內外二見纔有執著終成管帶只此管帶便是放失之因且道孩提精神曾有著到也無鳶之飛魚之躍曾有管帶也無驪龍護珠終有珠在以手持物會有放時不捉執而自固乃忘於手者也惟無可忘而忘故不待存而存此可以自悟矣○致知在格物言致知全在格物上猶云舍格物更無致知工夫也如雙江所教格物上無功夫則格物在於致知矣答念菴○見在良知必待修證而後可與堯舜相對尙望兄一默體之蓋不信得當下具足到底不免有未瑩處欲懲學

者不用功夫之病并其本體而疑之亦矯枉之過也仝上〇未發之中是太虛本體隨處充滿無有內外發而中節處卽是未發之中若有在中之中另爲本體與已發相對則誠二本矣〇良知知是知非原是無是無非正發真是真非之義非以爲從無是無非中來以標末視之使天下胥至於惛惛懂懂也譬諸日月之往來自然往來卽是無往無來若謂有個無往無來之體則日月有停輪非往來生明之旨矣答耿楚侗〇近溪解離塵俗覺得澄湛安閑不爲好惡馳逐卻將此體涵泳夷猶率爲準則依據此非但認虛見爲實際縱使實見亦只二乘沉空守寂之學纔遇些子差別境界便經綸宰割不下與馮緯川〇真見本體之貞明則行持保任自不容已苟不得其不容自己之生機雖日從事於行持保任勉強操勵自信以爲無過行而不著習而不察到底只成義襲之學答吳悟齋〇文公謂天下之物方圓輕重長短皆有定理必外之物格而後內之知至先師則謂事物之理皆不外於一念之良知規矩在我而天下方圓不可勝用無權度則無輕重長短之理矣〇文公分致知格物爲先知誠意正心爲後行故有遊騎無歸之慮必須敬以成始涵養本原始於身心有所關涉若知物生於意格物正是誠意功夫誠卽是敬一了百了

珍倣宋版印

不待合之於敬而後爲全經也全上○我朝理學開端是白沙至先師而大明與顏沖宇○良知卽是獨知獨知卽是天理獨知之體本是無聲無臭本是無所知識本是無所粘帶揀擇本是徹上徹下獨知便是本體愼獨便是功夫只此便是未發先天之學若謂良知只屬後天未能全體得力須見得先天方有張本却是頭上安頭斯亦惑矣○萬欲紛紜之中反之一念獨知未嘗不明此便是天之明命不容磨滅所在故謂愼獨工夫影響揣摩不能掃蕩欲根則可謂獨知有欲則不可謂獨知卽是天理則可謂獨知之中必用天理爲若二物則不可答洪覺山○獨知者非念動而後知也乃是先天靈竅不因念有不隨念遷不與萬物作對愼之云者非是強制之謂只是兢業保護此靈竅還他本來清淨而已答王鯉湖○矯情鎭物似涉安排坦懷任意反覺眞性流行與荊川○意見攙入用事眼前自有許多好醜高低未平滿處若徹底只在良知上討生死譬之有源之水流而不息曲直方圓隨其所遇到處平滿乃是本性流行眞實受用答譚二華○所謂必有事者獨處一室而此念常炯然日應萬變而此念常寂然閒時能不閑忙時能不忙方是不爲境所轉與趙麟陽○吾人立於天地之間須令我去處人不可望人處我與周順之

調息法

息有四種相一風二喘三氣四息前三爲不調相後一爲調相坐時鼻息出入覺有聲是風相也息雖無聲而出入結滯不通是喘相也息雖無聲亦無結滯而出入不細是氣相也坐時無聲不結不粗出入綿綿若存若亡神資冲融情抱悅豫是息相也守風則散守喘則戾守氣則勞守息則密前爲假息後爲真息欲習靜坐以調息爲入門使心有所寄神氣相守亦權法也調息與數息不同數爲有意調爲無意委心虛無不沉不亂息調則心定心定則息愈調真息往來呼吸之機自能奪天地之造化心息相依是謂息息歸根命之蒂也一念微明常惺常寂範圍三教之宗吾儒謂之燕息佛氏謂之反息老氏謂之踵息造化闔闢之元機也以此徵學亦以此衞生了此便是徹上徹下之道

一珍倣宋版印

明儒學案卷十三 浙中三

姚江黃梨洲先生著

豫章後學 夏鼎 熊育鑫 熊緼祖 熊育鏞 徐兆瀾 周聯慶 熊榮祖 蕭兆柄 劉秉楨 李真實 重刊

知府季彭山先生本

季本字明德號彭山越之會稽人正德十二年進士授建寧府推官宸濠反先生守分水關遏其入閩之路御史以科場事檄之入闈先生曰是之爲不知務不應召召拜御史御史馬明衡朱淛爭昭聖皇太后(孝宗后)壽節不宜殺於興國太后下獄先生救之謫揭陽主簿稍遷知弋陽桂萼入相道弋陽先生言文成之功不可泯遂寢奪爵轉蘇州同知陞南京禮部郎中時鄒東廓官主客相聚講學東廓被黜連及先生謫判辰州尋同知吉安陞長沙知府鋤擊豪強過當乃罷歸嘉靖四十二年卒年七十九少師王司輿(名文轅)其後師事陽明先生之學貴主宰而惡自然以爲理者陽之主宰乾道也氣者陰之流行坤道也流行則往而不返非有主於內則動靜皆失其則矣

其議論大抵以此爲指歸夫大化只此一氣氣之升爲陽氣之降爲陰以至於屈伸往來生死鬼神皆無二氣故陰陽皆氣也其升而必降降而必升雖有參差過不及之殊而終必歸一是卽理也今以理屬之陽氣屬之陰將可言一理一氣之爲道乎先生於理氣非明睿所照從考索而得者言之終是髣髴第其時同門諸君子單以流行爲本體玩弄光影而其升其降之歸於畫一者無所事此則先生主宰一言其關係學術非輕也故先生最著者爲龍惕一書謂今之論心者當以龍而不以鏡龍之爲物以警惕而主變化者也理自內出鏡之照自外來無所裁制一歸自然自然是主宰之無滯曷常以此爲先哉龍溪云學當以自然爲宗警惕者自然之用戒愼恐懼未嘗致纖毫之力有所恐懼便不得其正矣東廓云警惕變化自然變化其旨無所不同者不警惕不足以言自然不自然不足以言警惕警惕而不自然其失也滯自然而不警惕其失也蕩先生終自信其說不爲所動先生憫學者之空疎祇以講說爲事故苦力窮經罷官以後載書寓居禪寺迄晝夜寒暑無間者二十餘年而又窮九邊考黃河故道索海運之舊跡別三代春秋列國之疆土川源涉淮泗歷齊魯登泰山踰江入閩而後歸凡欲以爲致君有用之學所著有易學

珍倣宋版印

四同詩說解頤春秋私考四書私存說理會編讀禮疑圖孔孟圖譜廟制攷義樂律纂要律呂別書蓍法別傳總百二十卷易學四同謂四聖皆同也朱邵分爲羲皇之易文周之易孔子之易先生正之是也但辭變象占一切不言則過矣至大傳則以爲秦漢而下學者之言祖歐陽氏之說也春秋私考則公穀之義例左氏之事實摧破不遺餘力詩說解頤不免惑於子貢之僞傳如以定之方中爲魯風謂春秋書城楚丘不言城衛以內詞書之蓋魯自城也故詩之秉心塞淵騋牝三千與駉篇恰合由是以三傳小序皆不足信蓍法用四十八策虛二以爲陰陽之母分二掛一揲四歸奇三變皆同除掛一外左一則右必二左二則右必一左三則右必四左四則右必三既以大傳非孔子之言故不難改四十有九爲四十八耳此皆先生信心好異之過也閒有疑先生長沙之政及家居著禮書將以迎合時相則張陽和辨之矣

說理會編

理氣只於陽中陰陰中陽從微至著自有歸無者見之先儒謂陰陽者氣也所以一陰一陽者道也又曰不離乎陰陽而亦不雜乎陰陽則似陰陽之中自有一理也殊不知理者陽之主宰氣者陰之包含

時乎陽也主宰彰焉然必得陰以包含於內而後氣不散時乎陰也包含密焉然必得陽以主宰於中而後理不昏此陰中有陽陽中有陰所謂道也通乎晝夜之道而知知卽乾知大始之知正謂主宰晝之知主宰之應於外也雖當紛擾而一眞自如夜之知主宰之藏乎內也雖入杳冥而一警卽覺此唯陰陽合德者能之知主宰之爲知則知乾剛之爲理矣知理則知陽知陽則知陰矣○自然者順理之名也理非惕若何以能順舍惕若而言順則隨氣所動耳故惕若者自然之主宰也夫坤自然者也然以承乾爲德則主乎坤者乾也命自然者也命曰天命則天爲命主矣道自然者也道曰率性則性爲道主矣和自然者也和曰中節則中爲和主矣苟無主焉則命也道也和也皆過其則烏得謂之順哉故聖人言學不貴自然而貴於謹獨正恐一入自然則易流於欲耳○自然者流行之勢也流行之勢屬於氣者也勢以漸而重重則不可反矣惟理可以反之故語自然者必以理爲主宰可也○謂天非虛不可然就以虛言天則恐著虛亦倚於氣而其動也爲氣化如日月星辰水火土石風雨露雷鳥獸蟲魚之類有隨其所重而莫節其過者矣蓋虛貴有主有主之虛誠存於中是爲健德健則虛明感應因物曲成無有不得其所者是物

珍倣宋版印

之順也夫誠形而上者也物形而下者也形而下者主於形而上者則氣統於性矣苟無此誠其德不健則爲著空之虛物無所主任其往來而已形於上者墮於形而下者則性命於氣矣人之性與天地之性一也故陰陽和風雨時鳥獸若草木裕惟健故能順也若夫日蝕星流山崩川竭歲歉年凶胎殀卵殰氣之不順是健德不爲主也天之性豈有不健哉爲氣所乘則雖天之大亦有時而可憾耳故所惡於虛者謂其體之非健也○性不可見因生而可見仁義禮智本無名因見而有名程子曰人生而靜以上不容說謂性之本體無聲無臭不可以言語形容也又曰纔說性時便已不是性也謂感物而動生意滋萌有惻隱之心可見而其名爲仁矣有羞惡之心可見而其名爲義矣仁義者由性而生相繼不絕善端之不能自已者也故曰繼之者善也自其成善之本而言則性矣故曰成之者性也○聖門所謂道者自人率性而言以剛健而主宰乎氣化者也故其發也至精不離謂之中節若不就主宰上說道則浮沉升降自去自來乃氣之動耳犬牛與人全無所異佛老之學於義不精隨氣所動惟任自然而不知其非者矣聖人以龍言心而不言鏡蓋心如明鏡之說本於釋氏照自外來無所裁制者也而龍則乾乾不息之誠理自內

出變化在心者也予力主此說而同輩尙多未然然此理發於孔子居敬而行簡是也敬則惕然有警乾道也簡則自然無爲坤道也苟任自然而不以敬爲主則志不帥氣而隨氣自動雖無所爲不亦太簡乎孟子又分別甚明彼長而我長之非有長於我也猶彼白而我白之從其白於外也此卽言鏡之義也行吾敬故謂之內也此卽言龍之義也告子仁內義外之說正由不知此耳○聖人之道不於用上求自然而於體上做工夫故雖至聖猶孜孜亹亹以自勉此工夫也工夫只在不覩不聞上做不覩不聞蓋人所知處最微之處也微則不爲聞見所牽而反復入身其入身者卽其本體之知也故知爲獨知獨知處知謹則天理中存無有障礙流行之勢自然阻遏不住故自然者道之著於顯處以言用也然非本於微則所謂顯者乃在聞見而物失其則矣不可以言道凡言道而主於自然者以天道之不勉而中不思而得者觀之似亦由中流出不假人爲然謂之中則卽是勉謂之得則卽是思而謹獨工夫在自然中所謂知微之顯者卽此是矣舍謹獨而言自然則自然者氣化也必有忽於細微而徑於理義之正者其入於佛老無疑矣○操則存存其心也苟得其養無物不長養其性也存養二字本於此夫心是仁義植根之處而性

則仁義所以能生生之理也理根於心心存則性得所養而生生之機不息故養性工夫惟在存心心爲物牽不能自覺是不操也然後謂之不存自覺則物來能察一察卽是操操者提醒此心卽是愼獨豈有所著意操持哉一操心卽存矣故省察之外無存養而省察之功卽是立大本也在易之頤以養爲義其卦震上艮下動而止也心動於欲則不止止則不動於欲所謂存也養道盡於此矣○聖人之學只是謹獨獨處人所不見聞最爲隱微而己之見顯莫過於此故獨爲獨知蓋我所得於天之明命我自知之而非他人所能與者也若閑思妄想徇欲任情此却是外物蔽吾心之明不知所謹不可以言見顯矣少有覺焉而復容留將就卽爲自欺乃於人所見聞處掩不善而著其善雖點簡於言行之間一一合度不遐有愆亦屬作僞皆爲自蔽其知也故欺人不見之知乃十目所視十手所指之處也不可以爲獨知然則獨知者其源頭不雜之知乎源頭不雜之知心之官虛靈而常覺者也雜則著物雖知亦倚於一偏是爲耳目之官不思而蔽於物也○予嘗載酒從陽明先師遊於鑑湖之濱時黃石龍綰亦與焉因論戒愼不睹恐懼不聞之義先師舉手中箑示予曰見否對曰見旣而隱箑桌下又問曰見否對曰不見先師微哂予私

問之石龍石龍曰此謂常睹常聞也終不解其後思而得之蓋不睹中有常覩故能戒慎不睹不聞中有常聞故能恐懼不聞此天命之於穆不已也故當應而應不因聲色而後起念不當應而不應雖遇聲色而能忘情此心體所以爲得正而不爲聞見所牽也○謹於獨知卽致知也謹獨之功不已卽力行也故獨知之外無知矣獨知之外無行矣工夫何等簡易耶○良知良能本一體也先師嘗曰知良能是良知能良知是良能此知行合一之本旨也但自發端而言則以明覺之幾爲主故曰知者行之始自致極而言則以流行之勢爲主故曰行者知之終雖若以知行分先後而知爲行始行爲知終則所知者卽是行所行者卽是知也○道之顯者謂之文條理分明脈絡通貫無過不及之美名也禮卽天理之節文也苟非嘉會合禮則妄行無第烏得爲文故自本體而言則以達德行達道誠而明也自工夫而言則曰博學於文約之以禮明而誠也本體工夫初無二事蓋道之所顯者用也而工夫則歸於本體○明明德工夫要於格物此是實踐處蓋外物而言德則德入於虛矣第其所謂物者與萬物皆備於我之物同蓋吾心所見之實理也先師謂心之感應謂之物是也心未感時物皆已往一有感焉則物在我矣物之所感但見其

象往過來續不滯於心則物謂之理滯而成形則爲一物不可以理名矣易曰見乃謂之象形乃謂之器器則形而下之名也故物與理之分只在形而上下之間耳成形之後卽爲外物而吾心之所感者亦不過順應乎此而已正不當爲其所滯也知此則物不違則而謂之格矣○過是天理中流出順勢自然無撙節處勢重則偏勝卽爲黨矣故曰人之過也各於其黨然人之良知必能自覺覺處著一毫將就卽自欺而爲惡矣過之發端處藹然莫能遏卽是仁之根也於過處觀之可以知仁欲人察識過是仁之流而不中節者也知其流而不中節則仁卽此而在矣○龍戰於野其血元黃大陰晦極而陽未嘗亡猶人心昏蔽已甚而天理未泯也陽在陰中惺然復覺以爲受侮於陰將自振焉故與之戰主於戰者陽也故以龍言而所戰之地在陰當陰陽有定位之時天元地黃今陰陽相雜猶理欲未明也故曰其血元黃○良心在人無有死時此天命之本體聖人作易開之以吉凶悔吝使人自復其本心而已矣爲善則吉吉者心之安處也爲惡則凶凶者心之不安處也自凶而趨吉則悔悔者心有所悟而必欲改也自吉而向凶則吝吝者心有所羞而不欲爲也此皆天命自動而不待於外求者此心一覺豈復蹈禍幾耶

尚書黃久菴先生綰

黃綰字叔賢號久菴台之黃巖人以祖蔭入官授後軍都事告病歸家居十年以薦起南京都察院經歷同張璁桂蕚上疏主大禮陞南京工部員外郎累疏乞休尚書席書纂修明倫大典薦先生與之同事起光祿寺少卿轉大理寺改少詹事兼侍講學士充講官大典成陞詹事兼侍讀學士出爲南京禮部右侍郎轉禮部左侍郎雲中之變往撫平之知乙未貢舉丁憂服闋起禮部尚書兼翰林院學士充安南正使以遲緩不行閒住還家翠屏山中寒暑未嘗釋卷享年七十有五先生初師謝文肅及官都事聞陽明講學請見陽明曰作何工夫對曰初有志功夫全未陽明曰人患無志不患無工夫可用復見甘泉相與矢志於學陽明歸越先生過之聞致良知之教曰簡易直截聖學無疑先生真吾師也尚可自處於友乎乃稱門弟子陽明既沒桂蕚齮齕之先生上疏言昔議大禮臣與蕚合臣遂直友以忠君今蕚毀臣師臣不敢阿友以背師又以女妻陽明之子正億攜之金陵銷其外侮先生立艮止爲學的謂中涉世故初見不誠非理之異欲用其誠行其理而反羞之既不羞而任諸己則憤世疾邪有輕世肆志之意於是當毀譽機穽之交作鬱鬱困心無所自容乃始窮

理盡性以求樂天知命庶幾可安矣久之自相湊泊則見理性天命皆在於我無所容其窮盡樂知也此之謂艮止其於五經皆有原古易以先天諸圖有圖無書爲伏羲易彖辭爲文王易爻辭爲周公易彖傳小象傳繫辭傳文言說卦序卦雜卦爲孔子易以大象傳爲大象辭爲孔子明先天易其卦次序亦依先天橫圖之先後又以孔子繫辭言神農黃帝堯舜周易之韞爲明歷代易又以孔子始終萬物莫盛乎艮以闔戸之坤先闢戸之乾合先後天而推之以見夏商連山歸藏之次序詩以南雅頌合樂者次第於先退十三國於後去國風之名謂之列國魯之有頌僭也亦降之爲歷國春秋則痛掃諸儒義例之鑿一以聖經明文爲據禮經則以身事世爲三重凡言身者以身爲類容貌之類凡言事者以事爲類冠婚之類凡言世者以世爲類朝聘之類書則正其錯簡而已此皆師心自用顛倒聖經而其尤害理者易與詩夫先後天圖說固康節一家之學也朱子置之別傳亦無不可今以先天諸圖即是伏羲手筆與三聖並列爲經無乃以草竊者爲正統乎大象傳之次第又復從之是使千年以上之聖人俯首而從後人也詩有南雅頌及列國之名而曰國風者非古也此說本于宋之程泰之泰之取左氏季札觀樂爲證而於左氏所云

風有采蘩采蘋則又非之是豈可信然季札觀樂次第先二南卽繼之以十三國而後雅頌今以南雅頌居先列國居後將復何所本乎此程泰之所不敢也識餘錄言先生比羅一峯以傾邃菴高忠憲家譜言居鄉豪橫此因其附從張桂而起後人紛紛之議耳

明儒學案卷十三

姚江黃梨洲先生著

豫章後學 夏鼎 熊育鑫 熊繩祖 熊育鏞 徐兆瀾 周聯慶 熊榮祖 蕭兆柄 劉秉楨 李真賓 重刊

布衣董蘿石先生澐

董澐字復宗號蘿石晚號從吾道人海鹽人以能詩聞江湖間嘉靖甲申年六十八遊會稽聞陽明講學山中往聽之陽明與之話連日夜先生喟然歎曰吾見世之儒者支離瑣屑修飾邊幅爲偶人之狀其下者貪饕爭奪於富貴利欲之場以爲此豈真有所謂聖賢之學乎今聞夫子良知之說若大夢之得醒吾非至於夫子之門則虛此生已因何秦以求北面陽明不可謂豈有弟子之年過於師者乎先生再三而委贄焉其平日詩社之友招之曰翁老矣何自苦先生笑曰吾今而後始得離於苦海耳吾從吾之好自號從吾丙戌歲盡雨雪先生襆被而出家人止之不可與陽明守歲於書舍至七十七而卒先生晚而始學卒能聞道其悟道器無兩費隱一致從佛氏空有

珍倣宋版印

而入然佛氏終沉於空此毫釐之異未知先生辨之否也

董穀字碩甫嘉靖辛丑進士歷知安義漢陽二縣與大吏不合而歸少遊陽明之門陽明謂之曰汝習於舊說故於吾言不無牴牾不妨多問爲汝解惑先生因筆其所聞者爲碧里疑存然而多失陽明之意其言性無善惡陽明無善無惡心之體以之言心不以之言性也又言性之體虛而已萬有出焉故氣質之不美性實爲之全體皆是性無性則併無氣質矣夫性既無善無惡賦於人則有善有惡將善惡皆無根柢與抑人生而靜以上是一性靜以後又是一性乎又言復性之功只要體會其影響俱無之意思而已信如斯言則莫不墮於怳忽想像所謂求見本體之失也學者讀先生之書以爲盡出於陽明亦何怪疑陽明之爲禪學乎

日省錄 董蘿石

凡事多著一分意思不得多著一分意思便涉於私矣○澐嘗從先師往天柱峯一家樓閣高明花竹清麗先生悅之異日曾以其地求售悔不成約既而幡然曰我愛則彼亦愛之有貪心而無恕心矣再四自克行過朱華嶺四五里始得淨盡先生言去欲之難如此○今人只是說性故有異同之論若見性更無異同之可言

求心錄

內不見己外不見人卽是任理○千病萬痛從妄想生故善學者常念此心在無物處○知過卽是良知改過卽是致知○恭默思道凡思道者則自然恭默非恭默以思道也若一時不在道則此心放逸而恭默之容無矣○但要去邪念不必去思思皆吾心之變化也正如風雨露雷種種各別皆是太虛太虛非此則亦無體此雖可見然實無作爲亦何從而見之也○但有一毫厭人之心卽謂之不敬稍有此心則人先厭我矣○但依得良知禮法自在其中矣○心無所希名之曰道○見性是性○橫逆之來自謗訕怒罵以至於不道之甚無非是我實受用得力處初不見其可憎所謂山河大地盡是黃金滿世間皆藥物也○心無體也綱常倫理形質氣用與心爲體舍萬象無太虛舍萬事無心矣分之則爲物合之則爲心見物便見心離物見心亦是見鬼此艮背行庭之義也○費處卽是隱不作體用看○五星聚奎濂洛大儒斯出五星聚室陽明道行

碧里疑存

震澤語錄范元長曰此只是道體無窮先生曰道體有多少般在人如何見須是涵泳方有自得陳齊之有詩云閑花落盡競紅青誰信

風光不暫停向此果能知逝者便須觸處盡相應蓋所謂道體卽是仁也仁只是一團生生之意而其要本於慎獨慎獨而還其無聲無臭之天則萬物一體而純亦不已矣至此則潔淨精微而黏帶不生杳無朕兆而宛然可見聖人非見水乃自見其心也天下無性外之物而觸處相應雖遇盤石亦不舍晝夜矣豈必川哉○事之所以前知者蓋前後時耳而理無前後萬古而上千世而下同一瞬耳惟因人之有念則念之所在遂隔生死而理之通達無間者始昧矣故不起念便能前知下此一等則由數而得數與理通一無二但以數推則有所倚故不如至誠至誠之道如洪鐘未嘗有聲由扣乃有聲而其聲固未嘗無也故用則知不用則不知然既涉於知則未免係念故用便近於知不如不知之愈也○胡太常秀夫因閱大成樂始悟金聲玉振非如註之所云也蓋樂按一聲八音並作齊起齊止不容斷續然必始編鐘而末編磬合八聲而成一聲故金石二音相去但有毫釐之間既要翕如又要純如又要皦如繹如又必自金以漸而至石所以爲難條理云者既循序又和美且分明也蓋樂作一聲必主一字如大哉宣聖之類大字要如此條理哉字亦要如此條理字字相連如貫珠不許生澁而間斷謂之繹如若先擊鎛鐘後擊特磬

何難之有況鎛鐘特磬古無是器而樂之起止乃是柷敔也

主事陸原靜先生澄

陸澄字原靜又字清伯湖之歸安人正德丁丑進士授刑部主事議大禮不合罷歸後悔前議之非上言臣以經術淺短雷同妄和質之臣師王守仁始有定論臣不敢自昧本心謹發露前愆以聽天誅詔復原官明倫大典成上見先生前疏惡其反覆遂斥不用先生以多病從事於養生文成語之以養德養身只是一事果能戒愼恐懼則神住氣住精住而長生久視之說亦在其中矣有議文成之學者先生條爲六辨欲上奏文成聞而止之傳習錄自曰仁發端其次卽爲先生所記朋友見之因此多有省悟蓋數條皆切問非先生莫肯如此吐露就吐露亦不能如此曲折詳盡也故陽明謂曰仁沒吾道益孤致望原靜者不淺執父喪哀毀失明徐學謨以先生復官一疏不勝希用之念曲逢時好此亦責之太深矣大抵世儒之論過以天下爲重而不返其本心之所安永嘉或問天下外物也父子天倫也瞽瞍殺人舜竊負而逃知有父而不知有天下也聖人復起不易斯言陽明所謂心卽理也正在此等處見之世儒以理在天地萬物故牽挽前代以求準則所以懸絕耳先生初錮於世論已而理明障落不

敢終執前議也陽明知永嘉之爲小人不當言責故不涉論爲高先生已經論列知非改過使人皆仰豈不知嫌疑之當避哉亦自信其心而已

尚書顧箬溪先生應祥

顧應祥字惟賢號箬溪湖之長興人宏治乙丑進士授饒州府推官桃源洞寇亂掠樂平令以去先生單身叩賊壘出令賊亦解去入爲錦衣衛經歷出僉廣東嶺東道事討平汀漳寇海寇郴桂寇半歲間三捷宸濠亂定移江西副使分巡南昌撫循瘡痍招集流亡皆善後事宜歷苑馬寺卿山東右參政按察使右布政擢右副都御史巡撫雲南奔母喪不候代家居者十五年再起原任時方議征元江先生以那鑑孤豚困獸不可急會還南兵部侍郎以去後至者出師布政徐波石死焉嘉靖庚戌陞刑部尚書先生以例繫引之者得意爲出入命郎官吳維岳陸穩定爲永例在曹中薦拔于鱗元美由是知名天下分宜在政府同年生不敢雁行先生以耆舊自處分宜不悅以原官出南京癸丑致仕又十二年卒年八十三先生好讀書九流百家皆識其首尾而尤精於算學今所傳測圓海鏡弧矢算術授時曆撮要皆其所著也少受業於陽明陽明歿先生見傳習續錄門人問

答多有未當於心者作傳習錄疑龍溪致知議略亦摘其可疑者辨之大抵謂良知者性之所發也日用之間念慮初發或善或惡或公或私豈不自知之知其不當為而猶為之者私欲之心重而恕己之心昏也苟能於一起之時察其為惡也則猛省而力去之去一惡念則生一善念矣念念去惡為善則意之所發心之所存皆天理是之謂知行合一知之非難而行之為難今曰聖人之學致良知而已矣人人皆聖人也吾心中自有一聖人自能孝自能弟而於念慮之微取舍之際則未之講任其意向而為之曰是吾之良知也知行合一者固如是乎先生之言以陽明知善知惡是良知為善去惡為格物為準的然陽明點出知善知惡原不從發處言第明知善知惡為自然之本體故又曰良知為未發之中若向發時認取則善惡雜糅終是不能清楚即件件瞞不過照心亦是克伐怨欲不行也知之而後行之方為合一其視知行終判兩樣皆非師門之旨也

侍郎黃致齋先生宗明

黃宗明字誠甫號致齋寧波鄞縣人登正德甲戌進士第授南京兵部主事陞員外郎諫上南巡請告歸除工部郎中不起嘉靖癸未補南刑部張孚敬議大禮在廷斥為姦邪先生獨曰繼統者三代通制

繼嗣者王莽僭議今制公侯伯軍職承襲弟之繼兄姪之繼叔皆曰弟曰姪不曰子公侯伯如是天子何獨不然如其議上之出守吉安有能名轉福建鹽運使召修明倫大典丁母憂不行己丑陞光祿寺卿輯光祿須知以進壬辰轉兵部右侍郎編修楊名言齋醮無驗徒開小人倖進之門上大怒戍名先生言名無罪出爲福建參政明年冬召補禮部侍郎丙申十一月卒官先生受學於陽明陽明謂誠甫自當一日千里任重道遠吾非誠甫誰望耶則其屬意亦至矣

與萬鹿園論學書

學問思辨卽是尊德性下手工夫非與篤行爲兩段事如今人真有志於學便須實履其事中間行而未安思而未通者不得不用學問思辨之功學問懇切處是之謂篤行耳故必知行合一然後爲真學學而真者知行必合一並進之說決無益於行亦非所以爲知也故吾輩但於立志真僞處省察學問懈馳時鞭策卽無不合不必區區於講說爲也來諭以僕爲格物者意未有非意而格物者分意與物爲兩事僕未嘗有此見也蓋大學綱領雖有三而人己只一物初非有彼此也條目雖有八而工夫只一事初非有先後也天下國家身心意知物者其本體也格致誠正修齊治平者其工夫也吉凶悔吝

生乎動動處乃善惡所萌獨知之地故惟誠意爲實下手工夫意之本體無不知故格致卽是誠意無事於聞見也意之所用無非物故致知在格物不落於虛無也此其大本大原聖人復起有所不能易者若曰格物便有格物致知便有致知不容以混言不惟分析支離破碎聖賢渾融之旨亦焉能有如此學問而能有得乎如曰孝曰弟曰慈乃父子兄弟所接之理其念動於父子兄弟爲意孩提之愛親敬長爲良知知之所向爲物有物必有則不過其則之爲格物不過其知之爲致知父必慈子必孝兄必友弟必恭之爲誠意達之天下無不然之爲仁義爲性蓋人未聞道之先百姓日用而不知又何工夫之有一有求學之意卽善善惡惡自能知之不待外求爲善去惡亦在不自欺耳此所謂我欲仁斯仁至者何等簡易何等直截今顧欲外此而求之煩難獨何歟

答林子仁書 名春心齋弟子也

來諭謂此心之中無欲卽靜遇事時不覺交戰便是得力所言甚善尚有不得不論者蓋無欲卽靜與周子圖說內自註無欲故靜之說亦略相似其謂遇事時不覺交戰便是得力亦謂心中有主不爲事物所勝云耳然嘗聞之程子曰爲學不可不知用力處旣學不可不

知得力處周子曰養心莫善於寡欲寡之又寡以至於無正不在得力而在於知所以用力不在無欲而在寡欲耳學必寡欲而後無欲知用力而後知得力此其工夫漸次有不可躐而進者若執事所言恐不免失之太早僕之所謂主靜者正在寡欲正在求所以用力處亦不過求之於心體之於心驗之於心蓋心爲事勝與物交戰皆欲爲之累僕之所謂主靜者正以尋欲所從生之根而拔去之如逐賊者必求賊所潛入之處而驅逐之也是故善學者莫善於求靜能求靜然後氣得休息而良知發見凡其思慮之煩雜私欲之隱藏自能覺察自能拔去是故無欲者本然之體也寡欲者學問之要也求靜者寡欲之方也戒懼者求靜之功也知用力而後得力處可得而言無欲真體常存常見矣

中丞張浮峯先生元冲

張元冲字叔謙號浮峯越之山陰人嘉靖戊戌進士授中書舍人改吏科給事中分宜入相先生言其心術不光不宜在天子左右又請罷遣中官織造遷工科都給事中諫世廟元修不視朝一時稱爲敢諫出爲江西參政廣東按察使江西左右布政使陞右副都御史巡撫江西奉旨回籍又二年而卒年六十二先生登文成之門以戒懼

珍倣宋版印

爲入門而一意求諸踐履文成嘗曰吾門不乏慧辨之士至於真切純篤無如叔謙先生嘗謂學者曰孔子之道一以貫之孟子之道萬物皆備良知之說如是而已又曰學先立志不學爲聖人非志也聖人之學在戒懼謹獨不如是學非學也揭坐右曰惟有主則天地萬物自我而立必無私斯上下四旁咸得其平前後官江西闢正學書院與東廓念庵洛村楓潭聯講會以訂文成之學又建懷玉書院於廣信迎龍溪緒山主講席遂留緒山爲文成年譜惟恐同門之士學之有出入也

侍郎程松溪先生文德

程文德字舜敷號松溪婺之永康人嘉靖己丑進士第二授翰林院編修同年楊名下詔獄方究主使而先生與之通書守者以聞上大怒誤逮御史陳九德先生自出承認入獄黜爲信宜典史總督陶諧延主蒼梧書院移安福知縣陞南京兵部主事轉禮部郎中丁艱起補兵部出爲廣東副使未行轉南京國子祭酒擢都御史丁內艱起爲禮部右侍郎移吏部左侍郎兼翰林院學士掌詹事府事上在齋宮侍臣所進青詞爭爲媚悅獨先生寓意諷諫上不悅也會推南冢宰以先生辭疏爲謗訕落職歸三十八年十一月卒年六十三萬歷

間贈禮部尚書諡文恭先生初學於楓山其後卒業於陽明以真心爲學之要雖所得淺深不可知然用功有實地也

論學書

來教謂木有根則枝葉花實不假外求人有志則本體不虧萬法具足雖聖人復起不能易也至謂擇善固執乃明覺之自然而與時偕行實大公順應之妙用亦未嘗不是但學問未真切者聞之未免有遺落工夫之病蓋自然明覺則良知也擇善固執謂之致其良知則可也與時偕行固大公順應之妙用然非精義入神未足以與此也○天下事過則有害雨澤非不善也過多則澇其爲害也與旱同今有意爲善而任心自是者皆雨澤之澇者也故易曰尚於中行爲善君子之常也而有意而自是則必淪於惡矣是好名之私累之也○此心不真辨說雖明畢竟何益自雞鳴而起以至嚮晦宴息無非真心則無非實功一話一言一步一趨皆受用處不然日談孔孟辨精毫釐終不免爲務外爲人之規爾○大抵學問只是一真天之生人其理本真有不真者人雜之耳今只全真以反其初日用間視聽言動都如穿衣喫飯要飽要煖真心略無文飾但求是當纔不是說影纔不是弄精纔不是聞見乃爲解悟合一若信得此過卽是致知卽

珍倣宋版印

是愼獨卽是求放心不然雖六經四書之言而非聖人之眞心亦不免於說影拜精矣○竊謂險夷順逆之來若寒暑晝夜之必然無足怪者己不當人必當之孰非己也是故君子之於憂患不問其致之而惟問其處之故曰無入而不自得苟微有介焉非自得也

太常徐魯源先生用檢

徐用檢字克賢號魯源婺之蘭溪人嘉靖壬戌進士除比部主事調兵部禮部至郎中出爲山東副使左遷江西參議陞陝西提學副使蘇江參政坐失囚降副使丁憂起補福建城福寗轉漕儲參政廣東按察使河南左布政遷南太僕寺卿復寺馬三分之一召入爲太常寺卿兩載而回籍萬歷辛亥十一月卒年八十四先生師事錢緒山然其爲學不以良知而以志學謂君子以復性爲學則必求其所以爲性而性囿於質難使純明故無事不學學焉又恐就其性之所近故無學不證諸孔氏又謂求之於心者所以求心之聖求之於聖者所以求聖之心蓋其時學者執心之精神謂之聖一語縱橫於氣質以爲學先生以孔氏爲的亦不得已之苦心也耿楚倥與先生談數日曰先生今之孟子也久之寓書曰願君執御無專執射天臺譯其意曰夫射必有的御所以載人也子輿氏願學孔其立之的乎孔子

善調御狂簡行無轍迹故云執御吾仲氏欲門下損孟之高爲孔之大如斯而已楚倥信心之士其學與先生不合謂先生爲孟子譏之也先生嘗問羅近溪曰學當從何入近溪諧之曰兄欲入道朝拜夕拜空中有人傳汝先生不悅後數年在江省糧署方治文移怳忽聞有唱者舜何人也予何人也有爲者亦若是先生大悟自是心地日瑩平生見解脫落在都門從趙大洲講學禮部司務李贄不肯赴會先生以手書金剛經示之曰此不死學問也若亦不講乎贄始折節向學嘗晨起候門先生出輒攝衣上馬去不接一語如是者再贄信向益堅語人曰徐公鉗錘如是此皆先生初學時事其後漸歸平實此等機鋒不復弄矣

友聲編

生人相與各有耳目心思則可以言語相通意氣感召若鬼神無形無聲言語意氣俱用不著惟是此心之齋明誠敬可以感通卽此心之齋明誠敬可以通鬼神則於有生之類感之如運掌耳○問存順歿寧寧與不寧何別哉曰余知聖人之下學上達俯仰無愧怍爾身有生死道有去來耶而又安能索之茫茫乎若曰寧與不寧靡有分別將錦衣肉食榮樂已足何取於茅茨土堦蔬水曲肱也曰善不善

珍倣宋版印

者與化徂矣善惡不同徂有二耶曰辟之放言口舌之欲耳恣聲色耳目之欲耳一放一恣口舌耳目以爲愉快此中桯杌也口舌耳目有成有壞此中桯杌可磨滅乎○求之於心者所以求心之聖求之於聖者所以求聖之心人未能純其心故師心不免於偏雜聖人先得其心之同然故盡心必證之聖人○至善者吾人本心之分量也原無欠缺不假安排心思之必至善猶目之必明耳之必聰日月之必照臨江河之必流行也○人之精神自能用世自可出世作止語默日與天下相交接此所以用世而作止語默一率其本然之知能高不參以意見而求異卑不入以貪慾而徇人終日廓然終身順應能之則爲善而務遷之未能則爲過而務改之久久成熟純乎率性之道所以用世而實出世也

鄒瀘水云公以求仁爲宗旨以學爲實功以孔氏爲正鵠而謂無事不學無學不證諸孔氏第不知無所事之時何所爲學而應務酬酢之煩又不遑一一證諸孔氏而學之躊躇倉皇反覺爲適爲固起念不化將何以正之曰君子以復性爲學故必以學爲修證而步趨孔子者亦非無所事事之時作何所學應務酬酢之際又一一證所學但惟日用尋常不分寂感務遜志時敏其間以會降衷之極久之將

厥修乃來道積於厥躬蓋眞際也子貢多學而識正坐一一以求證子夏之徒流而爲莊周其學焉而就其性之所近未範圍於聖人故也○髮膚骨骼知識運動是人所爲生也而髮膚骨體知識運動之表有所炯然而常存淵然而愈出廓然而無際者是人所以生也統言之曰道要言之曰仁以身任之曰志外此而富貴則爲外物功名則屬影事蓋於毛髮骨骼知識運動者爲相親而於炯然淵然廓然者無所與於毛髮骨骼知識運動相親者有盡者也可朽也於髮膚骨骼知識運動無所與者無盡者也不可朽也可朽者非三才之精而不可朽者實與天地合其德也

蘭遊錄語

學無多歧只要還他本等如人之爲人以有耳目聰明也聰是天聰明是天明於聰明之外更加損不得分毫高者欲聽無聲之聲視無色之色然安能脫離聲色卑者或溺於淫聲邪色流蕩忘返皆失其本聰本明惟非禮勿視非禮勿聽是爲合其本然乃見天則禮者天則也非人之所能爲也○如執定不信生死既則中庸何以言至誠無息將此理生人方有未生既化之後俱息耶抑高明博厚悠久無疆之理異於天地耶○吾道一以貫之若但理會念慮而不能流貫

珍倣宋版印

於容色詞氣畢竟是工夫滯塞之病○學者多喜談存本體曰此體充塞宇宙如何在方寸中執得此須常學常思吾輩尋常間直須將千古聖人精神都來體會過堯舜是如何文周孔孟是如何以下儒者是如何此非較量人物正是要印正從違若只在一處摸索測度如何叫做學問思辨○問先生旣不非生死之說何不專主之而曰性曰學何也曰性率五常學求復性大公至正之道也如此而生如此而死何不該焉專言生死生寄死歸自私可矣○淺深原無兩路卽如父子君臣夫婦之倫合內合外之道此日用尋常何等淺近然此理不涉人爲天則自在故謂之淵淵其淵於此得力方是下學上達悟者悟此密者密此有無之間原有本然執之反滯是謂知識之害○囂囂言自得也必尊德樂義斯可以自得德義有何名象卽吾輩此時行坐謙讓必要相安精神和適不滯是卽所謂德義也德義己所自有也得己者得其心也○造化生草木鳥獸都一定不可移易人則耳目口鼻生來只是一樣更不分別希聖希賢由人自願可見造化待人甚厚人可不思仰承天意耶○問生死之說曰辟如朋友在此若不著實切磋別後便有餘憾存順沒寧亦復如是○問何謂之天下之大本曰適從外來見街頭孩子被母痛笞孩子叫苦欲

絕己而母去孩子牽母裾隨之而歸終不忍舍是非天下之大本乎
○問四夫修道名不出於閭里何以使一世法則曰卽如吾輩在舟
中一事合道千萬世行者決不能出此範圍一言合道千萬世言者
決不能舍此法度苟不如此其行必難寡悔其言必難寡尤此之謂
世法世則○學者不消說性體如是如是只當說盡性之功如何如
禹治水何曾講水清水濁水寒水溫只是道之入於海耳若但說水
如何縱令辨淄澠分三峽畢竟於治水之事分毫無與○人之爲小
人豈其性哉其初亦起於乍弄機智漸習漸熟遂流於惡而不自知
○問學問安得無間斷先生曰學有變者有不變者如諸公在齋閣
靜坐是一段光景此時會講是一段光景明日趨朝又是一段光景
朝罷入部寺治事又是一段光景此其變者也然能靜坐能會講能
趨朝能治事卻是不變者吾儕於此正須體會於其變者體會得徹
則應用不滯於其不變者體會得徹則主宰常寧二者交參吾心體
無間學問亦無間○自無始概之人生百年如一息自萬有計之人
於其中爲一塵然此一息一塵在自己分上蓋其大無外其久無窮
也學者於此可無周公之仰思大禹之惜陰耶○孔門之求仁卽堯
舜之中大學之至善而中庸所謂未發之中也故專求性或涉於虛

珍倣宋版印

圓而生機不流專求心或涉於情欲而本體易淆惟仁者性之靈而心之真先天後天合爲一該形上形下會爲一原凝於沖漠無朕而生意盎然洋溢宇宙以此言性非枯寂斷滅之性也達於人倫庶物而真體湛然逈出塵累以此言心非知覺運動之心也故孔子專言仁傳之無弊○問大人不失其赤子之心曰自孩提至壯老其不同者才識之遠近經歷之生熟耳若其天然自有之心安所不同在孩提爲不學不慮在大人爲存神過化如干霄之木仍是萌蘖時生意原未曾改換此古學也古人從赤子所固有者學去故從微至著由誠而形自可欲至於大而化之總不失其固有之心後人從赤子所未有者學去故氣力日充見聞日廣知識日繁而固有之心愈久愈失其真不爲庸人則爲小人已矣○與友人坐夜分先生曰羣動既息天籟自鳴鳴非外也聽非內也天人一也一此不已也通乎晝夜之道而知此其庶幾乎○吳康齋謂三綱五常天下元氣一身一家亦然無元氣則天下國家墜矣學者要知以綱常爲重扶綱常所以扶元氣也即使舉世皆亂大丈夫能自任以綱常之重即一人亦手可扶元氣○立志既真貴在發脚不差發脚一差終罔走路徒自罷苦終不能至問安得不差先生震聲曰切莫走閉眼路○人性之虛

而且靈者無如心與耳目目之所視不離世間色然其視之本明不染於色耳之所聽不離世間聲然其聽之本聰不雜於聲心之所思不離世間事然其思之本覺不滯於事學人誠能深心體究豁然見耳目心思之大原而達聰明睿知之天德則終日視不爲色轉卽出此色塵世界終日聽不爲聲轉卽出此聲塵世界終日思不爲事轉卽出此法塵世界雖曰戴天履地友人羣物已超然天地民物之外如此自世豈不簡易未達此者縱拚身世走至非非想處亦是生死中人

明儒學案卷十四

一珍做宋版印

姚江黃梨洲先生著

豫章後學 夏鼎 熊育鑫 熊繩祖 熊育鏞 徐兆瀾 周聯慶 熊榮祖 蕭兆柄 劉秉楨 李真寶 重刊

都督萬鹿園先生表

萬表字民望號鹿園寧波衛世襲指揮僉事年十七襲職讀書學古不失儒生本分寇守天敘勉以寧靜澹泊先生揭諸座右登正德庚辰武會試歷浙江把總署都指揮僉事督運浙江掌印都指揮南京大教場坐營漕運參將南京錦衣衛僉書廣西副總兵左軍都督漕運總兵南京中軍都督府僉書嘉靖丙辰正月卒年五十九先生功在漕運其大議有三一三路轉運以備不虞置倉衛輝府每年以十分之二撥中都運船兌鳳陽各府糧米由汴梁達武陽陸路七十里輸於衛輝由衛河以達於京松江通泰俱有沙船淮安有海船時常由海至山東轉貿宜以南京各總缺船衛分坐兌松江太倉糧米歲運四五萬石達於天津以留海運舊路於是幷漕河而爲三一本折

通融豐年米賤全運本色如遇災傷則量減折色凡本色至京率四石而致一石及其支給一石不過易銀三錢在外折色每石七錢若京師米貴則散本色米賤則散折色一石而當二石是寓常平之法於漕運之中一原立法初意天下運船萬艘每艘軍旗十餘人共計十萬餘人每年輳集京師苟其不廢操練不缺甲仗是京營之外歲有勤王師十萬彈壓邊陲其他利弊纖悉萬全舉行而效之一時者人共奇之其大者卒莫之能行也倭寇之亂先生身親陷陣肩中流矢其所籌畫亦多掣肘故忠憤至死不忘先生之學多得之龍溪念菴緒山荊川而究竟於禪學其時東南講會甚盛先生不喜干與以爲此輩未曾發心爲道不過依傍門戶雖終日與之言徒費精神彼此何益譬礪石之齒頑鐵縱使少有漸磨自家所損亦多矣先生嘗言聖賢切要工夫莫先於格物蓋吾心本來具足格物者格吾心之物也爲情欲意見所蔽本體始晦必掃蕩一切獨觀吾心格之又格愈研愈精本體之物始得呈露是爲格物格物則知自致也龍溪謂古人格物之說是千聖經綸之實學良知之感應謂之物是從良知凝聚出來格物是致知實下手處不離倫物感應而證眞修離格物則知無從而致矣吾儒與二氏毫釐不同正在於此其實先生之論

珍倣宋版印

格物最爲諦當格之又格而後本體之物呈露卽白沙之養出端倪也宋儒所謂未發氣象亦卽是此龍溪之倫物感應又豈能舍此而別有工夫第兩家之言物不同龍溪指物爲實先生指物爲虛凡天下之物攝於本體之物本體之物又何嘗離倫物哉然兩家皆精禪學先生所謂本體呈露者眞空也龍溪離物無知者妙有也與宋儒白沙之論雖似而有差別學者又當有辨矣先生如京師大洲訪之郊外與之談禪議論蜂湧先生唯唯不答大洲大喜歸語人曰今日降却萬鹿園矣陸平泉聞而笑曰此是鹿園降却大洲何言大洲降却鹿園也戚南元與先生遇戲曰鹿園名爲旅禪實未得理是假和尚先生曰南元名爲宗儒實未見性是癡秀才相與大笑先生一默一語無非禪機如此

鹿園語要

聖學工夫只在格物所謂格物者格其心之物也凡不於自己心性上透徹得者皆不可以言格到得頓悟見性則徹底明盡不爲一切情景所轉如鏡照物鏡無留物如鳥飛空空無鳥跡日用感應純乎誠一莫非性天流行無擬議無將迎融識歸眞反情還性全體皆仁矣○嘉靖庚寅先生及心齋東廓南野玉溪會講於金陵鷄鳴寺先

生出病懷詩相質其二曰三十始志學德立待何時往者旣有悔寗當復怠茲由仕莫非學開心未信斯悅惡一何殊此旨嘗在思豈不貴格物窮至乃真知馳求外吾心癡狂竟何爲微吾魯中叟萬世將誰師心齋和詩曰人生貴知學習之惟時時天命是人心萬古不易茲鳶魚昭上下聖聖本乎斯安焉率此性無爲亦在思我師誨吾率曰性卽良知宋代有真儒通書或問之曷爲天下善曰惟聖者師

侍郎王敬所先生宗沐

王宗沐字新甫號敬所台之臨海人嘉靖甲辰進士在比部時與王元美爲詩社七子中之一也久歷藩臬及河運艱滯以先生爲右副都御史查復祖宗舊法一時漕政修舉猶慮運道一線有不足恃之時講求海運先以遮洋三百艘試之而效其後爲官所阻而罷萬歷三年轉工部侍郎尋改刑部先生師事歐陽南野少從二氏而入已知所謂良知者在天爲不已之命在人爲不息之體卽孔門之仁也學以求其不息而已其辨儒釋之分謂佛氏專於內俗學馳於外聖人則合內外而一之此亦非究竟之論蓋儒釋同此不息之體釋氏但見其流行儒者獨見其真常爾先生之所謂不息者將無猶是釋氏之見乎

珍倣宋版印

論學書

象山之學誠有未瑩者坐在切磋涵養未能非其所指心體有病要之吾人所以貫三才參天地通古今爲不息者止此一事一悟百通一了百當非復有纖毫可以加增粧綴者然琢磨非頓養盛具積有嚙鐵之志乃能有立今以好徑之心則取其直截以攻擊之心則指其未瑩而近來則又於象山所言上更加一味見成而聖人皆師心隨手拈來盡是矣 與江少峯

文集

聖人之言心淵然無朕其涵也而有觸即動其應也佛氏語其涵者圓明微妙而祕之以爲奇俗學即其應者粧綴繳繞而離之以爲博要之不能無所近而亦卒不可入何者其不能無所近者緣於心而卒不可入者遠於體也聖人者不獨語其涵懼人之求於微而不獨語其應懼人之求於迹故哀與欽者心之體也見廟與墓而興者其應也體無所不具則無所不感無所不感則無所不應因其應而爲之文於是乎有哭踊哀素之等俎豆璧帛之儀儀立而其心達而儀非心也此所以爲聖人之學也佛氏則從其應而逆之以歸於無曰墓與廟哀與欽皆妄也而性則離於是者也俗學者非之曰此有也

則從而煩其名數浚其辨博而以爲非是則無循也然不知泯感與應者既以元遠空寂爲性而其溺於名數辨博者又詳其末而忘其所以然予故曰禪與俗卒不可入者遠於體也聖人之言心詳於宋儒最後象山陸氏出盡去世之所謂繳繞者而直指吾人之應心曰見墟墓哀而宗廟欽者心也辨此心之眞僞而聖學在是矣其於致力之功雖爲稍徑而於感應之全則指之甚明而俗學以爲是禪也其所未及者名數辨博也嗟乎象山指其應者使人求其涵也佛氏逆其應於無而象山指其迹於應以是爲禪然則爲聖人者其必在名數辨博乎以儀爲心予惡乎哀欽之無從也象山集序○天命流行物與無妄在天爲不已之命而在人爲不息之體孔門之所謂仁者先生之所謂知也自程□公之沒而聖人之學不傳沉酣傳註留心名物從其求於外者以爲領略貫解而一實萬分主靜立極之義微矣夫天下莫大於心心無對者也博厚高明配於天地而彌綸參贊際於六合雖堯舜之治與夫湯武之烈皆心之照也從事於心者愈斂而愈不足從事於言者愈贅而愈有餘不足者日益而有餘者日損聖愚上下之歧端在於是此先生所以冒忌負謗不恤其身而爭之於幾絕之餘而當時之士亦遂投其本有皆能脫羈解縶翕然

從先生於驟聞之日者也爭之不明而有言言之稍聚而爲錄今不據其錄而求其所以爲學也乃復事於言是不得已者反以誤後人而貽之爭耶且先生之得是亦不易矣先生顧其始亦嘗詞章而博物矣展轉抵觸多方討究粧綴於平時者辨藝華藻似復可恃至於變故當前流離生死無復出路旁視莫倚而向之有餘者茫然不可得力於是知不息之體炯然在中悟則實談則虛譬之孤舟顛沛於衝風駭浪之中帆檣莫放碇纜無容然後視柁力之強弱以爲存亡葉盡根呈水落石出而始強立不返矣故余嘗謂先生僅悟於百死一生之日然後能咽餘甘而臻實際取而用之己本不貳而物亦莫能違事功文詞固其照中之隙光也先生之所以得者豈盡於是耶嗣後一傳百訛師心卽聖爲虛無漭蕩之論不可窮詰內以馳其元寞之見而外以遜其踐履之失於先生所道切近之處未嘗加功則於先生所指精微之地終非實見投之事則窒施之用則敗蓋先生得而言之言先生之心爾而今襲先生之語以求入卽句句不爽猶之無當於心而況不能無失乎心不息則萬古如一日心不息則萬人如一人先生能用是倡之於幾絶吾人不能緣是承之於已明而方且較同異雌黃以爲長此予之所以謂先生始得之勤而今之不

能無憂也夫從事於心敏而猶有不及則於言有所不暇從事於心精而後知所失則於言有所不敢默識深思承擔負荷此余與二三子今之所承先生之後者也刻傳習錄序

侍讀張陽和先生元忭

張元忭字子藎別號陽和越之山陰人父天復行太僕卿幼讀朱子格致補傳曰無乃倒言之乎當云心之全體大用無不明而後物之表裏精粗無不到也嘉靖戊午舉於鄉隆慶戊辰太僕就逮於滇先生侍之以往太僕釋歸先生入京頌寃事解又歸慰太僕於家一歲之中往來凡三萬餘里年踰三十而髮白種種其至性如此辛未登進士第一人授翰林修撰尋丁外艱萬歷己卯教習內書堂先生謂寺人在天子左右其賢不肖爲國治亂所係因取中鑒錄諄諄誨之江陵病舉朝奔走醮事先生以門生未嘗往也壬午皇嗣誕生齎詔至楚丁內艱丁亥陞左春坊左諭德兼翰林侍讀明年三月卒官年五十一先生之學從龍溪得其緒論故篤信陽明龍溪談本體而諱言工夫識得本體便是工夫先生不信而謂本體本無可說凡可說者皆工夫也嘗闢龍溪欲渾儒釋而一之以良知二字爲範圍三教之宗旨何其悖也故曰吾以不可學龍溪之可先生可謂善學者也

珍倣宋版印

第主意只在善有善幾惡有惡幾於此而愼察之以爲良知善必眞好惡必眞惡格不正以歸於正爲格物則其認良知都向發上陽明獨不曰良知是未發之中乎察識善幾惡幾是照也非良知之本體也朱子答呂子約曰向來講論思索直以心爲已發而所論致知格物以察識端倪爲初下手處以故缺却平日涵養一段工夫此卽先生之言良知也朱子易簀改誠意章句曰實其心之所發此卽先生之言格物也先生談文成之學而究竟不出於朱子矣

不二齋論學書

動靜者時也無動無靜常翕而不張常聚而不散者心也夫心無動靜而存心之功未有不自靜中得之者初學之士未能於靜中得其把柄遂欲以憧憧擾擾之私而妄意於動靜合一之妙譬之駕無柁之舟以浮江漢犯波濤其不至覆且溺者鮮矣寄張洪陽○吾兄謂摹擬古人之言行庶幾可進於忘物以此爲下學而上達竊謂摹擬古人之言行一一而求其合所謂博而寡要勞而無功也曷若摹擬於吾一心之爲易且簡乎萬事萬物皆起於心心無事而貫天下之事心無物而貫天下之物此一貫之旨也故不離於事物言行之間而窮理盡性以至於命下學上達無二事也若以摹擬爲下學忘物

爲上達是二之矣答田文學○人有知覺禽獸亦有知覺人之知覺命於理禽獸之知覺命於氣今但以知覺言良知而曰良知不分善惡不將混人性物性而無別耶夫所謂良者自然而然純粹至善者也參之以人爲蔽之以私欲則可以言知而不得謂之良知矣謂良知有善無惡則可謂良知無善無惡則不可致知之功全在察其善惡之端方是實學今人於種種妄念俱認爲良知則不分善惡之言誤之也以下寄馮緯川○有不善未嘗不知良知也知之未嘗復行致良知也知行合一以成其德其顏子之學乎○周子曰幾善惡善有善幾惡有惡幾於此而慎察之善必真好惡必真惡研幾之學也吾兄論幾則曰善惡是非未落對待而以念上用功爲幾淺非第一義竊謂未然所謂獨者還是善念初動之時人不及知而己獨知之非無可對待之謂也無對待則不可以言幾矣人心之欲固以先事預防禁於未發爲不犯手工夫然豈易言哉此心即是天理方其未動本無人欲纔一萌動則有天理便有人欲此危微之訓堯舜所爲惓惓也○人心少有無念之時方其未萌著一防字即屬思善一邊是亦念矣克念作聖只在一念之間不分有事無事此念常存正是動靜合一之學恐無淺深先後之可言也○幾一而已矣自聖人言

珍倣宋版印

則爲神化之幾自吾人言則爲善惡之幾其實非有二也作聖之功則必由粗以入精由可知以進於不可知而知幾之學畢矣○意者心之所發心本無意也動而後敬言而後信此心之本體有時而息矣不動而敬敬以心也不言而信信以心也此心之中無非敬信未發已發純乎天理矣○釋氏以心爲槁木死灰而盡外聞見吾儒亦從而宗之是以吾心爲有內也心無內外無隱顯無寂感不見不聞此心也獨見獨聞此心也共見共聞此心也目之視也可得而見也謂視非心也可乎耳之聽也可得而聞也謂聽非心也可乎天之高也地之廣也鳶飛魚躍於其間禮儀三百威儀三千則孰非心也而謂其偏於空虛可乎○楊復所談本體而諱言功夫以爲識得本體便是功夫某謂本體本無可說凡可說者皆功夫也識得本體方可用功夫明道言識得本體以誠敬存之是也寄羅近溪○仁之爲物未易名狀故孔門罕言仁凡所言者皆求仁之功而已其曰仁者人也仁人心也此則直指仁體矣生生不已者天地之心也人之生以天地之心爲心虛而靈寂而照常應而常靜謂其有物也而一物不容謂其無物也而萬物皆備無物無我無古今無內外無始終謂之無生而實生謂之有生而實未嘗生渾然廓然凝然炯然仁之體儻

若是乎以下寄查毅齋○近世談學者但知良知本來具足本來圓通窺見影響便以爲把柄在手而不復知有戒愼恐懼之功以嗜欲爲天機以情識爲智慧自以爲寂然不動而妄動愈多自以爲廓然無我而有我愈固名檢蕩然陽明之良知果若是乎一念之動其正與否人不及知而己獨知之卽此是獨卽此是良知於此格之卽是愼獨卽是致良知物與知無二體格與致無二功也但於意念之間時時省克自然欲盡理還來教以則訓格謂物物皆有定則一循其則而不違是爲格物也知體無窮物則有定若然是將以知不足恃而取則於物矣是將舍吾心之天則又索之於外矣是將歧知與物而二之矣請就兄之言而反覆之知則無窮物之體亦無窮何也凡物之理千變萬化不可爲典要若云有定不爲子莫之執中乎物則有定知之則亦有定何也帝降之衷天然自有不爽毫髮若曰無窮則將舍規而爲圓舍矩而爲方乎與許敬菴○兄嘗問相天下當用何術對曰無私兄曰無私不足以盡相之道必加意於知人知人有法必令人舉一人嚴連坐之法而後舉必得人人無遺舉天下可理矣弟曰固也獨不曰取人以身乎自古才相智相代不乏人往往徇私而敗故無私而後能知人辟之鑑常空衡常平妍媸輕重自不患

其或爽且人舉一人之法自昔亦常行之而卒不能得人何也其人君子也則所舉必多君子雖舉百十人亦何不可其人小人也則所舉必多小人雖舉一人亦安可聽耶兄又嘗問聖學之要對曰在心兄曰心不足以盡天下之理必存心以察天下之理而後可以入聖弟曰萬物皆備於我非心外有理也孔孟之學但曰正心曰存心心正則理無不正心存則理無不存千古聖賢何嘗於心外加得一毫答呂新吾

○立人達人畢竟是仁發用處仁自有體就如喜怒哀樂是心之發用處心自有體也答孟我疆

○近時之弊徒言良知而不言致徒言悟而不言修僕獨持議不但曰良知而必曰致良知不但曰理以頓悟而必曰事以漸修蓋謂救時之意答周海門

○心外無道言心而曰易偏易恣者卽非心也道外無心言道而不本於心者卽非道也夫惟析心與道而爲二是故舍我喜怒哀樂本然之情性而求之於難窮之物理舍我事親敬長本然之知能而索之於無常之事變考之愈勤講之愈徹而以之應感酬酢漠然愈不相關此則學術之過也與毛文學

○竊疑世儒口口說悟乃其作用處殊是未悟者悟與修分兩途終未能解龍溪曰狂者志大而行不掩乃是直心而動無所掩飾無所窩藏時時有過可改此是入聖真路頭世人

一珍倣宋版印

總說修持終有掩飾窩藏意思在此去聖學路徑何啻千里定宇曰所貴乎不掩藏者爲其覺而能改也非爲其冥然不顧而執之以爲是也秋遊記○予謂定宇曰昨所言天地都不做得無駭人之聽耶定宇笑曰畢竟天地也多動了一下予曰子眞出世之學非予所及也然嘗謂此體眞無而實有天不得不生地不得不成辟如木之有根而發爲枝葉花實自不容已天地亦何心哉佛氏以大地山河爲幻妄此自迷者言之耳苟自悟者觀之一切幻相皆是眞如而況於天地乎定宇曰學在識眞不假斷妄予言得之矣同上○當思父母生我之時光光淨淨只有此性命一切身外物眞如水上漚奈何拋我之本來而汲汲營營於身外暫生暫滅之浮漚乎志學錄下皆同

○吾邑蕭靜菴曰目力有餘則當徧讀六經以窺聖賢之心事足力有餘則當縱遊五嶽以觀天地之形骸若夫時一花卉畜一奇玩雖力有餘弗爲也○有壁立萬仞之節概乃可以語光風霽月之襟懷○善樹木者芟其枝葉則其本盛矣善爲學者斂其英華則其神凝矣○眼前一草一木皆欣欣向榮一禽一鳥皆嚶嚶自得滿腔子是惻隱之心○以禍福得喪付之天以贊毀予奪付之人以修身立德責之己豈不至易至簡乎○顏子當仰鑽瞻忽時只是於本體上想

像追尋終不可得後來得夫子之教却於博文約禮用功夫功夫既到而後本體卓爾如有可見始悟向者想像追尋之爲非也○曰之長短有時矣然意有所營若促之而短事無所繫若引之而長心之無時如此身之所處有方矣然神之所至忽而九天意之所注忽而萬里心之無方如此

教諭胡今山先生瀚

胡瀚字川甫號今山餘姚人支湖鐸從子也自幼承家學動必以禮年十八從陽明先生遊論及致良知之學反覆終日則躍然起曰先生之教劈破愚蒙矣陽明授以傳習錄博約說日歸而思之益有省支湖召而語之曰孺子知學乎學在心心以不欺爲主瀚唯唯於是日從事於求心悟心無內外無動靜無寂感皆心也卽性也其有內外動靜寂感之不一也皆心之不存焉故也作心箴圖以自課就質於陽明陽明面進之先生益自信危言篤行繩檢甚密陽明沒諸弟子紛紛互講良知之學其最盛者山陰王汝中泰州王汝止安福劉君亮永豐聶文蔚四家各有疏說駸駸立爲門戶於是海內議者羣起先生曰先師倡致良知三字於支離汩沒之後指點聖眞眞所謂眞骨血也吾黨慧者論證悟深者研歸寂達者樂高曠精者窮主宰

流行俱得其說之一偏且夫主宰卽流行之主宰流行卽主宰之流行君亮之分別太支汝中無善無惡之悟心若無善知安得良故言無善不如至善天泉證道其說不無附會汝止以自然爲宗季明德又矯之以龍惕龍惕所以爲自然也龍惕而不恰於自然則爲拘束自然而不本於龍惕則爲放曠良知本無寂感卽感卽寂卽寂卽感不可分別文蔚曰良知本寂感於物而後有知必自其寂者求之使寂而常定則感無不通似又偏向無處立脚矣宋儒學尙分別故勤註疏明儒學尙渾成故立宗旨然明儒厭訓詁支離而必標宗旨以爲的其弊不減於訓詁道也者天下之公道學也者天下之公學也何必別標宗旨哉先生之學則以求心爲宗所註心箴圖列而爲五曰心圖指本體也曰存曰死曰出入曰放心各有箴而功以存心爲主晩年造詣益深每提本朝儒者曰文清之行粹然師表求其卓然之見一貫之唯似隔曾顏一級文成明睿學幾上達若夫動不踰矩循循善誘猶非孔氏之家法白沙煞有曾點之趣而行徑稍涉於孤高敬齋愼密似有子夏規模而道業未臻於光大孟子願學孔子而於顏閔猶曰姑舍吾於四先生亦云以恩貢就華亭訓導陞崇明教諭歸家三十年築室今山著有今山集一百卷

珍倣宋版印

明儒學案卷十五

珍做宋版邦

明儒學案卷十六

姚江黃棃洲先生著

豫章後學　劉秉楨　李真實　熊榮祖　蕭兆柄　徐兆瀾　周聯慶　熊繩祖　熊育鏞　夏鼎　熊育鑫　重刊

江右王門學案

姚江之學惟江右爲得其傳東廓念菴兩峯雙江其選也再傳而爲塘南思默皆能推原陽明未盡之意是時越中流弊錯出挾師說以杜學者之口而江右獨能破之陽明之道賴以不墜蓋陽明一生精神俱在江右亦其感應之理宜也

御史劉三五先生陽附劉印山　王柳川
縣令劉梅源先生曉
員外劉晴川先生魁
主事黃洛村先生弘綱
主事何善山先生廷仁
郎中陳明水先生九川
太常魏水洲先生良弼
解元魏師伊先生良政
處士魏藥湖先生良器
太常王塘南先生時槐
文潔鄧定宇先生以讚
參政陳蒙山先生嘉謨
徵君劉瀘瀟先生元卿
學憲萬思默先生廷言
臬長胡廬山先生直
忠介鄒南皐先生元標
給諫羅匡湖先生大紘

中丞宋望之先生儀望
徵君鄧潛谷先生元錫
徵君章本清先生潢
僉憲馮慕岡先生應京

姚江黃梨洲先生著

豫章後學 劉秉楨 李真實 熊榮祖 蕭兆柄 徐兆瀾 周聯慶 熊繩祖 熊育鏞 夏鼎 熊育鑫 重刊

文莊鄒東廓先生守益

鄒守益字謙之號東廓江西安福人九歲從父宦於南都羅文莊欽順見而奇之正德六年會試第一廷試第三授翰林編修踰年丁憂宸濠反從文成建義嘉靖改元起用大禮議起上疏忤旨下詔獄謫判廣德州毀淫祠建復初書院講學擢南京主客郎中任滿告歸起南考功尋還翰林司經局洗馬上聖功圖世宗猶以議禮前疏弗悅也下禮部參勘而止遷太常少卿兼侍讀學士掌南院陞南京國子祭酒九廟災有旨大臣自陳大臣皆惶恐引罪先生上疏獨言君臣交儆之義遂落職閒住四十一年卒年七十二隆慶元年贈禮部右侍郎謚文莊初見文成於虔臺求表父墓殊無意於學也文成顧日夕談學先生忽有省曰往吾疑程朱補大學先格物窮理而中庸首

愼獨兩不相蒙今釋然格致之卽愼獨也遂稱弟子又見文成於越留月餘旣別而文成念之曰以能問於不能謙之近之矣又自廣德至越文成歎其不以遷謫爲意先生曰一官應迹優人隨遇爲故事耳文成默然良久曰書稱允恭克讓謙之信恭讓矣自省允克何如先生欿然始悟平日之恭讓不免於玩世也先生之學得力於敬敬也者良知之精明而不雜以塵俗者也吾性體行於日用倫物之中不分動靜不舍晝夜無有停機流行之合宜處謂之善其障蔽而壅塞處謂之不善蓋一忘戒懼則障蔽而壅塞矣但令無往非戒懼之流行卽是性體之流行矣離卻戒愼恐懼無從覓性離卻性亦無從覓日用倫物也故其言道器無二性在氣質皆是此意其時雙江從寂處體處用工夫以感應運用處爲效驗先生言其倚於內是裂心體而二之也彭山惡自然而標警惕先生言其滯而不化非行所無事也夫子之後源遠而流分陽明之沒不失其傳者不得不以先生爲宗子也夫流行之爲性體釋氏亦能見之第其捍禦外物是非善惡一歸之空以無礙我之流行蓋有得於渾然一片者而日用倫物之間條理脈絡不能分明矣麤而不精此學者所當論也先生青原贈處記陽明赴兩廣錢王二子各言所學緒山曰至善無惡者心有

珍倣宋版印

善有惡者意知善知惡是良知爲善去惡是格物龍溪曰心無善而無惡意無善而無惡知無善而無惡物無善而無惡陽明笑曰洪甫須識汝中本體汝中須識洪甫工夫此與龍溪天泉證道記同一事而言之不同如此蕺山先師嘗疑陽明天泉之言與平時不同平時每言至善是心之本體又曰至善只是盡乎天理之極而無一毫人欲之私又曰良知卽天理錄中言天理二字不一而足有時說無善無惡者理之靜亦未嘗逕說無善無惡是心體今觀先生所記而四有之論仍是以至善無惡爲心卽四有四句亦是緒山之言非陽明立以爲教法也今據天泉所記以無善無惡議陽明者盍亦有考於先生之記乎子善孫德涵德溥德泳

善字某號頴泉嘉靖丙辰進士由比部郎藩臬使歷官至太常寺卿

德涵字汝海號聚所隆慶辛未進士從祀議起上疏極言文成應祀授刑部主事江陵當國方嚴學禁而先生求友愈急傅愼所劉畏所先後詆江陵皆先生之邑人遂疑先生爲一黨以河南僉事出之御史承江陵意疏論鐫秩而歸未幾卒年五十六先生受學於耿天臺鄉舉後卒業太學天臺謂公子寒士一望而知居之移氣若此獨汝海不可辨其爲何如人問學於耿楚倥楚倥不答先生憤然曰吾獨

不能自參而向人求乎反閉一室攻苦至忘寢食形軀減削出而與楊道南焦弱侯討論久之一旦霅然忽若天牖洞徹本真象山所謂此理已顯也然潁泉論學於文莊之教無所走作入妙通玄都成幻障而先生以悟爲入門於家學又一轉手矣

德溥字汝光號四山舉進士官至太子洗馬所解春秋逢掖之士多宗之更搆闢宴居覃思名理著爲易會自敘非四聖之易而霄壤自然之易又非霄壤之易而心之易其於易道多所發明先生浸浸向用忽而中廢其京師邸寓爲霍文炳之故居文炳奄人張誠之奴也以罪籍沒有埋金在屋先生之家人發之不以聞官事覺罪坐先生革職追贓門生爲之醵金以償潁泉素嚴閫之怒甚先生不敢歸者久之

德泳號瀘水萬曆丙戌進士授行人轉雲南道御史壬辰正月禮科都給事中李獻可公疏請皇長子豫教上怒革獻可爲民先生救獻可亦遂革職累疏薦不起先生既承家學守致良知之宗而於格物則別有深悟論者謂淮南之格物出陽明之上以先生之言較之則淮南未爲定論也

東廓論學書

向來起滅之意尚是就事上體認非本體流行吾心本體精明靈覺浩浩乎日月之常照淵淵乎江河之常流其有所障蔽有所滯礙掃而決之復見本體古人所以造次於是顛沛於是正欲完此常照常明之體耳 與君亮自光 ○良知之教乃從天命之性指其精神靈覺而言惻隱羞惡辭讓是非無往而非良知之運用故戒懼以致中和則可以位育擴充四端則可以保四海初無不足之患所患者未能明耳好問好察以用中也誦詩讀書以尚友也前言往行以畜德也皆求明之功也及其明也只是原初明也非合天下古今之明而增益之也世之沒溺於聞見勤苦於記誦正坐以良知爲不足而求諸外以增益之故比擬愈密揣摩愈巧而本體障蔽愈甚博文格物即戒懼擴充一個工夫非有二也果以爲有二者則子思開卷之首得無舍其門而驟語其堂乎 復夏敦夫 ○越中之論誠有過高者忘言絶意之辨向亦駭之及臥病江上獲從緒山龍溪切磋漸以平實其明透警發處受教甚多夫乾乾不息於誠所以致良知也懲忿窒慾遷善改過皆致良知之條目也若以懲忿之功爲第二義則所謂如好好色如惡惡臭己百己千者皆爲剩語矣源泉混混以放乎四海性之本體也有所壅蔽則決而排之未嘗以人力加損故曰行所無

事若忿慾之壅不加懲窒而曰本體原自流行是不決不排而望放乎海也苟認定懲窒爲治性之功而不察流行之體原不可以人力加損則亦非行所無事之旨矣 答聶雙江

○明德之明人人完足遇親而孝遇長而弟遇君而忠遇夫婦而別遇朋友而信無往非明德之流行流行之合宜處謂之善其障蔽而壅塞處謂之不善學問之道無他也去其不善以歸於善而已矣 與鮑復之

○古人理會利害便是義理今人理會義理猶是利害 答甘泉

○良知精明處自有天然一定之則可行則行可止則止真是鳶飛魚躍天機活潑初無妨礙初無揀擇所患者好名好利之私一障其精明則糠粃迷目天地爲之易位矣 答周順之

○果能實見敬字面目則卽是性分卽是禮文又何偏內偏外之患乎若岐性分禮文而二之則已不識敬何以語聖學之中正乎 與方時勉

○聖門要旨只在修己以敬敬也者良知之精明而不雜以塵俗也戒慎恐懼常精常明則出門如賓承事如祭故道千乘之國直以敬事爲綱領信也者敬之不息者也非敬之外復有信也節用愛人使民以時卽敬之流行於政者也先儒謂未及爲政得毋以修己安百姓爲二乎 與胡鹿崖

○遷善改過卽致良知之條目也果能戒慎恐懼常精常明不爲物欲所障蔽則卽此

珍倣宋版印

是善更何所遷卽此非過更何所改一有障蔽便與掃除雷厲風行復見本體其謂落在下乘者只是就事上點檢則有起有滅非本體之流行耳答徐子弼○是非逆順境界猶時有礙乃知聲臭未泯還是形而下學問薛中離語○自其精明之無障謂之智及自其精明之無間斷謂之仁守答徐波石○敬也者良知之精明而不雜以私欲也故出門使民造次顛沛參前倚衡無往非戒懼之流行方是須與不離與呂涇野○天理人欲同行異情此正毫釐千里之幾從良知精明流行則文武之好勇公劉太王之好貨色皆是天理若雜之以私欲則桓文之救魯救衞攘夷安夏皆是人欲先師所謂須從根上求生死莫向支流論濁清○有疑聖人之功異於始學者曰王逸少所寫上大人與初塡殊模者一點一直不能一毫加損○小人之起私意昏迷放逸作好作惡至於穿窬剽劫何往非心特非心之本體耳水之過顙在山至於滔天襄陵何往非水然非水之本體矣戒懼以不失其本體禹之所以行水也隄而遏之與聽其壅横而不決不排二者胥失之矣答曾弘之○世俗通病只認得個有才能有勳業有著述的聖人不認得個無技能無勳業無著述的聖人與洪峻之○近有友人相語曰君子處世只顧得是非不須更顧利害僕答

之曰天下真利害便是天下真是非卽如舍生取義殺身成仁安得爲害而墦肉乞飽壟上罔斷安得爲利若論世情利害亦有世情是非矣與師泉○吾輩病痛尙是對景時放過故辨究雖精終受用不得須如象山所云關津路口一人不許放過方是須臾不離之學與周順之○云商量家事矛盾則有我合同則留情自是對景增減又安能與千聖同堂天地並位誠然誠然至以貨色名利比諸霧靄魑魅則有所未穩形色天性初非嗜慾惟聖踐形只是大公順應之無往非日月無往非郊野鸞凰若一有增減則妻子家事猶爲霧靄魑魅心體之損益其能免乎凡人與聖人對景一也無增減是本體有增減是病症今日亦無別法去病症以復本體而已矣與師泉○兩城有數條相問大意主於收視斂聽一塵不攖一波不興爲未發之時當此不攖不興意尙未動吾儒謂之存存存存則意發卽誠僕答之曰收視是誰收斂聽是誰斂卽是戒懼工課天德王道只是此一脈所謂去耳目支離之用全圓融不測之神神果何在不睹不聞無形與聲而昭昭靈靈體物不遺寂感無時體用無界第從四時常行百物常生處體當天心自得無極之眞與雙江○天命之性純粹至善昭昭靈靈瞞昧不得而無形與聲不可覩聞學者於此無從體認

珍倣宋版印

往往以強索懸悟自增障蔽此學不受世態點汚不賴博聞充拓不須億中測度不可意氣承擔不在枝節點檢亦不藉著述繼往開來凡有倚著便涉聲臭與郭平川○世之論者謂曾子得之以魯子貢失之於敏果若而言則敏劣於魯矣古人學術須到氣質脫化處方是歸根復命億則屢中是不免挨傍氣習猶有倚著而戰戰兢兢任重道遠豈魯者所能了故嘗謂曾子能脫化得魯故卒傳其宗子貢不能脫化得敏故終止於器與劉兩江○指其明體之大公而無偏也命之曰中指其明體之順應而無所乖也命之曰和一物而二稱世之以中和二致者是靜存動省之說誤之也以性上不可添戒懼者是猖狂而蹈大方之說誤之也答高仰之○近來講學多是意興於戒懼實功全不著力便以爲妨礙自然本體故精神浮泛全無歸根立命處間有肯用戒懼之功者止是點檢於事爲照管於念慮不曾從不覩不聞上入微與余柳溪○寂感無二時體用無二界如稱名與字然稱名而字在其中稱字而名在其中故中和有二稱而慎獨無二功今執事毅然自信從寂處體處用工夫而以感應運用處爲效驗無所用其力環起而議之無一言當意者竊恐有隱然意見默制其中而不自覺此於未發之中得無已有倚乎倚於感則爲逐

外倚於寂則爲專內雖高下殊科其病於本性均也○來教謂良知
是人生一個真種子本無是非可否相對而言是非可否相對此知
之屬氣者不知精明真純無非無否處將不屬氣否答雙江○過去
未來之思皆是失却見在工夫不免借此以繫其心緣平日戒懼功
疎此心無安頓處佛家謂之猢猻失樹更無伎倆若是視於無形聽
於無聲洞洞屬屬精神見在兢業不暇那有閑功夫思量過去理會
未來故憧憧往來朋從爾思此是將迎病症思曰睿睿作聖此是見
在本體工程毫釐千里答濮致昭○陽明夫子之平兩廣也錢王二
子送於富陽夫子曰予别矣盍各言所學德洪對曰至善無惡者心
有善有惡者意知善知惡是良知爲善去惡是格物畿對曰心無善
而無惡意無善而無惡知無善而無惡物無善而無惡夫子笑曰洪
甫須識汝中本體汝中須識洪甫工夫二子打併爲一不失吾傳矣
青原贈處○聖門志學便是志不踰矩之學吾儕講學以修德而日
用踰矩處乃以小過安之何以協一胸中一有所不安自戒自懼正
是時時下學時時上達準四海俟百聖合德合明只是一矩

東廓語錄

問性固善也惡亦不可不謂之性曰以目言之明固目也昏亦不可

不謂之目當其昏也非目之本體矣○古人以心體得失爲吉凶今人以外物得失爲吉凶作德日休作僞日拙方見影響不爽奉身之物事事整飾而自家身心先就破蕩不祥莫大焉○性字從心從生這心之生理精明真純是發育峻極的根本戒慎恐懼養此生理從君臣父子交接處周貫充出無須臾虧損便是禮儀三百威儀三千○古人發育峻極只在三千三百充拓不是懸空擔當三千三百只從戒懼真體流出不是枝節檢點○自天子至於庶人皆有中和位育中和不在戒懼外只是喜怒哀樂大公順應處位育不在中和外只是大公順應與君臣父子交接處○人倫庶物日與吾相接無一刻離得故庸德之行庸言之謹兢業不肯放過如織絲者絲絲入簆無一絲可斷乃是經綸大經○問諸生平旦之氣奚若曰覺得清明覺得無好惡曰清明者心也而無好惡則有心而無意清明者知也而無好惡則有知而無物二三子試思之果有無意之心無物之知乎曰平旦之氣湛然虛明杲日當空一物不留曰一物不留却是萬物畢照一物不留是常寂之體萬物畢照是常感之用○濂溪主靜之靜不對動而言恐人誤認故自註無欲此靜字是指人生而靜真體常主宰綱維萬化者在天機名之曰無聲無臭故揭無極二字在

聖學名之曰不睹不聞故揭無欲二字天心無言而元亨利貞無停機故百物生聖心無欲而仁義中正無停機故萬物成知太極本無極則識天道之妙知仁義中正而主靜則識聖學之全○戒愼恐懼之功命名雖同而血脈各異戒懼於事識事而不識念戒懼於念識念而不識本體本體戒懼不睹不聞常規常矩常虛常靈則沖漠無朕未應非先萬象森然已應非後念慮事爲一以貫之是爲全生全歸仁孝之極○問天下事變必須講求曰聖門講求只在規矩規矩誠立千方萬圓自運用無窮平天下之道不外絜矩直至瓊臺方補出許多節目豈是曾子比丘氏疎略欠缺○問格致曰心不離意知不離物而今卻分知爲內物爲外知爲寂物爲感故動靜有二時體用有二界分明是破裂心體是以有事爲點檢而良知卻藏伏病痛有超脫事爲而自謂良知瑩徹均之爲害道○徐少初謂眞性超脫之幾須從無極太極悟入曰某近始悟得此意然只在二氣五行流運中故從四時常行百物常生處見太極禮儀三百威儀三千處見眞性方是一滾出來若隱隱見得眞性本體而日用應酬湊泊不得猶是有縫隙在先師有云不離日用常行內直造先天未畫前了此便是下學上達之旨○問博約曰聖門之學只從日用人倫庶物兢

兢理會自家真性常令精明流行從精明識得流行實際三千三百彌綸六合便是博文從流行識得精明主宰無形無聲退藏於密便是約禮故亦臨亦保昭事上帝不怨不尤知我其天初無二塗轍○問不覩不聞曰汝信得良知否曰良知精明真是瞞昧不得曰精明有形乎曰無形曰有聲乎曰無聲曰無形與聲便是不覩不聞瞞昧不得便是莫見莫顯問戒懼曰諸君試驗心體是放縱的是不放縱的若是放縱的添個戒懼却是加了一物若是不放縱的則戒懼是復還本體年來一種高妙口談不思不勉從容中道精蘊却怕戒懼拘束如流落三家村裏爭描畫宗廟之美百官之富於自家受用無絲毫干涉○有苦閑思雜念者詰之曰汝自思閑却惡閑思汝自念雜却惡雜念譬諸汝自醉酒却惡酒醉果能戒懼一念須臾不離如何有工夫去浮思○錢緒山論意見之弊謂良知本體著於意見猶規矩上著以方圓方圓不可得而規矩先裂矣曰此病猶是認得良知粗了良知精明肫肫皜皜不粘帶一物意卽良知之運行見卽良知之發越若倚於意便爲意障倚於見便爲見障如秤天平者手勢稍重便是弊端○王泉石云古人開物成務實用須講求得定庶當局時不失著曰某嘗看棋譜局局皆奇只是印我心體之變動不居

若執定成局亦受用不得緣下了二三十年棋不曾遇得一局棋譜不如專心致志勿思鴻鵠勿援弓矢盡自家精神隨機應變方是權度在我運用不窮○龍溪曰不落意見不涉言詮如何曰何謂意見曰隱隱見得自家本體而日用湊泊不得是本體與我終爲二物曰何謂言詮曰凡問答時言語有起頭處末梢有結束處中間有說不了處皆是言詮所縛曰融此二證如何曰這方是肫肫皜皜實際○程門所云善惡皆天理只過不及處便是惡正欲學者察見天則不容一毫加損雖一毫終不免踰矩此正研幾脈絡○大學言好惡中庸言喜怒哀樂論語言悅樂不慍舍自家性情更無用功處○順逆境界只是晴雨出處節度只是語默此中潔淨無往不潔淨此中粘帶無往不粘帶○問道器之別曰盈天地皆形色也就其不可覩不可聞超然聲臭處指爲道就其可覩可聞體物不遺指爲器非二物也今人却以無形爲道有形爲器便是裂了宗旨喜怒哀樂即形色也就其未發渾然不可覩聞指爲中就其發而中節燦然可覩聞指爲和今人却以無喜怒哀樂爲中有喜怒哀樂爲和如何得合人若無喜怒哀樂則無情除非是槁木死灰○天性與氣質更無二件人此身都是氣質用事目之能視耳之能聽口之能言手足之能持行

一珍倣宋版印

皆是氣質天性從此處流行先師有曰惻隱之心氣質之性也正與孟子形色天性同旨其謂浩然之氣塞天地配道義氣質與天性一滾出來如何說得論性不論氣後儒說兩件反更不明除卻氣質何處求天地之性○良知虛靈晝夜不息與天同運與川同流故必有事焉無分於動靜若分動靜而學則交換時須有接續雖妙手不能措巧元公謂靜而無靜動而無動其善發良知之神乎

頴泉先生

學者真有必求爲聖人之心則卽此必求一念是作聖之基也○和靖謂敬有甚形影只收斂身心便是主一如人到神祠中致敬時其心收斂更著不得毫髮事非主一而何此最得濂洛一脈○學莫要於識仁仁人心也吾人天與之初純是一團天理後來種種嗜慾種種思慮雜而壞之須是默坐澄心久久體認方能自見頭面子曰默而識之識是識何物謂之默則不靠聞見不倚知識不藉講論不涉想像方是孔門宗旨方能不厭不倦是故必識此體而後操存涵養始有著落○學莫切於敦行仁豈是一個虛理禮儀三百威儀三千無一而非仁也知事外無仁仁體時時流貫則日用之間大而人倫不敢以不察小而庶物不敢以不明人何嘗一息離卻倫物則安可

一息離却體仁之功一息離便非仁便不可以語人矣顏子視聽言動
一毫不雜以非禮正是時時敦行時時善事吾心○先儒謂學成於
靜此因人馳於紛擾而欲其收斂之意若究其極則所謂不覩不聞
主靜之靜乃吾心之真本不對動而言也即周子所謂一程子所謂
定時有動靜而心無動靜乃真靜也若時而靜存時而動察乃後儒
分析之說細玩子在川上章可自見矣○孔子謂苟志於仁無惡也
若非有此真志則終日縈縈皆是私意安可以言過○李卓吾倡為
異說破除名行楚人從者甚衆風習為之一變劉元卿問於先生曰
何近日從卓吾者之多也曰人心誰不欲為聖賢顧無奈聖賢礙手
耳今渠謂酒色財氣一切不礙菩提路有此便宜事誰不從之○夫
子謂能見其過而內自訟者為鮮蓋真能見過則即能見吾原無過
處真能自訟則常如對讞獄吏句句必求以自勝矣但人情物理不
遠於吾身苟能反身求之又何齟齬困衡之多蓋己所不欲勿施於
人則人我無間其順物之來而毋以逆應之則物理有不隨我而當
者乎○格致之功乃曾子發明一貫之傳天下萬事萬物莫不原於
吾之一心此處停妥不致參差即是大公之體以此隨事應之無所增
損起滅即是順應之流行矣動容貌出辭氣正顏色莫非以此貫之

珍倣宋版印

○所論應事接物惟求本心安妥便行否雖違衆勿恤學能常常如是本心時時用事久之可造於誠世有真實見羨者吾因之以加勉有以迂闊見誚者吾不因之而稍改何也學所以求自信而已非爲人也然所謂本心安妥更亦當有辨真無私心真無世界心乃爲本心從此安妥乃爲真安妥不然恐夾帶世情夾帶習見未可以語本心安妥也○夫爲吾一身之主爲天地萬物之主孰有外於心所以握其主以主天地萬物孰有過於存心非我公反身體貼安能言之親切若此第存心莫先於識心識心莫先於靜所謂心固不出乎腔子裏然退藏於密者此也彌滿於六合者亦此也所謂識固始於反觀默認然淨掃其塵念而自識其靈明之體可也識此靈明之呈露而不極深研窮以得其全體不可也所謂存固始於靜時凝結然屋漏此操存之功也友君子亦此操存之功也所謂靜亦有二有以時言者則動亦定靜亦定之動靜是也有以體言者則不對動說寂以宰感翕聚以宰發散無時不凝結亦無時不融釋所謂無欲故靜即程門之定是也若曰有嗜靜處則能必其無厭動處耶若曰常在裏面停停當當則方其在外時又何者在裏面耶心者天下至神至靈者也存心者握其至神至靈以應天下之感者也苟認定吾靈明之

相而未盡吾真體之全卽不能免在內在外之疑苟分存心與應務爲二時卽不能免靜時凝結動時費力之疑願公不以其所已得爲極至而深識此心之全體盡得存心之全功則自有渙然冰釋處矣○學不明諸心則行爲支明不見諸行則明爲虛明者明其所行也行者行其所明也故欲明吾孝德非超悟乎孝之理已也真竭吾之所以事父者而後孝之德以明欲明吾弟德非超悟乎弟之理已也真盡吾之所以事兄者而後弟之德以明舜爲古今大聖亦唯曰明於庶物察於人倫舍人倫庶物無所用其明察矣若本吾之真心以陳說經史卽此陳說卽行其所明也安可以爲逐物本吾之真心以習禮講小學卽此講習卽行其所明也安可以爲末藝然今世所謂明心者不過悟其影響解其字義耳果超果神者誰與若能神解超識則自不離日用常行矣故下學上達原非二時分之卽不可以語達卽不可以語學故曰吾無行而不與二三子者是丘也作與語固爲行止與默亦爲行人一日何時可離行耶行本重然實不在明之外也○所謂將來學問只須慎獨不須防檢而既往愆尤習心未退當何以處之夫吾之獨處純然至一無可對待識得此獨而時時慎之又何愆尤能入習心可發耶但吾輩習心有二有未能截斷其根

一 珍倣宋版印

而目前暫却者此病尚在獨處獨處受病又何愼之可言有旣與之截斷而舊日熟境不覺竊發者於此處覺悟即爲之掃蕩爲之廓清亦莫非愼之之功譬之醫家急治其標亦所以調攝元氣譬之治水雖加疏鑿決排亦莫非順水之性見獵有喜心正見程子用功密處非習心之不去也人一能之己百之人十能之己千之此正是困勉之功安可以爲著意但在本體上用雖困且苦亦不可以言防檢今世之防檢者亦有熟時不可以其熟時爲得操存之要何如何如○程門愼獨之旨發於川上正是不舍晝夜之幾非禮勿視聽言動時時在禮上用力即愼獨也時時是禮時時無非禮安論境界試淺言之雖嚮晦宴息吾心亦炯然不昧吾耳目身口亦不能離又安有無視聽言動之時雖在夢中有呼即醒何嘗俱入於滅易所謂寂者指吾心之本體不動者言也非指閒靜之時也工夫只是一個故曰通乎晝夜之道而知在知處討分曉不在境上生分別○承示元城之學力行七年而後成上蔡別程子數年始去一矜字何其難子曰欲仁而仁至又何其易切問也夫仁何物也心也心安在乎吾一時無心不可以爲人則心在吾與生俱生者也求吾之與生俱生者安可以時日限試自驗之吾一念眞切惟求復吾之眞體則此欲仁一念

已渾然仁體矣何有於妄何處覓矜無妄無矜非仁體而何至於用力之熟消融之盡則不能不假以歲月耳今高明旣信我夫子欲仁仁至之語則卽此處求之足矣不必更於古人身上生疑斯害求仁矣

聚所先生

今人只說我未嘗有大惡的事未嘗有大惡的念頭如此爲人也過得不知日間昏昏憒憒如醉如夢便是大惡了天地生我爲人豈徒昏憒天地間與蟲蟻並活已耶○諸生夜侍劉思徵問曰堯舜之心至今在其說如何先生曰汝知得堯舜是聖人否曰知之曰卽此便是堯舜之心在時李肖岑大行在坐謂諸生曰堯舜之道孝弟而已矣人孰不曉得父母當孝兄弟當弟這點心卽盜蹠亦是有的但人都是爲氣欲蔽了不能依著這心行去先生謂諸生曰汝信得及否諸生對曰信得先生曰這個心是人人都有的是人人都做得堯舜的世人却以堯舜的心去做盜蹠的事圖小小利欲是猶以千金之璧而易壺飧也可惜○李如真述前年至楚侗先生家與其弟楚倥同寢九日數叩之不語及將行時楚倥乃問曰論語上不曰如之何如之何汝平日如何解如真對以爲我今日不遠千里特來究證亦

可謂如之何如之何矣子全無一言相教耶楚倥曰汝到不去如之何如之何又教我如之何先生甚歎其妙凡至會者輒以此語之一友云若行得路正他如之何如之何便好若路不正就是如之何如之何也無用先生笑曰只是不曰如之何如之何若曰如之何如之何路道自不會差了一友呈其見解之先生曰解得不中用只是要如之何如之何就是○問自立自達曰自立是卓然自立於天地間再無些倚靠人推倒他不得如太山之立於天地間任他風雷俱不能動這方是自立既自立了便能自達再不假些幫助停滯他不得如黃河之決一瀉千里任是甚麽不能沮他這方是自達若如今人靠著聞見的聞見不及處便被他推倒了沮滯了小兒行路須是倚墻靠壁若是大人須是自行○凡功夫有間只是志未立得起然志不是凡志須是必爲聖人之志若不是必爲聖人之志亦不是立志若是必爲聖人之志則凡行得一件好事做得一上好工夫也不把他算數○一友言己教姪在聲色上放輕些先生曰我則異於是我只勸他立志向學若勸得他向學之志重了他於聲色上便自輕不待我勸昔孟子於齊王好樂而曰好樂甚則齊其庶幾乎於好勇則曰請好大勇曰好貨就曰好貨也好只要如公劉之好貨曰好色就

曰好色也好只要如太王之好色今人若聽見說好貨好色便就說得好貨色甚不好了更轉他不得今人只說孟子是不得已遷就的話其實不知孟子○先生謂康曰爲學只好信得人皆可以爲堯舜一句康曰近來亦信得及只是無長進曰試言信處何如康曰只一念善念便是堯舜曰如此卻是信不及矣一日之中善念有幾卻有許多時不是堯舜了只無不善處便是堯舜康曰見在有不善處何以是堯舜曰只曉得不善處非堯舜而何○先生問康曰近日用功何如康曰靜存曰如何靜存康曰時時想著個天理曰此是人理不是天理天理天然自有之理容一毫思想不得所以陽明先生說良知是不慮而知的易曰何思何慮顏淵曰如有所立卓爾說如有非眞有一件物在前本無方體如何可以方體求得到是如今不曾讀書人有人指點與他他肯做還易得緣他止有一個欲障讀書的人又添了一個理障更難擺脫你只靜坐把念頭一齊放下如青天一般絕無一點雲霧作障方有會悟處若一心想個天理便受他纏縛非惟無益而反害之書曰人心唯危道心唯微你今想個天理反添了這個人心自家常是不安的若是道心無聲無臭容意想測度不得容意想測度又不微了中庸曰喜怒哀樂之未發謂之中怒而無

有作惡喜而無有作好所謂情順萬物而無情心普萬物而無心無動無靜方是工夫的當處譬之鏡然本體光明妍來妍照媸來媸照鏡裏原是空的沒有妍媸你今如此就謂之作好康曰如此莫落空否曰不要怕空果能空得自然有會悟處康曰如此恐流於佛學也曰空亦不同有一等閒人的空他這空是昏昏憒憒胸中全沒主宰纔遇事來便被推倒如醉如夢虛度一生有異教家的空是有心去做空事物之來都是礙他空的一切置此心於空虛無用之地有吾儒之空如太虛一般日月風雷山川民物凡有形色象貌俱在太虛中發用流行千變萬化主宰常定都礙他不得的卽無卽有卽虛卽實不與二者相似康曰康初亦從空上用功只緣不識空有三等之異多了這個意見便添一個理障今已省得此意當下卻空不來曰這等工夫原急不得今日減得些明日又減得些漸漸減得去自有私意淨盡心如太虛日子忙不得如此又是助長又是前病復發了

○康問孟子云必有事焉須時時去爲善方是卽平常無善念時無惡念時恐也算不得有事否先生曰既無惡念便是善念更又何善念卻又多了這分意思康曰亦有惡念發而不自知者先生曰這點良知徹頭徹尾無始無終更無有惡念發而不自知者今人錯解良

知作善念不知知此念善是良知知此念惡亦是良知知此無善念無惡念也是良知常知便是必有事焉其不知者非是你良知不知却是你志氣昏惰了古人有言曰清明在躬志氣如神豈有不自知的只緣清明不在躬耳你只去責志如一毫私欲之萌只責此志不立則私欲便退聽所以陽明先生責志之說最妙○先生謂康曰人之有是四端猶其有是四體信得及否康對曰康今說信得只是口裏信得不是心裏信得緣未思量一番未敢便謂信得先生曰倒不要思量大抵世學之病都是揣摩影響如猜拳一般聖門若顏子便是開拳見子箇數分明且汝今要囘須要討個分明半明半暗不濟得事康默自省有覺因對曰只因老師之問未實體認得便在這裏痛恐便是惻隱之心愧其不知恐便是羞惡之心心中肅然恐便是恭敬之心心中辨決有無當否恐便是是非之心即此一問四端盡露真如人之有四體一般但平日未之察耳先生喜曰這便是信得及了康又曰四端總是一端全在是非之心上惻隱知其爲惻隱羞惡知其爲羞惡恭敬知其爲恭敬若沒是非之心何由認得亦何由信得此便是良知擴而充之則致矣先生曰會得時止說惻隱亦可說羞惡亦可說恭敬亦可○仁者見之謂之仁智者見之謂之智有

珍倣宋版印

所見便不是道百姓之愚沒有這見卻常用著他只不知是道所以夫子曰中庸不可能也中是無所依著庸是平常的道理故孟子言孝未嘗以割股廬墓的卻曰孩提之童無不知愛其親言弟則曰徐行後長者謂之弟今人要做忠臣的只倚著在忠上便不中了爲此驚世駭俗之事便不庸了自聖人看來他還是索隱行怪縱後世有述聖人必不肯爲往年有一友問心齋先生云如何是無思而無不通先生呼其僕卽應命之取茶卽捧茶至其友復問先生曰才此僕未嘗先有期我呼他的心我一呼之便應這便是無思無不通是友曰如此則滿天下都是聖人了先生曰卻是日用而不知有時懶困著了或作詐不應便不是此時的心陽明先生一日與門人講大公順應不悟忽同門人遊田間見耕者之妻送飯其夫受之食食畢與之持去先生曰這便是大公順應門人疑之先生曰他卻是日用不知的若有事惱起來便失這心體所以大人者不失其赤子之心赤子是個眞聖人眞正大公順應與天地合德日月合明四時合序鬼神合吉凶的○一友謂知人最難先生譬畫一仁字且曰這個仁難知須是知得這個仁才知得那個人是友駭問先生曰惟仁人能好人能惡人是友悚然○有問仁體最大近已識得此體但靜時與動

時不同似不能不息曰爾所見者妄也所謂仁者非仁也似此懸想乃背於聖門默識之旨雖勞苦終身不能彀一日不息夫識仁者識吾身本有之仁故曰仁者人也今爾所見是仁自仁而人自人想時方有不想卽無靜時方明纔動卽昏豈有仁而可離者哉豈有可離而謂之仁哉故不假想像而自見者仁也必俟想像而後見者非仁矣不待安排布置而自定者仁也必俟安排布置而後定者非仁矣無所爲而爲者仁也有所爲而爲者非仁矣不知爲不知者仁也強不知以爲知者非仁矣與吾身不能離者仁也可合可離非仁矣不妨職業而可爲者仁也必棄職業而後可爲者非仁矣時時不可息者仁也有一刻可息非仁矣處處皆可體者仁也有一處不可體者非仁矣人皆可能者仁也有一人不可能者非仁矣孔子曰道二仁與不仁而已矣出乎此則入乎彼一日不識仁便是一日之不仁一時不識仁便是一時之不仁不仁則非人矣仁則不外於人矣識仁者毋求其有相之物惟反求其無相者而識之斯可矣○先生曰言思忠事思敬只此便是學　一友曰還要本體曰又有甚麼本體忠敬便是本體若無忠敬本體在何處見得吾輩學問只要緊切空空說個本體有何用所以孟子曰無爲其所不爲無欲其所不欲如此而

珍倣宋版印

已矣更有甚麼人人有個不爲不欲的人只要尋究自家那件是不爲不欲的不爲不欲他便了○學而不思則罔思而不學則殆人只行些好事而不思索其理則習矣而不察終是昏昏懵懵全無一毫自得意思做成一個冥行的人人只思索其理而不著實去行懸空思索終是無有真見不過窺得些影響做成一個妄想的人所以知行要合一○看人太俗是學者病痛○問如何是本心曰卽此便是又問如何存養曰常能如此便是○有疑於當下便是之說者乃舉孟子之擴充爲問先生曰千年萬年只是一個當下信得此個當下便信得千萬個常如此際有何不仁不義無禮無智之失孟子所謂擴充卽子思致中和之致乃是無時不然不可須臾離意思非是從本心外要加添些子加些子便非本心恐不免有畫蛇添足之病○實踐非他解悟是已解悟非他實踐是已外解悟無實踐外實踐無解悟外解悟言實踐者知識也外實踐言解悟者亦知識也均非帝之則均非戒愼之旨

四山論學

今世覓解脫者宗自然語及問學輒曰此爲法縛耳顧不識人世種種規矩範圍有欲離之而不能安者此從何來愚以爲離却戒愼恐

懼而言性者非率性之旨也今世慕歸根者守空寂語及倫物輒曰此謂義襲耳顧不識吾人能視能聽能歡能戚者又是何物愚以爲離却喜怒哀樂而言性者非率性之旨也今世取自成者務獨學語及經世輒曰此逐情緣耳顧不識吾人覩一民之傷一物之毀惻然必有動乎中此又孰使之者愚以爲離却天地萬物而言性者非率性之旨也

思成求正草　瀘水

君子之於人也虛心而照平心而應使其可容者自容不可容者自不能容不以察與焉而已若作意以含容爲量則恐打入世情隊裏膠結不解吾將不爲君子所容矣○天地鬼神遇事警畏然恐在禍福利害上著脚終涉疎淺古人亦臨亦保若淵若冰不論有事無事一是恂慄本來作主○古人以天地合德爲志故直從本體亦臨亦保不使一毫自私用智沾蒂掛根今人以世情調適爲志故止從事爲安排布置終不能於不覩不聞上開眼立身總之一達而上下分途○君子只憑最初一念自中天則若就中又起一念搬弄伎倆卽無破綻終與大道不符○今世學者登壇坫但曰默識曰信曰聞曰參以爲不了義諦夫參之爲言從二氏而後有不必言也顧爲識爲

信爲聞就而質之究竟不過參之之義吾以爲總於人情世變毫無著落此等論且放下須近裏著己求之中庸以未發之中言性而必冠之以喜怒哀樂孟子言性善而必發於惻隱羞惡四端則知曰性曰情雖各立名而無分段故知莫見莫顯亦無非不覩不聞而愼獨之功卽從戒懼抽出言之蓋未有獨處致愼而不爲戒愼恐懼者此聖學所以爲實也陽明洞見此旨特提致知而又恐人以意識爲知又點出一良字蓋以性爲統理而知則其靈明發端處從良覓知則知不離根從致完良則功不後時此正愼獨關鍵吾人但當依此用功喜怒哀樂歸於中節而不任己惻隱四端一任初心而不轉念則一鍼一血入聖更復何疑○公以求仁爲宗旨而云無事不學無學不證諸孔氏第不知無所事之時何所爲學而應務酬酢之繁又不遑一一證諸孔氏而學之躊躇倉皇反覺爲適爲固起念不化此將何以正之 與徐魯源

明儒學案卷十六

西元二〇二一年六月一日重製一版

明儒學案 冊一（清黃宗羲撰）

平裝四冊基本定價貳仟伍百元正
（郵運匯費另加）

發行人：張敏君
發行處：中華書局
臺北市內湖區舊宗路二段一八一巷
八號五樓（5FL., No. 8, Lane 181,
JIOU-TZUNG Rd., Sec 2, NEI HU,
TAIPEI, 11494, TAIWAN)
客服電話：886-8797-8396
公司傳真：886-8797-8909
匯款帳戶：華南商業銀行西湖分行
179100026931
印刷：維中科技有限公司
海瑞印刷品有限公司

版權所有 不准翻印

No. N2047-1

國家圖書館出版品預行編目(CIP)資料

明儒學案/(清)黃宗羲撰. -- 重製一版. -- 臺北
市 : 中華書局, 2021.06
面 ; 公分
ISBN 978-986-5512-59-0(全套 : 平裝)

1.明代哲學 2.儒學

126 110008944